Die Legitimation der Konzernbetriebsverfassung

Europäische Hochschulschriften
Publications Universitaires Européennes
European University Studies

Reihe II
Rechtswissenschaft

Série II Series II
Droit
Law

Bd./Vol. 4134

PETER LANG
Frankfurt am Main · Berlin · Bern · Bruxelles · New York · Oxford · Wien

Sonja Schwald

Die Legitimation der Konzernbetriebsverfassung

PETER LANG
Europäischer Verlag der Wissenschaften

Bibliografische Information Der Deutschen Bibliothek
Die Deutsche Bibliothek verzeichnet diese Publikation in der Deutschen Nationalbibliografie; detaillierte bibliografische Daten sind im Internet über <http://dnb.ddb.de> abrufbar.

Zugl.: Mannheim, Univ., Diss., 2003

D 180
ISSN 0531-7312
ISBN 3-631-53551-1

www.peterlang.de

Meiner Mutter
und
meinem Mann

Vorwort

Die vorliegende Arbeit wurde im Wintersemester 2003/2004 von der Fakultät für Rechtswissenschaft der Universität Mannheim als Dissertation angenommen. Entstanden ist sie während meiner Tätigkeit als wissenschaftliche Mitarbeiterin am Lehrstuhl für Bürgerliches Recht, Arbeitsrecht, Handels- und Wirtschaftsrecht bei Prof. Dr. Rieble in Mannheim.

Angeregt wurde das Thema der Arbeit von der Firma MVV Energie AG in Mannheim, die mir außerdem die zweijährige Tätigkeit als wissenschaftliche Mitarbeiterin – und damit die Entstehung dieses Buches überhaupt – durch ihr großzügiges Engagement ermöglicht hat. Mein Dank gilt hier vor allem RA Dr. Ulrich Tödtmann, der nicht nur die Idee zu diesem Sponsoring hatte, sondern diese auch sogleich in die Tat umsetzte und dem ich auf diesem Wege auch zu seiner kürzlichen Ernennung als Professor an der Universität Mannheim gratulieren möchte; und RA Werner Dörring für die wertvollen Anstöße durch konkrete Fragestellungen direkt aus der Praxis der Personalarbeit.

Für die intensive Betreuung als Doktorandin danke ich meinem Doktorvater Prof. Dr. Rieble, der u.a. die fristgerechte Fertigstellung dieser Dissertation förderte und das Erstgutachten in gewohnt atemberaubender Geschwindigkeit schrieb. In Prof. Dr. Günther Wiese hatte ich einen Koreferenten, der aus seiner über alle Zweifel erhabenen Reputation heraus diese Arbeit zügig und kritisch durchsah und sich mit dem Erstgutachter optimal ergänzte.

Danken möchte ich allen Mitarbeitern, mit denen ich die Zeit am Lehrstuhl geteilt habe. Allen voran zum Gelingen dieser Arbeit beigetragen haben Ass. jur. Jan Lessner mit seiner Motivationsidee in Gestalt einer Wette und streitbaren Diskussionen; Dr. Martin Gutzeit als Vorbild für juristische, organisatorische und menschliche Diplomatie und Feingespür; und Ref. jur. Heiko Sander, der immer mit Rat und Tat zur Stelle war.

Gewidmet ist diese Arbeit meiner Mutter, die mir Abitur und Studium erst ermöglicht hat, und meinem Mann, der das Unverständnis des Diplom-Mathematikers für die Ungewißheiten in der Jurisprudenz zurückgestellt hat und mir durch Examen und Promotion hindurch immer unbedingt zur Seite gestanden hat, wie man es sich nur wünschen kann.

Mannheim, im November 2004 *Sonja Schwald*

Inhaltsverzeichnis

Erster Teil. Der Konzern des BetrVG

A. „Konzernbegriff" des BetrVG

§ 54 I BetrVG nimmt Bezug auf § 18 I AktG, der die Voraussetzungen für das Vorliegen eines Unterordnungskonzerns regelt. So umstritten diese Bezugnahme im einzelnen ist, so einhellig ist man der Meinung, daß sich damit der Anwendungsbereich des Konzernbetriebsrates von vornherein auf den Unterordnungskonzern beschränkt,[1] weswegen sich auch die nachfolgende Kurzdarstellung des Konzerngesellschaftsrechts weitgehend auf den Unterordnungskonzern beschränkt.

Ein Konzern im rechtlichen Sinne[2], §18 AktG, ist die Zusammenfassung mehrerer rechtlich selbständiger Unternehmen unter einheitlicher Leitung eines herrschenden Unternehmens.[3]

Immer wieder diskutiert wird der „Konzernbegriff" des BetrVG.[4] Gemeint ist damit die Frage, ob der Konzerntatbestand, wie ihn das Konzerngesellschaftsrecht entwickelt hat, in allen Einzelheiten auf den Konzern zu übertragen ist, wie ihn das BetrVG versteht. Tatsächlich gibt es aber nicht „den Konzernbegriff". Der Tatbestand des Konzerns setzt sich aus einzelnen Tatbestandsmerkmalen zusammen, §§ 15 ff. AktG. Diese müssen jeweils auch für den Konzern des BetrVG vorliegen.[5] Gleiches gilt für das MitbestG, das in § 5 I S. 1 wie § 54 I S. 1 BetrVG auf den Unterordnungskonzern des § 18 I AktG verweist,[6] und § 76 IV S. 1 BetrVG 1952, der allerdings § 18 I S. 3 AktG ausnimmt.[7]

Einen eigenen Konzernbegriff des BetrVG, losgelöst von dem des § 18 I AktG, gibt es daher nicht – auch nicht, wenn man berücksichtigt, daß dem Gesetzgeber

---

1 Allgemeine Meinung, siehe nur BAG vom 22.11.1995 – 7 ABR 9/95 – NZA 1996, 706; Däubler/Kittner/Klebe[8]-*Trittin* Vor § 54 Rn. 4; *Oetker* ZfA 1986, 177, 182; Hess/Schlochauer/Worzalla/*Glock*[6] § 54 Rn. 9.

2 Zum betriebswirtschaftlichen Konzernbegriff siehe *Hoffmann-Becking*, in: Probleme des Konzernrechts (1989), S. 71 f.; *Prantl*, Konzernrecht, S. 19 ff.

3 So die allgemein übliche Formel, vgl. *Scheffler* FS Goerdeler (1987), 469, 471; Habersack/*Emmerich*[3] § 18 Rn. 1.

4 V.a. *Biedenkopf* Konzernbetriebsrat und Konzernbegriff, in: Liber amicorum P. Sanders, S. 1; *Schmidbauer*, Der Konzernbegriff im Aktien- und Betriebsverfassungsrecht (1976).

5 BAG vom 21.10.1980 – 6 ABR 41/78 – SAE 1982, 208, 210; *Schweisfurth*, Konzern im Konzern, S. 41; *Oetker* ZfA 1986, 177, 178; *Schmidbauer*, Konzernbegriff, S. 206 ff.; Großkomm/AktG[4]-*Windbichler* § 18 Rn. 77; *Schaub*, Handbuch § 226 Rn. 1; *Buchner* RdA 1975, 9, 10.

6 BayOblG vom 24.4.1998 – 3Z BR 236/96 – NZA 1998, 956; 6. 3. 2002– 3Z BR 343/00 – NJW-RR 2002, 974, 976; Großkomm/AktG[4]-*Oetker* MitbestG § 5 Rn. 3.

7 BAG vom 16.8.1995 – 7 ABR 57/94 – NJW 1996, 1691, 1692.

verschlossen geblieben ist, daß der Konzern dem Unternehmen als Ebene der Betriebsverfassung nicht vergleichbar ist.[8]

Die Bezugnahme des § 54 I S. 1 BetrVG auf § 18 I AktG ist eine definitorische Verweisung,[9] die als solche – innerhalb des vorgegeben „Begriffsrahmens“[10] – auch teleologische Modifikationen im Einzelfall zuläßt.[11]

B. Tatbestand des BetrVG-Konzerns

Die Tatbestandsmerkmale des Konzerns sind damit: Zusammenfassung von abhängigen Unternehmen unter einheitlicher Leitung.

Die Vorschriften der §§ 15-18 AktG passen wegen ihrer rechtsformunabhängigen Fassung auch auf die GmbH und andere Gesellschaftsformen unmittelbar.[12]

I. Unternehmen

Ein Konzern kann nur zwischen Unternehmen im Sinne des Konzernrechts, §§ 15 ff. AktG, bestehen.[13]

1. Konzerngesellschaftsrechtlicher Unternehmensbegriff

Für die Definition des Unternehmens muß man zwischen dem herrschenden Unternehmen und dem abhängigen Unternehmen unterscheiden.[14]

a) Unternehmensbegriff für das herrschende Unternehmen

Geht es um das herrschende Unternehmen, ist man sich darin einig, daß der Unternehmensbegriff hier die Abgrenzung zwischen Privat- und Unternehmensgesellschafter leisten muß.[15] Denn gegen den überholten funktionalen und den früheren institutionellen Unternehmensbegriff hat sich – nicht zuletzt dank höchstrichterlicher Grundsatzentscheidung[16] – der teleologische Unternehmensbegriff durchgesetzt,[17] der der Unternehmensdefinition den Schutzzweck der

---

8 Anders *Biedenkopf* Liber amicorum P. Sanders, S. 1, 8, der dem BetrVG „ungeachtet seiner Verweisung“ auf § 18 I AktG einen „eigenen Konzernbegriff“ unterschiebt (anders aber S. 10).

9 Statt vieler BAG vom 21.10.1980 – 6 ABR 41/78 – SAE 1982, 208, 210; *Oetker* ZfA 1986, 177, 180, 181 unten.

10 *Schmidbauer*, Konzernbegriff, S. 208.

11 BAG vom 21.10.1980 – 6 ABR 41/78 – SAE 1982, 208, 210; *Oetker* ZfA 1986, 177, 180.

12 Unstreitig, HK/GmbH[5]-*Fichtelmann* II Rn. 5; Habersack/*Emmerich*[3] § 15 Rn. 25.

13 Habersack/*Emmerich*[3] § 15 Rn. 6; *Demuth* JA 1996, 137.

14 MünchKomm/AktG[2]-*Bayer* § 15 Rn. 11; KK[2]-*Koppensteiner* § 15 Rn. 53.

15 BGH vom 13.10.1977 – I ZR 123/76 „VEBA-Gelsenberg“– BGHZ 69, 334,337; Habersack/*Emmerich*[3] § 15 Rn. 6 f.; Großkomm/AktG[4]-*Windbichler* § 15 Rn. 11.

16 BGH vom 13.10.1977 – I ZR 123/76 „VEBA-Gelsenberg“– BGHZ 69, 334,336 ff.

17 Habersack/*Emmerich*[3] § 15 Rn. 8; Großkomm/AktG[4]-*Windbichler* § 15 Rn. 11; MünchKomm/AktG[2]-*Bayer* § 15 Rn. 10; *ders.* ZGR 2002, 933, 934.

§§ 15 ff. AktG[18] zugrunde legt: Die Gesellschaft soll nicht Gefahr laufen, daß der Unternehmensgesellschafter seine Rechte aus der Beteiligung zum Nachteil der Gesellschaft für seine sonstigen unternehmerischen Interessen ausnutzt.[19] Diesem „Konzernkonflikt"[20] begegnet man, indem jeder Gesellschafter als Unternehmen definiert wird, der neben der Beteiligung an dieser Gesellschaft noch andere wirtschaftliche Interessenbindungen von solcher Bedeutung hat, daß die Sorge begründet ist, er könne wegen dieser Bindungen seinen aus der Mitgliedschaft folgenden Einfluß auf die Gesellschaft zu deren Nachteil ausüben.[21] Dazu reicht aus, daß er maßgeblich[22] an einer anderen Gesellschaft beteiligt ist und er sich daher auch dort unternehmerisch beteiligen könnte.[23]

Die Definition des Unternehmens ist nach dem Gesagten rechtsformneutral und einhellig nicht auf Aktiengesellschaften beschränkt;[24] alle Personal- und Kapitalgesellschaften, Vereine, Stiftungen können Unternehmen sein – auch natürliche Personen, bei denen, vor allem für Aktionäre mit multiplem Besitz[25] und Holding-Mehrheitsgesellschafter[26], im einzelnen aber vieles noch streitig ist.

Während viele in der Konzernrechtsliteratur besonders heiß diskutierte Fälle im Zusammenhang mit einem Konzernbetriebsrat kaum praxisrelevant sind, ist die Unternehmensqualität einer Holding auch für die Errichtung eines Konzernbetriebsrates interessant. Unabhängig von ihrer Rechtsform ist die Holding unstreitig Unternehmen, wenn sie an mehreren anderen Gesellschaften maßgeblich beteiligt ist und zusätzlich den Beteiligungsbesitz selbst verwaltet oder sich

---

18 Dazu, daß §§ 15 ff. AktG auch noch andere Zwecke verfolgen, siehe Großkomm/AktG[4]-*Windbichler* § 15 Rn. 11.

19 Habersack/*Emmerich*[3] § 15 Rn. 6; Großkomm/AktG[4]-*Windbichler* § 15 Rn. 11.

20 MünchKomm/AktG[2]-*Bayer* § 15 Rn. 7.

21 BGH vom 13.10.1977 – I ZR 123/76 „VEBA-Gelsenberg"– BGHZ 69, 334, 337; vom 17.3.1997 – II ZB 3/96 „VW"– BGHZ 135, 107, 113; vom 2.10.2000 – II ZR 64/99 – NJW 2001, 370; BAG vom 22.11.1995 – 7 ABR 9/95 – NZA 1996, 706 f.; *Kuhlmann/Anis*, Konzernrecht, A/Rn. 6; Habersack/*Emmerich*[3] § 15 Rn. 10; HK/GmbH[5]-*Fichtelmann* II Rn. 20; Großkomm/AktG[4]-*Windbichler* § 15 Rn. 11; *Cahn* AG 2002, 30.

22 Zu den Einzelheiten der Maßgabe siehe Großkomm/AktG[4]-*Windbichler* § 15 Rn. 36 ff.; MünchKomm/AktG[2]-*Bayer* § 15 Rn. 22 ff.; *Cahn* AG 2002, 31 ff.

23 BGH vom 17.3.1997 – II ZB 3/96 „VW"– BGHZ 135, 107, 113; BAG vom 22.11.1995 – 7 ABR 9/95 – NZA 1996, 706; HK/GmbH[5]-*Fichtelmann* II Rn. 20; a.A.– tatsächliche Betätigung erforderlich – *Ruwe* DB 1988, 2037, 2041 m.w.N.

24 MünchKomm/AktG[2]-*Bayer* § 15 Rn. 16; Habersack/*Emmerich*[3] § 15 Rn. 25; *Cahn* AG 2002, 30.

25 Dazu BGH vom 16.9.1985 – II ZR 275/84 „Autokran" – BGHZ 95, 330; vom 23.9.1991 – II ZR 135/90 „Video" – BGHZ 115, 187; BAG vom 1.8.1995 – 9 AZR 378/94 – NZA 1996, 311; Habersack/*Emmerich*[3] § 15 Rn. 11; MünchKomm/AktG[2]-*Bayer* § 15 Rn. 13.

26 BGH vom 18.6.2001 – II ZR 212/99 „MLP" – BGHZ 148, 123; dazu kritisch *Cahn* AG 2002, 30.

daneben anderweitig unternehmerisch betätigt.[27] Ist die Holding aber nur an einer Gesellschaft beteiligt, spricht man ihr überwiegend die Unternehmensqualität ab.[28] Hat die Beteiligungsgesellschaft wiederum mehrere Töchter, können ebenso Minderheits-Mehrheitskonflikte entstehen, so daß eine solche Holding Unternehmen im Sinne des Konzernrechts ist.[29]

b) Unternehmensbegriff für das Beteiligungsunternehmen

Das Beteiligungsunternehmen benötigt keine Abgrenzung zwischen Privat- und Unternehmensgesellschafter. Geht es nicht um das Dritte Buch des AktG, das sowieso nur die Aktiengesellschaft behandelt, ist Unternehmen jedwede rechtlich verselbständigte Organisationsform.[30]

c) Öffentliche Hand als Unternehmen des AktG

Auch Körperschaften des öffentlichen Rechts können Unternehmen sein. Die Beteiligung der öffentlichen Hand an privatrechtlichen Unternehmen ist nicht vom Konzernrecht ausgenommen.[31] Weil Personen des öffentlichen Rechts stets auch öffentlichrechtlichen Bindungen und damit gesellschaftsfremden Interessen unterworfen sind, genügt – anders als bei privatrechtlichen Unternehmensgesellschaftern – schon ihre Beteiligung an einem einzigen in privater Rechtsform geführten Unternehmen, um den Konzernkonflikt und damit die Unternehmenseigenschaft zu begründen.[32]

2. Übertragung auf das BetrVG

Merkwürdigerweise völlig übersehen hat das BAG die Erörterung des Unternehmensbegriffs für § 76 IV S. 1 BetrVG 1952, indem es für den Tatbestand des

27 Habersack/*Emmerich*[3] § 15 Rn. 16; MünchKomm/AktG[2]-*Bayer* § 15 Rn. 27.

28 BGH vom 13.10.1980 – ZR 201/79 – AG 1980, 342; a.A. LG Stuttgart vom 29.11.1988 – 2 AktE 1/88 – DB 1989, 98 und Großkomm/AktG[4]-*Windbichler* § 15 Rn. 20, die eine Holding in der Rechtsform der AG oder GmbH als Formkaufmann immer als Unternehmen sehen.

29 HM; LG Stuttgart vom 29.11.1988 – 2 AktE 1/88 – DB 1989, 98; *Ruwe* DB 1988, 2037, 2041; Habersack/*Emmerich*[3] § 15 Rn. 16 m.w.N.

30 MünchKomm/AktG[2]-*Bayer* § 15 Rn. 48; Habersack/*Emmerich*[3] § 15 Rn. 25; KK[2]-*Koppensteiner* § 15 Rn. 53 f.

31 BGH vom 13.10.1977 – I ZR 123/76 „VEBA-Gelsenberg“ – BGHZ 69, 334, 338 ff.; vom 17.3.1997 – II ZB 3/96 „VW“ – BGHZ 135, 107, 113 ff; *Emmerich/Sonnenschein/Habersack*, Konzernrecht[7], S. 36 ff.; *Hohrmann*, Konzernunternehmer, S. 192; *Dielmann*, Beteiligung, S. 166.

32 BGH vom 13.10.1977 – I ZR 123/76 „VEBA-Gelsenberg“ – BGHZ 69, 334, 338 ff.; vom 17.3.1997 – II ZB 3/96 „VW“ – BGHZ 135, 107, 113 ff.; *Kuhlmann/Anis*, Konzernrecht, A/Rn. 11.; Großkomm/AktG[4]-*Windbichler* § 15 Rn. 29; Habersack/*Emmerich*[3] § 15 Rn. 29; MünchKomm/AktG[2]-*Bayer* § 15 Rn. 42; a.A. *Mertens* AG 1996, 241, 246.

Unterordnungskonzerns nur „zweierlei", nämlich Abhängigkeit und einheitliche Leitung, verlangt.[33]

Eine von der konzerngesellschaftsrechtlichen abweichende Auslegung des Unternehmensbegriffs versucht *Oetker*. Nicht nur, daß er systemwidrig von der Abhängigkeit auf die Unternehmensqualität schließt.[34] Auch Praktikabilitätsgründe sprechen gegen eine eigenständige Auslegung im Bereich des BetrVG, da das BetrVG anders als das Konzerngesellschaftsrecht keine Einbettung des Unternehmensbegriffs zur Verfügung stellt.[35]

Mit einer vom konzerngesellschaftsrechtlichen Verständnis abweichenden Auslegung des „Unternehmens" verträgt sich insbesondere auch nicht die ebenfalls an den Unternehmensbegriff gekoppelte Abgrenzung von Unterordnungs- und Gleichordnungskonzern. Diese Abgrenzung ist im Rahmen des BetrVG von besonderer Bedeutung, da dort ja über § 54 I S. 1 BetrVG, 18 I AktG nur der Unterordnungskonzern relevant ist. Ein Gleichordnungskonzern kann sich aber vom Unterordnungskonzern auch nur darin unterscheiden, daß sein einheitliches Leitungsorgan kein Unternehmen ist.[36] Rekurriert man von der einheitlichen Leitung oder Abhängigkeit auf das Unternehmen, ist diese wichtige Differenzierung dahin.

II. Abhängigkeit

Im Konzerngesellschaftsrecht ist die Abhängigkeit, nicht der Konzern, zentraler Anknüpfungstatbestand: Die meisten „konzern"-rechtlichen Vorschriften, vor allem die §§ 311 ff. AktG, greifen bereits bei Abhängigkeit ein, ohne die weiteren Voraussetzungen nach § 18 AktG zu verlangen.[37] Aus dieser Rolle der Abhängigkeit erklärt sich der Umfang des Schrifttums und die Durchdringung der Materie in diesem Bereich.

1. Konzerngesellschaftsrechtliche Auslegung

a) Vermutung nach § 17 II AktG

Hält ein Unternehmen eine Mehrheitsbeteiligung an einem Unternehmen, vermutet § 17 II AktG die Abhängigkeit. Wird die Vermutung nicht widerlegt, begründet damit schon der Mehrheitsbesitz die Abhängigkeit, die wiederum als Rechtsfolge die Konzernvermutung nach § 18 III AktG nach sich zieht.

Die Mehrheitsbeteiligung legt § 16 AktG fest: Sie kann sich aus dem Mehrheitsbesitz von Anteilen oder aus einer Stimmenmehrheit ergeben. Die Berechnung

---

33 BAG vom 16.8.1995 – 7 ABR 57/94 – NJW 1996, 1691, 1692.

34 *Oetker* ZfA 1986, 177, 192.

35 Großkomm/AktG[4]-*Windbichler* § 18 Rn. 77.

36 Dazu unten S. 23 f.

37 *Kuhlmann/Anis*, Konzernrecht, B/Rn. 15; *Emmerich/Sonnenschein/Habersack*, Konzernrecht[7], S. 44.

der Mehrheit folgt aus § 16 II AktG für die Anteilsmehrheit,[38] aus Abs. 3 für die Stimmenmehrheit.[39]

Fallen Mehrheitsbesitz und Stimmenmehrheit ausnahmsweise auseinander[40] – was insbesondere bei Vorhandensein von Vorzugsaktien ohne Stimmrecht (§§ 12 I S. 2, 139 AktG)[41] vorkommt –, ist es aufgrund der „Zweigleisigkeit" von § 16 AktG möglich, daß zwei verschiedene Unternehmen gleichzeitig eine Mehrheitsbeteiligung am selben Unternehmen besitzen[42] mit der Folge, daß daran jeweils die Abhängigkeitsvermutung nach § 17 AktG anknüpft.[43] Eine mehrfache Abhängigkeit[44] scheitert in dieser Konstellation aber in der Regel an der Widerlegung der Abhängigkeitsvermutung für das Unternehmen, das nur den Mehrheits*besitz* innehat.

§ 16 IV AktG ist eine Zurechnungsnorm, die eine Umgehung der Berechnungsvorschriften in § 16 AktG auf dreierlei Art verhindern will:[45] Zum einen werden Stimmanteile einer Tochtergesellschaft an der Enkelgesellschaft der Mutter zugeschlagen; weiter zählen auch die Anteile mit, die einem anderen auf Rechnung des Unternehmens gehören;[46] und zu guter Letzt ist beim Einzelkaufmann unerheblich, ob er die Anteile in seinem privaten oder geschäftlichen Vermögen hält.

Widerlegt wird die Vermutung nur mittels des Nachweises, daß das mehrheitsbeteiligte Unternehmen keinen beherrschenden Einfluß auf das Beteiligungsunternehmen ausüben kann.[47] Die Mehrheitsgesellschaft muß beweisen, daß die Mehrheitsbeteiligung auf Dauer keine Möglichkeit begründet, die Zusammensetzung des Aufsichtsrates und damit die des Vorstandes zu beeinflussen.[48] Dieser Nachweis geschieht meist durch einen Entherrschungsvertrag.[49] Wenn die Stim-

---

38 Detailliert dazu MünchKomm/AktG²-*Bayer* § 16 Rn. 29 ff.

39 Zur Berechnung im einzelnen siehe MünchKomm/AktG²-*Bayer* § 16 Rn. 36 ff.

40 Die Regel ist die Identität von Kapital- und Stimmenmehrheit, MünchKomm/AktG²-*Bayer* § 16 Rn. 5; *Emmerich/Sonnenschein/Habersack*, Konzernrecht⁷, S. 41.

41 Dazu MünchKomm/AktG²-*Bayer* § 16 Rn. 5; KK²-*Koppensteiner* § 16 Rn. 3.

42 MünchKomm/AktG²-*Bayer* § 16 Rn. 4; KK²-*Koppensteiner*, § 16 Rn. 3.

43 Allgemeine Ansicht, vgl. MünchKomm/AktG²-*Bayer* § 17 Rn. 87.

44 Wie beim Gemeinschaftsunternehmen, siehe S. 9 f.

45 *Emmerich/Sonnenschein/Habersack*, Konzernrecht⁷, S. 42; MünchKomm/AktG²-*Bayer* § 16 Rn. 43.

46 Daher werden die Anteile, die ein Treuhänder verwaltet, nicht nur diesem zugerechnet, sondern auch dem Treugeber, BGH vom 20.2.1989 – II ZR 167/88 – NJW 1989, 1800; vom 16.12.1991 – II ZR 294/90 – NJW 1992, 1167.

47 OLG Düsseldorf vom 22.7.1993 – 6 U 84/92 „Feldmühle Nobel/Stora" – ZIP 1993, 1791, 1794.

48 BayOblG vom 24.4.1998 – 3Z BR 236/96 – NZA 1998, 956; Habersack/*Emmerich*³ § 17 Rn. 37.

49 Habersack/*Emmerich*³ § 17 Rn. 38; zum Entherrschungsvertrag im einzelnen siehe Habersack/*Emmerich*³ § 17 Rn. 42 ff.

menmehrheit aufgrund besonderer Satzungsbestimmungen nicht für die Wahl der Aufsichtsratsmitglieder ausreicht, z.B. der Gesellschaftsvertrag eine Dreiviertelmehrheit für sämtliche Beschlüsse verlangt, widerlegt dies die Vermutung ebenfalls.[50] Ein Stimmbindungsvertrag schließt die Vermutung aus, wenn der Mehrheitsgesellschafter ihn über so viele Anteile geschlossen hat, daß seine Mehrheit in der Hauptversammlung beständig unter Berücksichtigung der üblichen Hauptversammlungspräsenz ausgeschlossen ist.[51]

b) Tatbestand: § 17 I AktG

Der Tatbestand der Abhängigkeit ist in § 17 I AktG geregelt; aus der Vermutung bei Mehrheitsbesitz schließt man auf den allgemeinen Abhängigkeitstatbestand.

Die Abhängigkeit nach § 17 I AktG setzt nicht voraus, daß ein beherrschender Einfluß geltend gemacht wird; die Möglichkeit der Einflußnahme genügt.[52]

Da der Mehrheitsbesitz nach der Vorstellung des Gesetzgebers eine Abhängigkeitsprüfung in der Regel ersetzt, muß die Abhängigkeit auch nach § 17 I AktG mit den Konsequenzen und Auswirkungen des Mehrheitsbesitzes vergleichbar sein.[53] Der Mehrheitsbesitz stellt – in der Regel –[54] sicher, daß der Mehrheitsbeteiligte über die personelle Zusammensetzung des Aufsichtsrates auch die Besetzung des Vorstands bestimmen kann. Der Mehrheitsaktionär kann damit die Geschäftspolitik mittelbar an seinen Interessen ausrichten: Die Aufsichtsrats- und Vorstandsmitglieder wird er nach ihrer Treue und Ergebenheit aussuchen, noch dazu werden sie ihre Position nicht gefährden wollen, indem sie sich der Einflußnahme durch den Mehrheitsinhaber verschließen. Es entsteht die Befürchtung, daß Verwaltungsorgane sich zur Vermeidung persönlicher Nachteile ihre Geschäftspolitik an den Interessen des herrschenden Unternehmens ausrichten werden.[55] Diese „Wahrscheinlichkeit einflußkonformen Verhaltens" macht den Mehrheitsbesitz zur Abhängigkeit, und damit fordert man eine ähnliche Einflußmöglichkeit allgemein für den Abhängigkeitstatbestand.[56]

Der beherrschende Einfluß des Unternehmens muß daher nicht nur bei der Vermutung nach § 17 II AktG, sondern auch bei § 17 I AktG gesellschaftsrechtlich

---

50 Habersack/*Emmerich*³ § 17 Rn. 38.

51 Habersack/*Emmerich*³ § 17 Rn. 39.

52 Unstreitig; OLG Düsseldorf vom 22.7.1993 – 6 U 84/92 „Feldmühle Nobel/Stora" – ZIP 1993, 1791, 1793; Habersack/*Emmerich*³ § 17 Rn. 8; *Krieger* FS Semler (1993), 503, 505.

53 MünchKomm/AktG²-*Bayer* § 17 Rn. 27; *Krieger* FS Semler (1993), 503, 505.

54 Nicht, wenn ausnahmsweise die Stimmenmehrheit nicht mit dem Mehrheitsbesitz korreliert, was zu einer Ausdehnung des Abhängigkeitsbegriffes in Randfällen führt, Habersack/*Emmerich*³ § 17 Rn. 7.

55 MünchKomm/AktG²-*Bayer* § 17 Rn. 27.

56 MünchKomm/AktG²-*Bayer* § 17 Rn. 27; *Krieger* FS Semler (1993), 503, 504 f.

vermittelt sein.[57] Andere Einflüsse können die Abhängigkeit allenfalls im Zusammenspiel mit der Ausübung von Beteiligungsrechten herbeiführen.[58] Wirtschaftliche Einflußnahmemöglichkeiten reichen nicht aus; die Diskussion, ob organisatorische Bindungen wie Franchising und Just-in-Time-Verträge die Abhängigkeit begründen können, ist relativ neu und noch unentschieden[59].

Der Streit, ob eine alle Unternehmensbereiche umfassende Einflußnahme möglich sein muß[60] oder Einfluß auf einen wichtigen Unternehmensbereich genügt[61], ist praktisch kaum relevant, da die gesellschaftsrechtlich vermittelte Abhängigkeit nur selten auf bestimmte Gebiete der Unternehmenspolitik begrenzt wird.

Das Beherrschungsmittel muß sicherstellen, daß das abhängige Unternehmen sich dem Einfluß des herrschenden Unternehmens letztendlich nicht entziehen kann.[62]

Ein isolierter Gewinnabführungsvertrag führt ebenso wenig wie die anderen Unternehmensverträge des § 292 AktG zur Anwendbarkeit des § 308 AktG, ist aber Indiz für die einheitliche Leitung i.S.d. § 18 I AktG.[63]

Der Beherrschungsvertrag dagegen ist nicht nur Beherrschungsmittel, sondern führt sofort zur unwiderlegbaren Konzernvermutung nach § 18 I AktG.

Eine Sperrminorität an sich begründet keinen herrschenden Einfluß, denn sie kann zwar insofern Einfluß auf die Entscheidungen der Hauptversammlung nehmen, als sie Entscheidungen (passiv) blockieren kann; (aktiv) Entscheidungen herbeiführen und ihren Willen durchsetzen kann sie jedoch nicht.[64]

Hat ein Unternehmen auf der Hauptversammlung regelmäßig die Mehrheit inne, kann das auch schon unterhalb der Schwelle einer Mehrheitsbesitzes nach § 16 AktG zur Beherrschung ausreichen. Bei regelmäßig geringer Hauptversammlungspräsenz und Streubesitz der Aktien wirkt sich auch schon eine Beteiligung unter 50 % wie eine Mehrheit aus mit der Folge, Beschlüsse der Hauptversammlung allein beeinflussen zu können.

---

57 BGH vom 26.3.1984 – II ZR 171/83 „BuM/WestLB" – BGHZ 90, 381, 394 ff.; vom 19.1.1993 – KVR 32/91 „WAZ/IKZ" – BGHZ 121, 137, 145; MünchKomm/AktG²-*Bayer* § 17 Rn. 22; *Kuhlmann/Anis*, Konzernrecht, B/Rn. 37.

58 BGH vom 19.1.1993 – KVR 32/91 „WAZ" – BGHZ 121, 137, 145; OLG Düsseldorf vom 22.7.1993 – 6 U 84/92 „Feldmühle Nobel/Stora" – ZIP 1993, 1791, 1793.

59 Dazu MünchKomm/AktG²-*Bayer* § 17 Rn. 30 m.N.

60 So z.B. OLG Düsseldorf vom 22.7.1993 – 6 U 84/92 „Feldmühle Nobel/Stora" – ZIP 1993, 1791, 1793; KK²-*Koppensteiner* § 17 Rn. 58.

61 So z.B. *Dierdorf*, Abhängigkeit, S. 88 ff.

62 BGH vom 19.1.1993 – KVR 32/91 „WAZ" – BGHZ 121, 137, 146; OLG Düsseldorf vom 22.7.1993 – 6 U 84/92 „Feldmühle Nobel/Stora" – ZIP 1993, 1791, 1793; Habersack/*Emmerich*³ § 17 Rn. 8.

63 Großkomm/AktG⁴-*Windbichler* § 18 Rn. 50.

64 *Kuhlmann/Anis*, Konzernrecht, B/Rn. 40.

c) Das Gemeinschaftsunternehmen

Die Möglichkeit, daß ein Unternehmen von mehreren herrschenden Unternehmen abhängig sein kann, ist trotz mangelnder gesetzlicher Regelungen im AktG[65] grundsätzlich anerkannt.[66]

Voraussetzung für die mehrfache Abhängigkeit ist die dauerhafte Sicherung der gemeinsamen, einheitlichen Einflußnahme der mehreren Mütter auf das beherrschte Unternehmen.[67] Ist nur einem Unternehmen die Führung zugewiesen, ist allein es herrschend;[68] findet keine Koordination der Leitung statt, existiert zu keiner der Mütter ein Abhängigkeitsverhältnis.[69]

Mittel zur Herstellung der dauerhaften Einflußnahme der Mütter können sein: Gründung einer Gesellschaft der Mütter, Zusammenfassung im Gleichordnungskonzern, Abschluß eines Konsortial- oder Stimmbindungsvertrags; aber auch tatsächliche Verhältnisse wie personelle Verflechtungen können ausreichen.[70]

Ein Gemeinschaftsunternehmen entsteht, wenn zwei oder mehrere Unternehmen ein Unternehmen gründen oder erwerben mit dem Zweck, dieses Aufgaben zu ihrem gemeinsamen Nutzen ausführen zu lassen.[71]

Auch das Gemeinschaftsunternehmen ist bei einheitlicher Leitung durch die Mütter von diesen abhängig.[72]

Ein Gemeinschaftsunternehmen mit der Folge mehrfacher Abhängigkeit liegt auch vor, wenn die einzelnen Muttergesellschaften jede für sich allein keine Einflußmöglichkeit besitzen, sondern nur zusammen, solange sie die Leitung auf sicherer Grundlage koordinieren.[73]

---

65 Das AktG geht seinem Wortlaut nach von der einfachen Abhängigkeit zu einem Unternehmen aus, *Raupach/Klotz* WiB 1994, 137, 138.

66 *Raupach/Klotz* WiB 1994, 137, 138; *Emmerich/Sonnenschein*, Konzernrecht[6], S. 48, mit weiteren Nachweisen auch der Rechtsprechung; MünchKomm/AktG[2]-*Bayer* § 17 Rn. 77; BGH vom 4.3.1974 – II ZR 89/72 „Seitz" – BGHZ 62, 193; BAG vom 18.6.1970 – 1 ABR 3/70 – SAE 1971, 138, 140; *Gansweid*, Gemeinsame Tochtergesellschaften, S. 194 f.; *Klinkhammer*, Gemeinschaftsunternehmen, S. 63; zur früheren Gegenmeinung *Nordmeyer* BB 1971, 70 ff.

67 Ebenso *Raupach/Klotz* WiB 1994, 137, 138; MünchKomm/AktG[2]-*Bayer* § 17 Rn. 78; *Emmerich/Sonnenschein*, Konzernrecht[6], S. 48; *Säcker* NJW 1980, 801, 805 f.

68 MünchKomm AktG[2]-*Bayer* § 17 Rn. 82.

69 MünchKomm AktG[2]-*Bayer* § 17 Rn. 80 f.

70 Habersack/*Emmerich*[3] § 17 Rn. 30; *Maul* NZG 2000, 470.

71 *Ruwe* DB 1988, 2037, 2038 Fn. 20.

72 *Ruwe* DB 1988, 2037, 2040.

73 *Maul* NZG 2000, 470.

Das Gemeinschaftsunternehmen besitzt konzernrechtlich relevante Beziehungen zu *jeder* Mutter, nicht zu der zwischen den Müttern bestehenden GbR;[74] dies gilt selbst dann, wenn die GbR einen Beherrschungsvertrag mit dem Gemeinschaftsunternehmen abgeschlossen hat.[75]

Dies bedeutet, daß über Beziehungen zu jeder Mutter jeweils Abhängigkeitsberichte zu erstellen sind.[76] Für Nachteilsausgleich bzw. Schadensersatz nach §§ 311, 317 AktG haften die Mütter gesamtschuldnerisch.[77]

Auch über Beherrschungsverträge läßt sich eine mehrfache Abhängigkeit herstellen.[78] Vertragspartner der abhängigen Gesellschaft sind wiederum die Mütter; daher muß bei jeder Mutter jeweils die Hauptversammlung dem Unternehmensvertrag gem. § 293 AktG zustimmen.[79] Im Vertragskonzern finden Abfindung und Ausgleich nach §§ 304, 305 AktG[80] über jede Mutter statt; die einzelnen Mutter sind dabei zueinander Gesamtschuldner.[81]

2. Keine Modifikationen für das BetrVG

Die Abhängigkeit als zentrale Anknüpfung des gesamten Konzernrechts mit den wichtigen Schutzvorschriften der §§ 311 ff. AktG läßt eine Modifikation für das BetrVG nicht zu. Anders als der Konzern an sich ist die Abhängigkeit für die gesamte Rechtsordnung gleich.[82] Für die Abhängigkeitsvermutung des § 17 II AktG gilt dies schon aus dem AktG direkt, die Ableitung daraus für den allgemeinen Abhängigkeitstatbestand paßt auch auf das BetrVG.

Vor allem ist die Abhängigkeit in den Vorschriften der §§ 311 ff. AktG abgefangen und dadurch die Einflußmöglichkeit des herrschenden Unternehmens legitimiert.[83] Ein solches Korrelat bietet das BetrVG nicht. Es kann daher die

---

74 Heute unstreitig; *Raupach/Klotz* WiB 1994, 137, 139; Habersack/*Emmerich*[3] § 17 Rn. 32; MünchKomm AktG[2]-*Bayer* § 17 Rn. 83; *Ruwe* DB 1988, 2037, 2040; *Emmerich/Sonnenschein*, Konzernrecht[6], S. 49; a.A. *Marchand*, Gemeinschaftsunternehmen, S. 192 f., 206, der die Abhängigkeit von der GbR anerkennt.

75 MünchKomm AktG[2]-*Bayer* § 17 Rn. 83.

76 Habersack/*Emmerich*[3] § 17 Rn. 32; *Ruwe* DB 1988, 2037, 2040; gegen einen gemeinsamen Abhängigkeitsbericht für alle herrschenden Unternehmen *Maul* NZG 2000, 471 f.

77 *Ruwe* DB 1988, 2037, 2040; *Emmerich/Sonnenschein*, Konzernrecht[6], S. 49; bejahend zur Frage, ob die Veranlassungsvermutung auch bei mehrfacher Abhängigkeit gilt, siehe *Maul*, NZG 2000,471.

78 *Emmerich/Sonnenschein*, Konzernrecht[6], S. 49.

79 *Emmerich/Sonnenschein*, Konzernrecht[6], S. 49; *Ruwe* DB 1988, 2037, 2041.

80 Wegen der aus der mehrfachen Abhängigkeit folgenden Probleme erfolgt die Abfindung nur nach § 305 II Nr. 3 AktG in bar, der Ausgleich als fester nach § 304 II, *Emmerich/Sonnenschein*, Konzernrecht[6], S. 49 f.

81 Ob auch die Vereinbarung einer Teilschuld zulässig ist, ist streitig, vgl. *Raupach/Klotz* WiB 1994, 137, 139.

82 Habersack/*Emmerich*[3] § 17 Rn. 4; Großkomm/AktG[4]-*Windbichler* § 17 Rn. 9.

83 Vgl. *Habersack*/Emmerich[3] § 311 Rn. 1.

Abhängigkeit nicht gegenüber dem Konzerngesellschaftsrecht unter Zugrundelegung seiner Zwecke erweitern.

Die Abhängigkeit, die das Konzerngesellschaftsrecht herausgearbeitet hat – die mehrfache Abhängigkeit eines Gemeinschaftsunternehmens von allen Müttern eingeschlossen –,[84] hat daher Gültigkeit auch für das BetrVG.[85]

III. Zusammenfassung unter einheitlicher Leitung

Als letzte Voraussetzung für den Konzern verlangt § 18 I AktG die Zusammenfassung unter einheitlicher Leitung. Beides als getrennte Tatbestandsmerkmale aufzufassen, verlangt man verschiedentlich, praktische Bedeutung erlangt das aber nicht.[86]

Alle im Konzern zusammengefaßten Unternehmen sind Konzernunternehmen; der Konzern ist daher kein zwei-, sondern mehrseitiges Verhältnis, die Konzernunternehmen sind auch untereinander verbunden.[87]

Die Abhängigkeit besteht bereits bei der bloßen Möglichkeit, Einfluß auf ein Unternehmen auszuüben. Der Konzernverbund zwischen zwei Unternehmen verlangt, daß dieser Einfluß – als einheitliche Leitung – auch *tatsächlich* geltend gemacht wird.

1. Die konzerngesellschaftsrechtliche Auslegung

Der Zusammenfassung unter einheitlicher Leitung stellt § 18 I AktG in Satz 2 und 3 Vermutungen zur Seite, die – wie schon bei der Abhängigkeit – auch zur Definition der einheitlichen Leitung an sich beitragen und daher zuerst dargestellt sind.

a) Unwiderlegliche Vermutung bei Beherrschungsvertrag und Eingliederung (Vertragskonzern)

Unwiderleglich vermutet § 18 I S. 2 AktG einen Konzern zwischen Unternehmen, zwischen denen ein Beherrschungsvertrag (§ 291 AktG) besteht oder deren eines in das andere eingegliedert ist (§§ 319 ff. AktG).

Ein Beherrschungsvertrag ist gem. § 291 I S. 1 AktG ein Unternehmensvertrag, durch den eine AG oder KGaA die Leitung ihrer Gesellschaft einem anderen Unernehmen unterstellt; aber auch eine GmbH kann einen Beherrschungsvertrag abschließen.[88] §§ 293 ff. AktG regeln Abschluß, Änderung und Beendigung des Beherrschungsvertrages.

---

84 BAG vom 16.8.1995 – 7 ABR 57/94 – NJW 1996, 1691, 1692; für die umfangreiche Literatur nur GK/BetrVG[7]-*Kreutz* § 54 Rn. 38 ff.; *Marchand*, Gemeinschaftsunternehmen, S. 108 ff.

85 Ebenso *Schweisfurth*, Konzern im Konzern, S. 52.

86 KK[2]-*Koppensteiner* § 18 Rn. 3.

87 Habersack/*Emmerich*[3] § 18 Rn. 7.

88 MünchKomm/AktG[2]-*Altmeppen* § 308 Rn. 5.

Die Voraussetzungen der Eingliederung stellen §§ 319, 320 AktG auf. Auch die eingegliederte Gesellschaft behält ihre Rechtspersönlichkeit und besteht als juristische Person fort. Die Eingliederung beschränkt sich auf Aktiengesellschaften, andere Gesellschaften können nicht eingegliedert werden, selbst eine KGaA nicht.[89]

Ein Konzern, der auf eines dieser beiden Beherrschungsmittel zurückzuführen ist, ist Vertragskonzern.[90]

Daß der Vertragskonzern nicht zuläßt, die einheitliche Leitung zu widerlegen, findet seine Rechtfertigung darin, daß die Geschäftsleitung der Konzernunternehmen auf das Konzerninteresse verpflichtet ist – unabhängig von der aktuellen Ausübung der durch Beherrschungsvertrag bzw. Eingliederung geschaffenen Leitungsmacht.[91]

b) Widerlegbare Vermutung bei Abhängigkeit

§ 18 I S. 3 AktG vollendet die Vermutungskette, die bei der Mehrheitsbeteiligung begann und die damit von der Mehrheitsbeteiligung über die Abgängigkeit bis zum Konzern führt. Die Konzernvermutung setzt keine AG voraus, sie trifft auch GmbH's und Personengesellschaften.[92]

Gelingt nicht schon die Widerlegung der Abhängigkeit, wird in der Praxis die Widerlegung der Vermutung nach § 18 I S. 3 AktG kaum gelingen, erst recht, wenn man dem weiten Konzernbegriff folgt.[93] Das herrschende Unternehmen muß nachweisen, daß es trotz Abhängigkeit keine einheitliche Leitung praktiziert; dazu muß es Umstände vortragen, die zeigen, daß es von seinen Einflußnahmemöglichkeiten keinen oder nur punktuellen Gebrauch macht.[94]

c) Einheitliche Leitung

Für die einheitliche Leitung streitet man um die Bereiche, die sie umfassen muß. Als Beschreibung des Streitstands dient die Unterscheidung eines „engen" und „weiten" Konzernbegriffs, der allerdings kein eigener Erklärungswert zukommt.[95]

Der enge Konzernbegriff fordert die einheitliche Planung der Konzernspitze für alle zentralen unternehmerischen Bereiche, v. a. das Finanzwesen („zentrales

---

89 *Emmerich/Sonnenschein/Habersack*, Konzernrecht^7, S. 131.

90 Habersack/*Emmerich*^{3} § 18 Rn. 3; *Biedenkopf* Liber amicorum P. Sanders, S. 1, 4 f. Die Terminologie ist jedoch uneinheitlich, manche bezeichnen nur den Konzern mit Beherrschungsvertrag als Vertragskonzern. Der Einfachheit halber soll hier dem einheitlichen Begriff der Vorzug gebühren.

91 KK^2-*Koppensteiner* § 18 Rn. 30.

92 Großkomm/AktG^4-*Windbichler* § 18 Rn. 35.

93 Habersack/*Emmerich*^{3} § 18 Rn. 24.

94 Habersack/*Emmerich*^{3} § 18 Rn. 23; KK^2-*Koppensteiner* § 18 Rn. 34 (für den engen Konzernbegriff).

95 Großkomm/AktG^4-*Windbichler* § 18 Rn. 19; Habersack/*Emmerich*^{3} § 18 Rn. 10.

Cash-Management").[96] So kommt man der wirtschaftlichen Einheit Konzern am nächsten und dient außerdem dem Zweck der Konzernrechnungslegung nach § 290 I HGB.[97] Als weiter Konzernbegriff wird dem als abweichende Akzentsetzung das Ausreichen der einheitlichen Planung in einem zentralen Unternehmensbereich gegenüber gestellt – z.B. Einkauf, Verkauf oder Personalwesen, wenn diese Koordinierung Ausstrahlungen auf das Gesamtunternehmen hat.[98] Für den weiten Konzernbegriff spricht die Vermutungskette Mehrheitsbeteiligung-Abhängigkeit-Konzern: Die einheitliche Leitung ist aktualisierter beherrschender Einfluß i.S.d. § 17 I AktG,[99] der in der Regel durch eine Mehrheitsbeteiligung vermittelt wird. Entscheidend für die einheitliche Leitung ist daher, daß die Politik der verbundenen Unternehmen im Sinne einer einheitlichen Konzernpolitik beständig koordiniert ist und durchgesetzt wird.[100] Auch taugt die Rechnungsauslegung aufgrund des § 290 II HGB, der das control-Konzept der 7. EG-Richtlinie zugrunde legt,[101] nur noch begrenzt als Auslegungskriterium.

Indizien einheitlicher Leitung sind die personelle Verflechtung auf Vorstands- oder Aufsichtsratsebene,[102] Auftreten am Markt als Einheit (z.B. mit gemeinsamem Logo),[103] Abschluß eines Gewinnabführungsvertrages[104] und die Erstellung eines Konzernabschlusses und Konzernlageberichts nach §§ 290 ff. HGB.[105] Unter einheitlicher Leitung können auch Unternehmen unterschiedlicher Branchen zusammengefaßt sein.[106]

d) Gemeinschaftsunternehmen

Gemeinschaftsunternehmen sind nicht nur von allen Müttern abhängig, sondern bilden auch jeweils einen Konzern mit ihnen. Diese Möglichkeit einer mehrfachen Konzernzugehörigkeit ist mittlerweile, der Begründung der mehrfachen Abhängigkeit folgend, anerkannt.[107]

---

96 KK²-*Koppensteiner* § 18 Rn. 20.

97 Habersack/*Emmerich*³ § 18 Rn. 10.

98 BAG vom 18.6.1970 – 1 ABR 3/70 – SAE 1971, 138, 140; Habersack/*Emmerich*³ § 18 Rn. 11.

99 BAG vom 16.8.1995 – 7 ABR 57/94 – NJW 1996, 1691, 1692.

100 Habersack/*Emmerich*³ § 18 Rn. 13 f.

101 Großkomm/AktG⁴-*Windbichler* § 18 Rn. 22.

102 BayOblG vom 24.4.1998 – 3Z BR 236/96 – NZA 1998, 956, 958; Habersack/*Emmerich*³ § 18 Rn. 14a; KK²-*Koppensteiner* § 18 Rn. 29; a.A. BAG vom 16.8.1995 – 7 ABR 57/94 – NJW 1996, 1691, 1692, allerdings bei fehlender Konzernvermutung nach § 18 I S. 3 AktG im Bereich des § 76 IV S. 1 BetrVG 1952.

103 Habersack/*Emmerich*³ § 18 Rn. 14a.

104 Habersack/*Emmerich*³ § 18 Rn. 14a.

105 Habersack/*Emmerich*³ § 18 Rn. 14a.

106 Habersack/*Emmerich*³ § 18 Rn. 14a.

107 MünchKomm AktG²-*Bayer* § 18 Rn. 43; *Säcker* NJW 1980, 801, 805 f.

2. Abweichung für den Konzern des BetrVG

a) Grundsatz

Ob der Konzernbegriff, d.h. die Zusammenfassung unter einheitlicher Leitung, einheitlich zu verstehen ist wie die Abhängigkeit, sieht die konzerngesellschaftsrechtliche Literatur als „offen" an.[108] Für § 5 MitbestG ist anerkannt, daß der weite Konzernbegriff ausreicht, da das MitbestG vom Normzweck des Konzerngesellschaftsrechts abweicht und erst recht nicht auf die finanziellen Interessen der Konzernunternehmen zugeschnitten ist.[109]

Die Frage, ob die einheitliche Leitung eine Auslegung anhand eines anderen Normzwecks als dem des Konzernrechts im engeren Sinne zuläßt, ist in der Tat zu bejahen. Die Abhängigkeit trägt ihren Zweck in sich und zieht im AktG so wichtige Rechtsfolgen nach sich, daß sie mangels äquivalenter Regelungen im BetrVG nur einheitlich betrachtet werden kann. Die einheitliche Leitung dagegen hat im Konzerngesellschaftsrecht kaum Bedeutung und steht einer Auslegung anhand der jeweiligen Norm offen. Für §§ 54 ff. BetrVG reicht daher als einheitliche Leitung auch die Leitung in einzelnen Unternehmensbereichen, vor allem der Personalführung aus, da schon diese mitbestimmungsrechtlich relevant werden kann.[110]

b) Gemeinschaftsunternehmen

Die Konzernbindung des Gemeinschaftsunternehmens zu allen – in der Regel: zwei – an der einheitlichen gemeinsamen Leitung beteiligten Unternehmen ist auch im BetrVG anerkannt.[111]

Der Gesamtbetriebsrat des Gemeinschaftsunternehmens kann sich daher an der Errichtung der Konzernbetriebsräte jeder seiner Mütter beteiligen.[112]

---

108 Habersack/*Emmerich*[3] § 18 Rn. 2.

109 BayObIG vom 24.4.1998 – 3Z BR 236/96 – NZA 1998, 956; vom 6. 3. 2002 – 3Z BR 343/00 – NJW-RR 2002, 974, 976.

110 GK/BetrVG[7]-*Kreutz* § 54 Rn. 35; Däubler/Kittner/Klebe[8]-*Trittin* Vor § 54 Rn. 26; .

111 BAG vom 16.8.1995 – 7 ABR 57/94 – NJW 1996, 1691, 1692 mit zustimmender, Anmerkung, *Hoyingen-Huene* SAE 1988, 183; vom 30.10.1986 – 6 ABR 19/85 – AP Nr. 1 zu § 55 BetrVG 1972; GK/BetrVG[7]-*Kreutz* § 54 Rn. 38 ff.; *Marchand*, Gemeinschaftsunternehmen, S. 108 ff.; ErfKomm[4]-*Eisemann* § 54 BetrVG Rn. 7; *Gansweid*, Gemeinsame Tochtergesellschaften, S. 206; a.A. *Windbichler*, Arbeitsrecht im Konzern, S. 317 f.; *Neumann/Bock* BB 1977, 852, 854; *Buchner* RdA 1975, 9, 13.

112 BAG vom 30.10.1986 – 6 ABR 19/85 – AP Nr. 1 zu § 55 BetrVG 1972; ErfKomm[4]-*Eisemann* § 54 BetrVG Rn. 7; a.A. *Neumann/Bock* BB 1977, 852, 854; *Buchner* RdA 1975, 9, 13.

c) Abweichung: Konzern im Konzern

Die spezifisch betriebsverfassungsrechtliche Auslegung der einheitlichen Leitung bedingt eine gegenüber dem Konzerngesellschaftsrecht abweichende Beurteilung des Konzerns im Konzern.

Denn die Literatur im Konzerngesellschaftsrecht lehnt die Möglichkeit eines Konzerns im Konzern, d.h. einer Konzernzugehörigkeit des Enkelunternehmens zu Tochter *und* Mutter im mehrstufigen Konzern, ganz überwiegend ab.[113] Neben fehlendem Bedarf[114] führt man den Wortlaut des § 18 I S. 1 AktG an, der nur *eine* einheitliche Leitung des Konzerns kennt, an[115] und verweist auf einen andernfalls eintretenden Konflikt mit der Konzernrechnungslegung nach § 290 HGB.[116] Auch die Isolierbarkeit des Konzerns im Konzern angesichts der wirtschaftlichen und finanziellen[117] Einheit wird bezweifelt.[118]

Für das Mitbestimmungsrecht – und zwar sowohl das MitbestG, das BetrVG 1952 als auch das BetrVG 1972 – hat sich die Akzeptanz des Konzerns im Konzern durchgesetzt.[119]

C. Ausübung der Leitungsmacht

Für die späteren Fragen ist vor allem ausschlaggebend, auf welche Weise das herrschende Unternehmen auf die abhängigen Unternehmen Einfluß nehmen kann.

I. Vertragskonzern

1. Bei Beherrschungsvertrag

a) Leitungsmittel

Der wirksame Beherrschungsvertrag i.S.d. § 291 AktG begründet gem. § 308 AktG ein Recht des herrschenden Unternehmens zur Erteilung von Weisungen an

---

113 Habersack/*Emmerich*[3] § 18 Rn. 19; *Marchand*, Gemeinschaftsunternehmen, S. 95, 105; MünchKomm AktG[2]-*Bayer* § 18 Rn. 42; *Kuhlmann/Anis*, Konzernrecht, A/Rn. 54; KK[2]-*Koppensteiner* § 18 Rn. 22; Großkomm/AktG[4]-*Windbichler* § 18 Rn. 83.

114 Habersack/*Emmerich*[3] § 18 Rn. 19; Großkomm/AktG[4]-*Windbichler* § 18 Rn. 83.

115 Habersack/*Emmerich*[3] § 18 Rn. 19; in diese Richtung auch *Kuhlmann/Anis*, Konzernrecht, A/Rn. 54, die darauf verweisen, daß die Tochter wegen der einheitlichen Leitung durch die Mutter auf die Enkelin keine freie Leitungsmacht besitzt.

116 Habersack/*Emmerich*[3] § 18 Rn. 19.

117 So der enge Konzernbegriff, s.o. Fn. 96.

118 KK[2]-*Koppensteiner* § 18 Rn. 22.

119 BAG vom 21.10.1980 – 6 ABR 41/78 – SAE 1982, 208; *Fitting*[22] § 54 Rn. 32 f.; GK/BetrVG[7]-*Kreutz* § 54 Rn. 35; a.A. *Richardi/Annuß*[8] § 54 Rn. 11 ff. In aller Ausführlichkeit *Schweisfurth*, Konzern im Konzern (2000).

die abhängige AG oder KGaA, denen ihre Leitung Folge leisten muß, § 308 II AktG. Auf die abhängige GmbH ist § 308 AktG entsprechend anwendbar.[120]

Auch ein Beherrschungsvertrag räumt der Konzernleitung also keine unmittelbaren Eingriffsrechte in das abhängige Unternehmen ein.[121] Die Binnenorganisation der verbundenen Unternehmen ändert sich nicht.[122] Unmittelbaren Eingriffsrechte kann nur die Leitung des abhängigen Unternehmens durch Bevollmächtigung des herrschenden Unternehmens herbeiführen,[123] was aber nur im Einzelfall zulässig ist, da sonst das dem abhängigen Vorstand verbleibende Prüfungsrecht nicht mehr gewährleistet wäre.[124] Die Organe des herrschenden Unternehmens haben keine Vertretungsmacht für die beherrschte Gesellschaft und können diese durch ihre Erklärungen gegenüber Dritten nicht unmittelbar berechtigen und verpflichten.[125] Auch die abhängige Gesellschaft handelt vielmehr allein durch ihre eigenen Organe.[126] Insoweit spricht man auch davon, daß die Muttergesellschaft im Vertragskonzern ihre Leitungsmacht nur durch Weisungen an die Geschäftsleitung der Tochtergesellschaft ausübt.[127]

Daraus folgt aber nicht, daß im Vertragskonzern andere Leitungsmittel als die Weisung unzulässig sind;[128] sie lösen jedoch nicht die Folgepflicht aus.[129] Scheitert die Möglichkeit einer formellen Weisung an einem Vorstands-Doppelmandat,[130] ist damit die Ausübung der Leitungsmacht solange nicht ausgeschlossen, wie das herrschende Unternehmen nur nicht selbst die Leitungstätigkeit übernimmt.

b) Die Weisung

Weisung ist jede Handlung, durch die das herrschende Unternehmen Einfluß auf den Vorstand des abhängigen Unternehmens nehmen will.[131] Sie ist geschäfts-

---

120 MünchKomm/AktG²-*Altmeppen* § 308 Rn. 5.

121 BGH vom 14.05.1990 – II ZR 122/89 – NJW-RR 1990, 1313, 1314; *Streyl*, Doppelmandate, S. 29; *Emmerich/Sonnenschein/Habersack*, Konzernrecht⁷, S. 363; KK²-*Koppensteiner* § 308 Rn. 15.

122 *Richardi/Annuß*⁸ § 58 Rn. 40.

123 *Streyl*, Doppelmandate, S. 29 unten.

124 KK²-*Koppensteiner* § 308 Rn. 15; *Emmerich/Sonnenschein/Habersack*, Konzernrecht⁷, S. 363.

125 BGH vom 14.05.1990 – II ZR 122/89 – NJW-RR 1990, 1313, 1314; *Streyl*, Doppelmandate, S. 29.

126 BGH vom 14.05.1990 – II ZR 122/89 – NJW-RR 1990, 1313, 1314; *Streyl*, Doppelmandate, S. 29.

127 BGH vom 14.05.1990 – II ZR 122/89 – NJW-RR 1990, 1313, 1314.

128 *Streyl*, Doppelmandate, S. 30; Habersack/*Emmerich*³ § 308 Rn. 2.

129 Habersack/*Emmerich*³ § 308 Rn. 2.

130 So *Streyl*, Doppelmandate, S. 26 f.; a.A. *Emmerich/Sonnenschein/Habersack*, Konzernrecht⁷, S. 362.

131 Habersack/*Emmerich*³ § 308 Rn. 23.

ähnliche Handlung,[132] für die die Vorschriften über Rechtsgeschäfte entsprechend gelten.[133] Zur unverbindlichen Empfehlung grenzt man sie aus der Sicht des abhängigen Unternehmens ab: Folgert es aus dem Verhalten der Konzernleitung, daß sie Befolgung erwartet, ist das Verhalten Weisung.[134]

Die Weisung darf auch nachteilig sein, solange sie dem Konzerninteresse dient und der Beherrschungsvertrag nichts Gegenteiliges regelt, § 308 I S. 2 AktG. An einer solchen Beschränkung im Beherrschungsvertrag hat das herrschende Unternehmen jedoch in der Regel kein Interesse, so daß sie in der Praxis kaum vorkommt.[135] Wann die Weisung nachteilig ist, bestimmt sich wie bei § 311 AktG.[136]

Nur die Leitung des herrschenden Unternehmens kann das Weisungsrecht, vertreten i.d.R. durch ihre gesetzlichen Vertreter, ausüben.[137] Adressat ist stets der Vorstand des abhängigen Unternehmens; nur auf ihn bezieht sich die Folgepflicht des § 18 II AktG.[138] Einzige enge Ausnahme ist § 18 III AktG, die den Aufsichtsrat in die Wirkung einer Weisung mit einbezieht.

Der Vorstand der abhängigen Gesellschaft darf keine offensichtlich unzulässigen Weisungen befolgen, § 308 II S. 2 AktG; hier ist er ausnahmsweise zur Nichtbefolgung verpflichtet.[139] Ihm obliegt daher die entsprechende Überprüfung der Weisung.[140] Unzulässig ist eine Weisung, die gegen das vom herrschenden Unternehmen definierte Konzerninteresse verstößt. Die Offensichtlichkeit ist auf evidente Mißbrauchsfälle begrenzt.[141] Zu rechtswidrigem Verhalten darf die Konzernleitung nicht anweisen;[142] ob existenzgefährdende Weisungen zulässig sind, ist streitig.[143]

---

132 A.A. KK²-*Koppensteiner* § 308 Rn. 12: Weisung ist Willenserklärung.

133 *Emmerich/Sonnenschein/Habersack*, Konzernrecht⁷, S. 362; MünchKomm/AktG²-*Altmeppen* § 308 Rn. 9.

134 MünchKomm/AktG²-*Altmeppen* § 308 Rn. 9; KK²-*Koppensteiner* § 308 Rn. 13.

135 KK²-*Koppensteiner* § 308 Rn. 39.

136 KK²-*Koppensteiner* § 311 Rn. 26.

137 *Emmerich/Sonnenschein/Habersack*, Konzernrecht⁷, S. 359 f; KK²-*Koppensteiner* § 308 Rn. 4 f.

138 *Emmerich/Sonnenschein/Habersack*, Konzernrecht⁷, S. 361; MünchKomm/AktG²-*Altmeppen* § 308 Rn. 83.

139 KK²-*Koppensteiner* § 308 Rn. 47; MünchKomm/AktG²-*Altmeppen* § 308 Rn. 148.

140 *Emmerich/Sonnenschein/Habersack*, Konzernrecht⁷, S. 367; KK²-*Koppensteiner* § 308 Rn. 42, 45.

141 *Emmerich/Sonnenschein/Habersack*, Konzernrecht⁷, S. 367 mit Beispielen.

142 KK²-*Koppensteiner* § 308 Rn. 19.

143 Ausführlich KK²-*Koppensteiner* § 308 Rn. 32 ff.

Das herrschende Unternehmen kann Erfüllung des Beherrschungsvertrages von der abhängigen Gesellschaft verlangen, es ist nicht auf Schadensersatz beschränkt.[144]

c) Legitimation der Leitungsmacht des herrschenden Unternehmens bei Beherrschungsvertrag

Der Abschluß des Beherrschungsvertrags legitimiert die Leitungsmacht des herrschenden Unternehmens.[145] An die Stelle der – bei der AG – eigenverantwortlichen Leitung der Konzernunternehmen durch ihre Vorstände tritt die Leitung des herrschenden Unternehmens mit einer nach §§ 309, 310 AktG modifizierten Verantwortlichkeit.[146]

Korrelat der weitgehenden Leitungsmacht des herrschenden Unternehmens ist die Verlustausgleichspflicht nach § 302 I AktG:[147] Sie gleicht aus, daß die Leitungszuständigkeit umfassend dem herrschenden Unternehmen geöffnet ist.[148]

2. Bei Eingliederung

Die Eingliederung ist die engste Verbindung zweier selbständiger Unternehmen.[149] Ihre Voraussetzungen sind in §§ 319 (für die hundertprozentige Tochter) und 320 AktG (hier Voraussetzung: 95 % Aktienbesitz) geregelt.

Der Hauptgesellschaft räumt § 323 I AktG ein nahezu unbeschränktes Weisungsrecht ein. Auch die Schranken beim Beherrschungsvertrag, die Ausrichtung der Weisung am Konzerninteresse und das Verbot der Existenzgefährdung, gelten nicht.[150] Nur zu einem gesetzes- oder satzungswidrigen Verhalten darf die Hauptgesellschaft die eingegliederte Gesellschaft nicht veranlassen.[151]

Die Eingliederung setzt die für abhängige Gesellschaften maßgeblichen Ordnungsprinzipien in §§ 319 ff. AktG weitgehend außer Kraft.[152]

Rechtfertigung und Ausgleich sind aber ebenso durch §§ 319 ff. AktG sichergestellt: Zum einen sind Minderheitsaktionäre nicht vorhanden. Zum anderen

---

144 *Emmerich/Sonnenschein/Habersack*, Konzernrecht[7], S. 372; KK[2]-*Koppensteiner* § 308 Rn. 43.

145 *Bälz* FS Raiser, 287, 305; *Streyl*, Doppelmandate, S. 19; MünchKomm/AktG[2]-*Altmeppen* § 308 Rn. 2.

146 *Streyl*, Doppelmandate, S. 20.

147 *Streyl*, Doppelmandate, S. 21; MünchKomm/AktG[2]-*Altmeppen* § 302 Rn. 20; KK[2]-*Koppensteiner* § 302 Rn. 4; *Aschenbeck* NZG 2000, 1015, 1018. Ausführlich zur Verlustübernahme *Brachvogel*, Leitungsmacht, S. 111 ff.

148 Großkomm/AktG[4]-*Windbichler* § 18 Rn. 29; KK[2]-*Koppensteiner* § 302 Rn. 4.

149 *Emmerich/Sonnenschein/Habersack*, Konzernrecht[7], S. 149; KK[2]-*Koppensteiner* § 319 Rn. 1.

150 *Emmerich/Sonnenschein/Habersack*, Konzernrecht[7], S. 149; KK[2]-*Koppensteiner* § 323 Rn. 1.

151 *Emmerich/Sonnenschein/Habersack*, Konzernrecht[7], S. 149.

152 KK[2]-*Koppensteiner* Vorb. § 319 Rn. 2.

schützen Sicherheitsleistung (§ 321 AktG) und gesamtschuldnerische Haftung der Hauptgesellschaft (§ 322 AktG) die Gläubiger der eingegliederten Gesellschaft.[153] Noch dazu verpflichtet § 324 AktG die Hauptgesellschaft zum Verlustausgleich, der die Deckung des Grundkapitals der eingegliederten Gesellschaft gewährleistet.

II. Faktischer Konzern

Das Gesetz kennt den „faktischen" Konzern als Begriff nicht. In der Rechtswissenschaft hat sich dieser Begriff als Gegenstück zum Vertragskonzern eingebürgert. Die Zulässigkeit des faktischen Konzerns ist – inzwischen –[154] unbestritten, sonst wäre § 18 I S. 3 AktG sinnlos.[155]

1. Leitungsmittel: Veranlassung

Der Konzernleitung stehen ohne Eingliederung oder Beherrschungsvertrag zwar keine Weisungen zur Verfügung, so daß eine rechtlich abgesicherte Leitungsmacht fehlt. Daß sie dennoch zu einer einheitlichen Leitung imstande ist, zeigt § 18 I S. 3 AktG.

Die zentrale Vorschrift für die Einflußnahme der Konzernleitung im einfachen faktischen Konzern ist § 311 AktG. Danach sind dem herrschenden Unternehmen nachteilige Veranlassungen des abhängigen Unternehmens untersagt, es sei denn, es gleicht diese Nachteile aus. Zwar knüpft § 311 AktG nicht an den Konzerntatbestand und damit nicht an den faktischen Konzern an, sondern erfordert nur Abhängigkeit. Da der beherrschende Einfluß aber in der Regel zur Konzernbildung genutzt wird, ist Hauptanwendungsbereich des § 311 AktG der faktische Konzern.[156] §§ 311 ff. AktG enthalten daher tatsächlich das „Recht des faktischen Konzerns".[157]

Veranlassung i.S.d. § 311 AktG ist jede Form der Einflußnahme auf das abhängige Unternehmen, aus der sich – aus Empfängersicht[158] – entnehmen läßt, daß eine bestimmte Verhaltensweise erwünscht ist.[159]

Der Begriff der Veranlassung des § 311 AktG entspricht dem der Weisung in § 308 I AktG.[160] Der Unterschied liegt darin, daß bei der Weisung gem. § 308 AktG ein Leitungsrecht mit Folgepflicht des abhängigen Unternehmens besteht; diesen Unterschied zwischen Vorliegen oder Nichtvorliegen eines Beherr-

153 KK²-*Koppensteiner* Vorb. § 319 Rn. 2.

154 Zur Diskussion siehe KK²-*Koppensteiner* Vorb. § 311 Rn. 5 ff., der selbst in Rn. 15 die Zulässigkeit wegen § 18 I S. 3 AktG bejaht; a.A. *Bälz* FS Raiser, 287, 310.

155 *Hoffmann-Becking*, in: Probleme des Konzernrechts, S. 76 f.

156 *Aschenbeck* NZG 2000, 1015, 1018; MünchKomm/AktG²-*Kropff* § 311 Rn. 6.

157 MünchKomm/AktG²-*Kropff* § 311 Rn. 6.

158 KK²-*Koppensteiner* § 311 Rn. 2.

159 KK²-*Koppensteiner* § 311 Rn. 2.

160 Allgemeine Auffassung, vgl. KK²-*Koppensteiner* § 311 Rn. 2.

schungsvertrags greift das Gesetz terminologisch auf, indem es im Zusammenhang mit Vertragskonzernen von Weisung, ansonsten von Veranlassung spricht.[161]

Aus dieser Vorschrift folgt weiterhin, daß sämtliche Formen der Einflußnahme erlaubt sind, soweit eventuelle Nachteile ausgeglichen werden. Der Nachteilsausgleich wird als Rechtfertigung der nachteiligen und damit rechtswidrigen Maßnahme angesehen.

Ohne Nachteilsausgleich ist die beeinflussende Maßnahme rechtswidrig. Damit können u.U. Schadensersatzansprüche, vor allem nach § 317 AktG, ausgelöst werden: § 311 AktG nur das „Dürfen“, nicht das „Können“ der Beeinflussung.

Konsequenterweise ist es auch allgemeine Meinung, daß sich aus § 311 AktG kein Weisungs*recht* der Konzernleitung ableiten läßt, das eine Folgepflicht des Vorstands des beherrschten Unternehmens auslöst.[162] Im Gegensatz zu Beherrschungsvertrag und Eingliederung begründen weder die bloße Abhängigkeit noch die faktische Konzernierung eine rechtliche Leitungsmacht.

Weisungen stehen daher der Konzernleitung nicht zur Verfügung. Es bleiben ihr gemeinsame Beratungen, Richtlinien, Empfehlungen.[163]

Dennoch ist mit der Anerkennung des faktischen Konzerns auch klar, daß es eine einheitliche Leitung auch ohne Weisungsrecht geben kann.[164]

2. Ausgleich der nachteiligen Veranlassung

Die §§ 311 ff. AktG schützen vorrangig die abhängige Gesellschaft, die Interessen außenstehender Aktionäre und der Gläubiger des abhängigen Unternehmens.[165] § 311 AktG übernimmt dabei für den faktischen Konzern den Schutz, den die Verlustübernahme nach § 302 AktG bei Beherrschungsvertrag bietet.

Eine Veranlassung liegt nach dem Schutzzweck des § 311 AktG nur vor, wenn ein kausaler und zurechenbarer Zusammenhang zwischen der Einflußnahme und der Abhängigkeit besteht. Hätte die abhängige Gesellschaft die Maßnahme auch von sich aus vorgenommen, fehlt es an der Kausalität.[166]

Die Höhe des Nachteilausgleichs wird im Gegensatz zum Schaden im Wege einer Prognose ermittelt: Maßgebend ist die zum Zeitpunkt der Veranlassung aus den Umständen zu erwartende negative Auswirkung, nicht die tatsächlich eingetretene.[167]

---

161 KK²-*Koppensteiner* § 311 Rn. 2.
162 *Hoffmann-Becking*, in: Probleme des Konzernrechts, S. 83.
163 KK²-*Koppensteiner* § 18 Rn. 29.
164 *Brachvogel*, Leitungsmacht, S. 92; KK²-*Koppensteiner* Vorb. § 311 Rn. 5 ff.
165 KK²-*Koppensteiner* Vorb. § 311 Rn. 15; MünchKomm/AktG²-*Kropff* § 311 Rn. 3.
166 KK²-*Koppensteiner* § 311 Rn. 4; *Neuhaus*, DB 1970, 1915.
167 Allgemeine Meinung, vgl. *Kropff*, AG 1993, 491.

3. Kein qualifiziert faktischer Konzern mehr

Bei besonders weitgehender Leitung des abhängigen Unternehmens durch die Obergesellschaft bezweifelte man, daß die Schutzvorschriften des AktG zugunsten der Minderheitsaktionäre und Gläubiger ausreichen. Dies führte zur Intensivierung dieses Schutzes mittels der Figur des qualifizierten faktischen Konzerns, die als solche lange allgemein in Literatur[168] und Rechtsprechung[169] anerkannt war. Bei einer intensivierten Leitung des Konzerns durch die Obergesellschaft – nach einer weit verbreiteten Formel ist die qualifiziert beherrschte Gesellschaft wie eine „Betriebsabteilung" des herrschenden Unternehmens –[170] hielt man den Einzelnachteilsausgleich nach § 311 AktG für nicht ausreichend.

In Literatur und Rechtsprechung höchst streitig waren aber seither nicht nur Zulässigkeit und Voraussetzungen, sondern auch die Rechtsfolgen des qualifizierten faktischen Konzerns.

Der BGH hat in mittlerweile zwei Entscheidungen den qualifizierten faktischen Konzerns aufgegeben,[171] von der Literatur nahezu einhellig begrüßt.[172] Den Schutz einer abhängigen GmbH sollen nicht das Konzernrecht des AktG, sondern §§ 30, 31 GmbHG gewährleisten, flankiert von der „Haftung aus existenzvernichtendem Eingriff",[173] dessen Voraussetzungen und Herleitung im einzelnen noch umstritten sind.[174] Damit verläßt die Haftungsproblematik das Konzernrecht[175] und den Rahmen dieser Arbeit.

168 Statt vieler *Emmerich/Sonnenschein/Habersack*, Konzernrecht[7], S. 461 ff.; kritisch *Lehmann* FS Beusch, 479 ff.

169 BGH vom 16.9.1985 – II ZR 275/84 „Autokran" – BGHZ 95, 330; vom 23.9.1991 – II ZR 135/90 „Video" – BGHZ 115, 187.

170 *Koppensteiner*, in: Probleme des Konzernrechts, S. 87; Kritik und weitere Nachweise bei *Lehmann*, FS Beusch, 483 f.

171 BGH vom 21.6.1999 – II ZR 47/98 – BGHZ 142, 93, 95 „Bremer Vulkan", bestätigt durch BGH vom 25.2.2002 – II ZR 196/00 – BGHZ 150, 61, 68, fortgeführt von BGH vom 24.6.2002 – II ZR 300/00 „KBV" – BGHZ 151, 181.

172 *Altmeppen* NJW 2002, 321; *Benecke* BB 2003, 1190; *Henze* BB 2002, 1011; *Hölzle* ZIP 2003, 1376.

173 BGH vom 21.6.1999 – II ZR 47/98 – BGHZ 142, 93, 95 „Bremer Vulkan", bestätigt durch BGH vom 25.2.2002 – II ZR 196/00 – BGHZ 150, 61, 68, fortgeführt von BGH vom 24.6.2002 – II ZR 300/00 „KBV" – BGHZ 151, 181.

174 Dazu z.B. *Altmeppen* NJW 2002, 321; *Benecke* BB 2003, 1190; *Henze* BB 2002, 1011; *Hölzle* ZIP 2003, 1376.

175 Ebenso ErfKomm[4]-*Eisemann* § 54 BetrVG Rn. 5.

III. Zusammenfassung

Die Konzernleitung kann die einzelnen Konzernunternehmen nicht unmittelbar leiten oder organschaftlich vertreten.[176] Die rechtlich eigenständigen Konzernunternehmen behalten – bei jeder Form der Konzernierung – ihre eigene Leitung.[177] Einzige Einflußnahmemöglichkeit der Konzernleitung ist die Weisung, die das Konzernunternehmen erst noch umsetzen muß.[178] Dazu bedarf es aber – selbst wenn die Weisung Folgepflicht auslöst – noch des Entschlusses der Unternehmensleitung.[179] Die Konzernleitung ist nur eine mittelbare Leitung der abhängigen Unternehmen.[180]

D. Die Gegenüberstellung von Gleich- und Unterordnungskonzern

Wie gesagt, spielt sich das Konzernbetriebsverfassungsrecht ausweislich § 54 I BetrVG mit der Angabe des § 18 I AktG ausschließlich im Unterordnungskonzern ab.[181]

Aus der Beschränkung auf den Unterordnungskonzern können sich aber für das Konzernbetriebsverfassungsrecht Schlüsse ziehen lassen. Deshalb soll hier die Gegenüberstellung von Unterordnungs- und Gleichordnungskonzern nicht fehlen.

I. Die Gemeinsamkeiten: Unternehmen und einheitliche Leitung

Auch der Gleichordnungskonzern des § 18 II AktG verlangt die Zusammenfassung von Unternehmen unter einheitlicher Leitung. Letztere entspricht dabei voll der des Unterordnungskonzerns mit der Ausnahme, daß das Gesetz sie nie vermutet, sie also stets positiv festzustellen ist.[182]

Die einheitliche Leitung läßt sich im Gleichordnungskonzern wie im Unterordnungskonzern vertraglich oder faktisch begründen. Der vertragliche Gleichordnungskonzern entsteht, indem sich die Beteiligten freiwillig qua Vertrag einer einheitlichen Leitung unterstellen – ausgeübt durch eine bestimmte Person, eines der beteiligten Unternehmen oder ein gemeinsamen Leitungsorgan.[183] § 291 II AktG unterscheidet den Gleichordnungsvertrag allerdings nicht vom Beherr-

---

176 MünchArbR²-*Joost* § 315 Rn. 79; *Windbichler*, Arbeitsrecht im Konzern, S. 359; MünchKomm/AktG²-*Altmeppen* § 308 Rn. 15.

177 MünchArbR²-*Joost* § 315 Rn. 80; *Windbichler*, Arbeitsrecht im Konzern, S. 359; *Wiedemann*, Unternehmensgruppe, S. 124; KK²-*Koppensteiner* § 308 Rn. 15.

178 MünchArbR²-*Joost* § 315 Rn. 80; dies erkennt auch *Konzen* RdA 1984, 65, 77. Falsch *Wetzling*, Konzernbetriebsrat, S. 198, der „Verpflichtungsvereinbarungen, welche die Konzernleitung für die abhängige Gesellschaft mit Dritten aushandelt", „unmittelbar für und gegen die abhängige Gesellschaft gelten" läßt.

179 MünchArbR²-*Joost* § 315 Rn. 80.

180 Richtig *Biedenkopf* Liber amicorum P. Sanders, S. 1, 7.

181 In Einzelheiten siehe oben S. 2 ff.

182 Habersack/*Emmerich*³ § 18 Rn. 25; MünchKomm/AktG²-*Bayer* § 18 Rn. 50.

183 Habersack/*Emmerich*³ § 18 Rn. 29.

schungsvertrag i.S.d. § 291 I AktG. Ein faktischer Gleichordnungskonzern erfordert lediglich die rein tatsächliche Unterstellung unter einheitliche Leitung; er ist nur aufgrund eines aufwendigen Indizienbeweises feststellbar.[184] Schon eine stillschweigende Gleichsteuerung der Unternehmen durch Vorstände und Aufsichtsräte in Personalunion reicht hier aus.[185]

II. Der Unterschied: Fehlende Abhängigkeit im Gleichordnungskonzern

Im Gegensatz zum Unterordnungskonzern sind die Konzernunternehmen eines Gleichordnungskonzerns nicht abhängig (§ 17 AktG).[186]

1. Unabhängigkeit der Schwesterunternehmen untereinander

Fehlende Abhängigkeit heißt zunächst unstreitig, daß die Unternehmen, die sich der einheitlichen Leitung unterstellen, nicht voneinander abhängig sein dürfen.[187] Sie müssen gleichberechtigt sein, keine darf den anderen ihren Willen aufzwingen können; eine Führungsvereinbarung muß daher zumindest sofort kündbar sein.[188]

2. Keine Abhängigkeit von leitendem Unternehmen

Aber auch von der einheitlichen Leitung dürfen die Unternehmen eines Gleichordnungskonzerns nicht abhängig sein.[189] Solange das Leitungsorgan keine Unternehmensqualität i.S.d. § 15 AktG besitzt, ist das erfüllt; damit hat bei Privatgesellschaftern mit multiplem Besitz[190] die Bejahung der Unternehmensqualität zur Folge, daß ein Unterordnungs-, andernfalls: ein Gleichordnungskonzern besteht.[191] Ist das geschaffene Leitungsorgan Unternehmen, darf es nur Koordinationsfunktionen ausüben, die Konzernleitung muß bei den Konzernunternehmen verbleiben, damit es beim Gleichordnungskonzern bleibt.[192] Selbst wenn man die fehlende Abhängigkeit für den Gleichordnungskonzern nicht fordert,[193] müssen die einzelnen Unternehmen noch zur Mitgestaltung der einheitlichen Leitung mächtig sein.[194]

---

184 Habersack/*Emmerich*[3] § 18 Rn. 30 f.
185 *Wellkamp* DB 1993, 2517; Habersack/*Emmerich*[3] § 18 Rn. 30.
186 Habersack/*Emmerich*[3] § 18 Rn. 1.
187 Habersack/*Emmerich*[3] § 18 Rn. 32; MünchKomm/AktG[2]-*Bayer* § 18 Rn. 56.
188 Habersack/*Emmerich*[3] § 18 Rn. 32; MünchKomm/AktG[2]-*Bayer* § 18 Rn. 57.
189 MünchKomm/AktG[2]-*Bayer* § 18 Rn. 57; Habersack/*Emmerich*[3] § 18 Rn. 32.
190 Dazu oben S. 3.
191 Habersack/*Emmerich*[3] § 18 Rn. 33.
192 MünchKomm/AktG[2]-*Bayer* § 18 Rn. 53; Großkomm/AktG[4]-*Windbichler* § 18 Rn. 52.
193 *Wellkamp* DB 1993, 2517, 2520.
194 *Wellkamp* DB 1993, 2517, 2519.

III. Zusammenfassung

Die Unternehmen eines Gleichordnungskonzerns sind an der einheitlichen Leitung entweder unmittelbar oder mittelbar über ein gemeinsames Leitungsorgan oder die Kündigungsmöglichkeit der Übertragung ihrer Leitung beteiligt. Im Gegensatz zum Unterordnungskonzern besteht keine Beherrschungsmöglichkeit, der sich das Unternehmen nicht entziehen könnte.[195]

---

195 GroßkommAktG^4-*Windbichler* § 18 Rn. 52.

Zweiter Teil. Die Legitimation des Konzernbetriebsrates

A. Errichtung des Konzernbetriebsrates

Einen Konzernbetriebsrat können gem. § 54 I BetrVG die einzelnen Gesamtbetriebsräte – deren Unternehmen einem Unterordnungskonzern angehören – durch Beschlüsse errichten. Die Errichtung des Konzernbetriebsrates ist also in das Belieben der Gesamtbetriebsräte gestellt, die mittels Beschlusses frei entscheiden können, ob sie ihn wollen. Der Gesetzgeber hat ihnen die Wahl eingeräumt, weil er von einer Vielzahl unterschiedlicher Konzernstrukturen ausging und nicht für alle die Notwendigkeit eines Konzernbetriebsrates annahm.[196]

Damit es einen Konzernbetriebsrat gibt, müssen zunächst die Voraussetzungen des § 54 I BetrVG vorliegen, der als Rechtsfolge den Gesamtbetriebsräten ermöglicht, den Konzernbetriebsrat durch Beschlüsse zu errichten. Anschließend ist es an den Gesamtbetriebsräten, von dieser Möglichkeit wirksam Gebrauch machen. Mit dem Beschluß ist der Konzernbetriebsrat errichtet, eine weitere Voraussetzung wie die Entsendung von Mitgliedern gibt es nicht.[197]

I. Errichtungsmöglichkeit

1. „Für" einen „Konzern"

Schon die Errichtung „für" einen Konzern hat der Rechtswissenschaft Schwierigkeiten bereitet. Richtig ist, daß der Konzernbetriebsrat für den Konzern, nicht „im" herrschenden Unternehmen gebildet wird.[198] Daher kommt es auf dessen Betriebsratsfähigkeit, von einem bestehenden Betriebsrat ganz zu schweigen, nicht an –[199] der Fall, daß eine Konzernholding die Errichtung eines Konzernbetriebsrates verhinderte, indem sie unter der erforderlichen Arbeitnehmerzahl des § 1 BetrVG bliebe, kann also nicht eintreten.

Am Konzernbegriff, den § 54 I S. 1 BetrVG mittels des Klammerzusatzes beschreibt, ist nur unstreitig, daß ein Unterordnungskonzern verlangt ist und der Gleichordnungskonzern keinen Konzernbetriebsrat besitzen kann, da nur auf § 18 I AktG Bezug genommen ist.[200] Der Tatbestand des Konzerns gem. § 54 BetrVG ist oben dargelegt.[201]

---

196 BR-Drs. 715/70, S. 43.

197 GK/BetrVG[7]-*Kreutz* § 54 Rn. 46.

198 Großkomm/AktG[4]-*Windbichler* § 18 Rn. 76; Däubler/Kittner/Klebe[8]-*Trittin* § 54 Rn. 30.

199 Hess/Schlochauer/Worzalla/*Glock*[6] § 54 Rn. 21.

200 Siehe oben S. 1; Däubler/Kittner/Klebe[8]-*Trittin* Vor § 54 Rn. 4; *Oetker* ZfA 1986, 177, 182; Hess/Schlochauer/Worzalla/*Glock*[6] § 54 Rn. 9.

201 S. 2 ff.

2. Vorhandensein mehrerer Gesamtbetriebsräte im Konzern?

a) Standard: Forderung mehrer Gesamtbetriebsräte

Pauschal fordert man allgemein weiter als Errichtungsvoraussetzung, daß mindestens zwei Gesamtbetriebsräte[202] im Konzern bestehen.[203] Diese Auslegung steht trotz der Einmütigkeit auf wackligen Füßen.

Der Wortlaut des § 54 I S. 1 BetrVG gibt – im Unterschied zu § 47 I BetrVG, der die Obligation[204] eines Gesamtbetriebsrates an das Bestehen mehrerer Einzelbetriebsräte im Unternehmen knüpft –, keine Auskunft darüber, ob im Konzern mehr als ein Gesamtbetriebsrat bestehen muß, damit es einen Konzernbetriebsrat geben kann. § 54 I S. 2 BetrVG fordert zwar *Beschlüsse* der *Gesamtbetriebsräte.* Dennoch ist wiederum unstreitig, daß schon *einer* von mindestens zwei vorhandenen Gesamtbetriebsräten allein die Errichtung des Konzernbetriebsrates beschließen kann.[205] Damit läßt sich der Wortlaut des § 54 I S. 1 BetrVG für die Forderung mehrer Gesamtbetriebsräte aber nicht mehr einspannen.[206]

Einziges noch vorgebrachtes Argument sind Schwierigkeiten bei der Zusammensetzung nach § 55 BetrVG eines solchen „Monopol-Konzernbetriebsrates".[207] Der Wortlaut von § 55 BetrVG erfordert allerdings nirgendwo explizit, daß ein Konzernbetriebsrat aus mehr als einem Gesamtbetriebsrat „bestückt" werden muß; wenn man sogar die Mehrzahl-Formulierung in § 54 I S. 1 BetrVG zu mißachten weiß, steht § 55 BetrVG dem noch viel weniger entgegen.

Ob diese schwachen Argumente letztendlich dem einzigen Gesamtbetriebsrat im Konzern die Errichtungsmöglichkeit versagen können, hängt davon ab, ob für einen solchen Konzernbetriebsrat eine Aufgabe denkbar ist, die er ausfüllen kann.

---

202 Oder an ihrer Stelle gem. § 54 II Einzelbetriebsräte, dazu gleich III.

203 Däubler/Kittner/Klebe[8]-*Trittin* § 54 Rn 40; *Richardi/Annuß*[8] § 54 Rn 32; *Fitting*[22] § 54 Rn. 39; GK/BetrVG[7]-*Kreutz* § 54 Rn. 47; *Stege/Weinspach/Schiefer*[9] Rn. 5; Hess/Schlochauer/Worzalla/*Glock*[6] § 54 Rn. 21; MünchArbR[2]-*Joost* § 315 Rn. 41.

204 Was nicht heißen muß, daß ein Gesamtbetriebsrat nicht freiwillig auch vom einzigen Einzelbetriebsrat des Unternehmens errichtet werden kann, *Helm/A. Müller* AiB 2001, 449 ff.

205 GK/BetrVG[7]-*Kreutz* § 54 Rn. 51; *Fitting*[22] § 54 Rn. 43; Däubler/Kittner/Klebe[8]-*Trittin* § 54 Rn. 36; *Stege/Weinspach/Schiefer*[9] §§ 54-59a Rn 4.

206 Daher disqualifiziert sich insbesondere *Stege/Weinspach/Schiefer*[9] Rn. 5 im Widerspruch zu Rn. 4 selbst; ebenso mißglückt, aber wenigstens nicht mit Betonung auf dem Widerspruch *Richardi/Annuß*[8] § 54 Rn. 32 (anders noch die Vorauflage mit Bezug auf § 55 BetrVG).

207 Dies machen GK/BetrVG[7]-*Kreutz* § 54 Rn. 47; Hess/Schlochauer/Worzalla/*Glock*[6] § 54 Rn. 21 und *Fitting/Kaiser/Heither/Engels/Schmidt*[21] § 54 Rn. 39 (in der aktuellen Auflage nicht mehr) geltend, ohne aber ihre Bedenken auszuführen.

b) Handlungsfähigkeit des Konzernbetriebsrates im Ein-Betriebsrats-Konzern

Einem Konzernbetriebsrat, dessen Mitglieder aus nur einem Gesamtbetriebsrat entsandt werden, kann nur dann überhaupt eine Aufgabe zukommen, wenn er handlungsfähig ist. Voraussetzung für die Handlungen eines Betriebsrates ist stets die interne Willensbildung, die sich bei mehrköpfigen Einzelbetriebsräten in Beschlüssen vollzieht.[208] Die Beschlüsse des Konzernbetriebsrates richten sich nicht wie die des Einzelbetriebsrates nach § 33 BetrVG, sondern über § 59 I BetrVG nach § 51 III BetrVG, der die Besonderheit der Stimmgewichtung berücksichtigt.[209]

Jeder Gesamtbetriebsrat entsendet zwei Mitglieder in den Konzernbetriebsrat, § 55 I S. 1 BetrVG. Gibt es nur einen Gesamtbetriebsrat, bleiben seine beiden Vertreter im Konzernbetriebsrat unter sich und teilen sich das Stimmengewicht für ihr Unternehmen, heißt: für die in ihrem Gesamtbetriebsrat repräsentierten Arbeitnehmer, § 55 III BetrVG. Damit bleiben nur wenige Abstimmungsergebnisse möglich. Beschlußfähig ist der Konzernbetriebsrat bei Anwesenheit bereits der Hälfte seiner Mitglieder, soweit diese auch die Hälfte der Stimmen repräsentieren, § 51 III S. 3 BetrVG. Es kann also der eine Vertreter den Beschluß zustimmend oder ablehnend allein herbeiführen. Sind beide anwesend, können sie gleich oder unterschiedlich stimmen, wobei eine Enthaltung als Ablehnung zu werten ist.[210] Divergiert die Abstimmung, kommt es hier tatsächlich einmal zum Patt. Dieser kommt ansonsten kaum vor,[211] da ja nicht nach Köpfen, sondern nach gewichteten Stimmen abgestimmt wird. Bei der Stimmengleichheit ist der Antrag gem. § 51 III S. 2 iVm § 59 I BetrVG abgelehnt.

Der Konzernbetriebsrat, der nur aus zwei Vertretern eines Konzernunternehmens besteht, kann daher einem Antrag ebenso zustimmen oder ihn ablehnen wie ein Konzernbetriebsrat mit Mitgliedern aus mehreren Konzernunternehmen.

Der Konzernbetriebsrat kann im Ergebnis auch in einer Zweier-Besetzung wirksam Beschlüsse fassen – bleibt zu fragen, worüber.

c) Aufgabenbereich des Konzernbetriebsrates in einem Ein-Gesamtbetriebsrats-Konzern

Drei Aufgaben kommen dafür in Frage – alle neu nach Änderungen des BetrVG im Zuge des Betriebsverfassungsreformgesetzes[212]: Dem Konzernbetriebsrat obliegt nunmehr die Bestellung eines Wahlvorstands für betriebsratslose Betriebe (§ 17 I BetrVG) und für Betriebe, die bis acht Wochen vor Ablauf der Amtszeit ihrer Einzelbetriebsräte noch keinen Wahlvorstand gebildet haben (§ 16 III

---

208 GK/BetrVG[7]-*Wiese/Raab* § 33 Rn. 7.
209 GK/BetrVG[7]-*Kreutz* § 51 Rn. 62.
210 GK/BetrVG[7]-*Wiese/Raab* § 33 Rn. 29 f.; GK/BetrVG[7]-*Kreutz* § 51 Rn. 71.
211 Darauf weist zu Recht *Fitting*[22] § 51 Rn. 52 hin.
212 BGBl. I/2001, S. 1852 ff.

BetrVG). Nicht zuletzt umfaßt seine originäre Zuständigkeit nun nach § 58 I S.1, 2. Hs. BetrVG ausdrücklich auch betriebsratslose Einheiten.

aa) Bestellung des Wahlvorstands bei Ablauf der Amtszeit, § 16 III BetrVG

Als Aufgabe des Konzernbetriebsrates in einem Konzern mit nur einem Einzelbetriebsrat[213] kommt § 16 III BetrVG nicht in Frage. § 16 III BetrVG ermächtigt den Konzernbetriebsrat zur Bestellung des Wahlvorstands acht Wochen vor Ablauf der Amtszeit des Betriebsrates. Diese Kompetenz steht dem Konzernbetriebsrat wie bei § 17 I BetrVG subsidiär zu einem bestehenden Gesamtbetriebsrat, hier aber auch subsidiär zum Einzelbetriebsrat, zu. Zwar kann der Tatbestand des § 16 III BetrVG auch in einem Konzern mit nur einem Einzelbetriebsrat vorliegen, so daß der Konzernbetriebsrat dann tatsächlich für den einen Einzelbetriebsrat einen Wahlvorstand bestellen könnte. Allerdings ist ein solcher Konzernbetriebsrat nur ein Auszug (nämlich von zwei Mitgliedern, § 55 I S. 1 BetrVG) aus eben dem Einzelbetriebsrat, dessen Versäumnis er nachholen soll. Eine Existenzberechtigung des Konzernbetriebsrates läßt sich daraus nicht ableiten.

bb) Erstmalige Bestellung des Wahlvorstands, § 17 I BetrVG

Das „Mentorenprinzip“[214] des § 17 I BetrVG verpflichtet[215] den Konzernbetriebsrat an zweiter Stelle – nach einem bestehenden Gesamtbetriebsrat, aber noch vor der Betriebsversammlung – zur Bestellung des Wahlvorstands für betriebsratslose Betriebe. Der Tatbestand erfaßt also genau den Fall, daß die Errichtung des Konzernbetriebsrates an der fehlenden Wahl von Einzelbetriebsräten in betriebsratsfähigen Betrieben des Konzerns scheiterte. Die Einleitung der Wahlen ist eine Pflicht, die einem Konzernbetriebsrat – soweit für die betriebsratslosen Betriebe nicht der Gesamtbetriebsrat zuständig[216] ist – eine Aufgabe gerade dann zuweist, wenn nur ein Gesamtbetriebsrat oder Einzelbetriebsrat vorhanden ist. Der Konzernbetriebsrat hat damit die Möglichkeit, sich einen „Unterbau“[217] zu schaffen, der seine gesetzlich auf betriebsratslose Betriebe erstreckte Zuständigkeit trägt und legitimiert.

Daß diese Vorschrift durch Handeln eines nicht für sie legitimierten Organs es Betrieben fast unmöglich macht, gewollt ohne Betriebsrat zu bleiben, hat berech-

---

213 Für den Gesamtbetriebsrat ist § 16 III BetrVG nicht anwendbar, da er nicht gewählt wird, GK/BetrVG[7]-*Kreutz* § 16 Rn. 6.

214 Begr. RefE, S. 12; *Rieble* ZIP 2001, 133, 135 benennt richtig: Paternalismus.

215 Im Unterschied zu § 16 III BetrVG, der nur ein Recht, keine Pflicht des Konzernbetriebsrates begründet, GK/BetrVG[7]-*Kreutz* § 17 Rn. 10.

216 Die Zuständigkeit nach § 17 I BetrVG ist eine andere als die nach § 58 I BetrVG. Hier genügt es, daß ein Gesamtbetriebsrat für den betreffenden Betrieb entsteht, um die Zuständigkeit des Konzernbetriebsrates auszuschließen – echte Subsidiarität also.

217 *Hanau* AuR 2001, 1, 2.

tigte Kritik ausgelöst.[218] Schüfe man den Konzernbetriebsrat gerade zur Ausübung dieser Mentorenfunktion, leistete man dem noch Vorschub. Soll er seinen Unterbau doch schaffen, wenn er schon einmal da ist und in die gewollte Betriebsratslosigkeit eingreifen kann, § 58 I S. 1, 2. Hs. BetrVG. Die „Zwangsbeglückung"[219] darf nicht noch darüber hinaus gefördert werden.[220]

cc) Zuständigkeit für betriebsratslose Einheiten

Für die Frage, ob ein Konzernbetriebsrat nicht auch in Konzernen mit nur einem Betriebsrat Sinn hat, entscheidet allerdings § 58 I S. 1, 2. Hs. BetrVG dennoch für den Konzernbetriebsrat.

Für Konzerne, die wegen fehlender Betriebsratsfähigkeit der Betriebe in den übrigen Unternehmen nur einen Gesamtbetriebsrat haben, kreiert nun die neue Zuständigkeit des Konzernbetriebsrates nach § 58 I S. 1, 2. Hs. BetrVG ein Bedürfnis nach einem Konzernbetriebsrat.[221] Denn seit der Novelle hat der Konzernbetriebsrat auch in einem solchen Konzern mit nur einem weiteren Gesamt- bzw. Einzelbetriebsrat einen Bereich originärer Zuständigkeit: Ob die zwei oder mehr betroffenen Konzernunternehmen im Konzernbetriebsrat vertreten sind oder überhaupt Betriebsräte besitzen, spielt gem. § 58 I S. 1, 2. Hs. BetrVG keine Rolle mehr[222]. Das eröffnet einen Bereich, in dem die Voraussetzungen für die originäre Zuständigkeit des Konzernbetriebsrates gegeben sind. In diesem Bereich kann nach richtiger Auffassung[223] auch *nur* der Konzernbetriebsrat tätig werden. Den Arbeitnehmern, die sich für die betriebliche Mitbestimmung und einen Einzelbetriebsrat und Gesamtbetriebsrat entschieden haben, wäre die Mitbestimmung auf Konzernebene verwehrt; Entscheidungen der Konzernspitze, die mehrere Konzernunternehmen betreffen und die originäre Zuständigkeit nach § 58 I S. 1 BetrVG begründen,[224] blieben für ihn mitbestimmungsrechtlich unerreichbar. Diese Konsequenz aus der Zuständigkeitserstreckung auf betriebsratslose Einheiten, die für sich ja schon schlimm genug

---

218 Z.B. *Buchner* NZA 2001, 633, 636; *Konzen* RdA 2001, 76, 88; GK/BetrVG^7-*Kreutz* § 17 Rn. 6; *Rieble* ZIP 2001, 133, 135; *Schiefer/Korte* NZA 2001, 71, 77; *Hanau* RdA 2001, 65, 69 schlägt daher vor, daß der Gesamtbetriebsrat nur zu einer Betriebsversammlung zur Wahl eines Wahlvorstandes einladen solle.

219 *Rieble* ZIP 2001, 133, 135.

220 A.A. *Fischer* AiB 2001, 565, 567; *Helm/A. Müller* AiB 2001, 449, 450 für den Gesamtbetriebsrat (für den sie allerdings in Ausnahme zu § 47 I BetrVG Freiwilligkeit statt Errichtungszwang annehmen).

221 *Helm/A. Müller* AiB 2001, 449, 450; erstaunlicherweise übersieht *Fischer* AiB 2001, 565, 567 diese Daseinsberechtigung des Konzernbetriebsrates und beschränkt ihn auf § 17 I BetrVG.

222 Dazu auch unten, S. 128 f.

223 Dazu unten, S 135 ff.

224 Zu den Voraussetzungen im einzelnen, S. 117 ff.

ist,[225] muß schon mit bedeutenderen Argumenten als den oben aufgeführten begründet werden.

An der Auffassung, ein Konzernbetriebsrat erfordere einen Konzern mit mindestens zwei Gesamtbetriebsräten bzw. gem. § 54 II BetrVG Einzelbetriebsräten, kann daher nach der Novelle nicht festgehalten werden.

d) Ergebnis

Die Betriebsverfassungsreform hat dem Konzernbetriebsrat in § 58 I S. 1, 2. Hs. BetrVG die Zuständigkeit auch für betriebsratslose Einheiten zugewiesen. Damit entsteht auch in Konzernen mit nur einem Gesamtbetriebsrat ein Bereich, der nur der Zuständigkeit des Konzernbetriebsrates zugewiesen ist. Um diesen auszufüllen, muß es dem Gesamtbetriebsrat auch allein möglich sein, einen Konzernbetriebsrat zu errichten. Seiner Errichtung durch den einen Gesamtbetriebsrat dagegen stehen auf der anderen Seite keine Gründe entgegen, die einer Überprüfung standhielten.

Zur Erfüllung der Errichtungsvoraussetzungen des § 54 I BetrVG genügt ein im Unterordnungskonzern vorhandener Gesamtbetriebsrat.

II. Errichtungsbeschluß

1. Beschlußfassung

Nur die Gesamtbetriebsräte – und ggf. nach Maßgabe des § 54 II BetrVG die Einzelbetriebsräte – sind initiativberechtigt, nicht aber die Konzernleitung.[226] Ihre jeweiligen Errichtungsbeschlüsse sind selbständige, getrennte Beschlüsse.[227]

a) Erforderliche Anzahl von beschließenden Gesamtbetriebsräten

§ 54 I BetrVG spricht zwar von Beschlüssen der Gesamtbetriebsräte in der Mehrzahl. Dennoch reicht zur Errichtung des Konzernbetriebsrates aus, daß schon ein Gesamtbetriebsrat allein die Errichtung des Konzernbetriebsrates beschließt – wenn, so die eben dargestellte Meinung, im Konzern mindestens zwei Gesamtbetriebsräte bestehen.[228]

Tatsächlich ist die Frage, wie viele Gesamtbetriebsräte der Errichtung zustimmen, ausschließlich für das Quorum interessant. Das aber bestimmt sich nicht nach der Zahl der zustimmenden Unternehmen, sondern ihrer Arbeitnehmer.[229]

---

225 Kritik z.B. bei *Rieble* ZIP 2001, 133, 135 f.

226 Däubler/Kittner/Klebe[8]-*Trittin* § 54 Rn. 44; *Richardi/Annuß*[8] § 54 Rn. 36; GK/BetrVG[7]-*Kreutz* § 54 Rn. 48.

227 GK/BetrVG[7]-*Kreutz* § 54 Rn. 49.

228 GK/BetrVG[7]-*Kreutz* § 54 Rn. 51; *Fitting*[22] § 54 Rn. 43; Däubler/Kittner/Klebe[8]-*Trittin* § 54 Rn. 36; *Stege/Weinspach/Schiefer* [9] §§ 54-59a Rn 4.

229 Ebenso GK/BetrVG[7]-*Kreutz* § 54 Rn. 51.

b) Allgemeine Regelungen der Beschlußfassung

Der Errichtungsbeschluß jedes Gesamtbetriebsrates muß die allgemeinen Voraussetzungen der Beschlußfassung im Einzel- und Gesamtbetriebsrat beachten. Die Wirksamkeit der Gesamtbetriebsrats-Beschlüsse richtet sich daher nach § 51 II BetrVG, die der Einzelbetriebsrats-Beschlüsse nach im Falle des § 54 II BetrVG nach § 33 BetrVG.[230]

2. Quorum

a) Quorum vor und nach der Reform

Der Errichtungsbeschluß muß gem. § 54 I S. 2 BetrVG von Gesamtbetriebsräten getragen werden, die zusammen mehr als 50 vom Hundert der Arbeitnehmer aller Konzernunternehmen repräsentieren. Vor der Novelle 2000 verlangte das Gesetz noch 75 vom Hundert; das Senken des Quorums soll die Errichtung eines Konzernbetriebsrates erleichtern. Man maß dem Konzernbetriebsrat eine so große Bedeutung zu,[231] daß zunächst gar im Gespräch war, einen – wie den Gesamtbetriebsrat – obligatorischen Konzernbetriebsrat einzuführen.[232] Der Konzernbetriebsrat wäre damit denselben Weg gegangen wie der Gesamtbetriebsrat in der Reform 1972, die den Gesamtbetriebsrat ebenfalls von 75 vom Hundert in die Obligation hineinkatapultierte.

b) Betriebsratslose Einheiten und Quorum

Ob Arbeitnehmer in betriebsratslosen Einheiten im Quorum mitzuzählen sind mit der Folge, daß sie zu Lasten der konzernbetriebsratswilligen Gesamtbetriebsräte zu berücksichtigen sind, ist streitig.

aa) Für die Berücksichtigung: Eindeutiger Wortlaut

§ 54 I BetrVG bezieht ausdrücklich die Arbeitnehmer in die Berechnung des Quorums mit ein, die in den Konzernunternehmen beschäftigt sind – unterschiedslos, ob diese Unternehmen via Gesamt- bzw. Einzelbetriebsrat am Konzernbetriebsrat beteiligt sind oder nicht.[233] Aus dem Fehlen des Wortes „alle“ darauf zu schließen, daß § 54 I S. 2 BetrVG die Unterscheidung doch zuläßt,[234] ist weit hergeholt.

---

230 GK/BetrVG^7-*Kreutz* § 54 Rn. 49 (Druckfehler: natürlich ist nicht § 54 III BetrVG, sondern § 51 III BetrVG gemeint).

231 So fordert z.B. *Köstler*, Anmerkung, Mitbestimmung 1996 Nr. 12, 60 die Abschaffung der „Freiwilligkeit des Konzernbetriebsrates“.

232 Vgl. zu diesem Stand der Reform noch *Däubler* AuR 2001, 1, 3.

233 BAG 11.8.1993 – 7 ABR 34/92 – NZA 1994, 326; auch *Behrens/Schaude* DB 1991, 278 bescheinigen dies § 54 II immerhin für „den ersten Blick“.

234 So *Behrens/Schaude* DB 1991, 278.

bb) Quorum als Legitimation des Konzernbetriebsrates

Gerade die Einbeziehung der betriebsratslosen Einheiten in die räumliche Zuständigkeit des Konzernbetriebsrates gem. § 58 I S. 1, 2. Hs. BetrVG erfordert es, für die Entscheidung, ob ein Konzernbetriebsrat errichtet wird, nicht alleine auf die Arbeitnehmer in den Unternehmen mit Betriebsrat abzustellen. Denn dann könnte eine Arbeitnehmerminderheit der Mehrheit die betriebliche Mitbestimmung auf Konzernebene aufdrängen.[235] Das Quorum soll jedoch eine gewisse – seit der Herabsenkung auf 50 vom Hundert muß man sagen: dürftige – Legitimation der Konzernmitbestimmung sicherstellen.[236] Diese Legitimationsfunktion erinnert im übrigen sehr an das 50%-Quorum, das § 5 I S. 1 Nr. 1 TVG für die Allgemeinverbindlicherklärung voraussetzt. Dort knüpft das Quorum an die Arbeitnehmer an, die bei tarifgebundenen Arbeitgebern beschäftigt sind. Da die Allgemeinverbindlicherklärung die Berufsausübungs- und Vertragsfreiheit vor allem der nichtorganisierten Arbeitgeber beschränkt,[237] muß sie dort ausscheiden, wo die Mehrheit der Arbeitsverhältnisse zu Arbeitgebern besteht, die sich bewußt gegen die Tarifbedingungen entschieden haben, die für allgemeinverbindlich erklärt werden sollen.[238]

Mit der Zuständigkeitserweiterung in § 58 I S. 1, 2. Hs. BetrVG verkehrt sich der Schluß von der fehlenden Zuständigkeit des Konzernbetriebsrates auf die Maßgeblichkeit für die Quorumsbestimmung[239] in das gegenteilige Ergebnis. Betriebsratslose Betriebe stehen eben nicht (mehr) „außerhalb der Betriebsverfassung".[240] Wenn dies aber für die Zuständigkeit des Konzernbetriebsrates gilt, verlangt eine Abweichung für das Quorum eine ausreichende Rechtfertigung.

Die dagegen vorgebrachte Befürchtung, die betriebsratslosen Einheiten könnten gegen den Willen aller Einzel- und Gesamtbetriebsräte im Konzern die Errichtung eines Konzernbetriebsrates verhindern und damit den Arbeitnehmern den Schutz der Mitbestimmung auf der Entscheidungsebene versagen,[241] reicht nicht.

Zum einen hat die Novelle das Quorum von mehr als 75 vom Hundert auf mehr als 50 vom Hundert gesenkt. Die geforderte Anzahl betriebsratsfreier Arbeitnehmer, die die Errichtung eines Konzernbetriebsrates verhindern können, ist damit gestiegen. Sind sie in der Minderzahl, ist ihr Unwille überhaupt nicht mehr maßgebend. Die Minderheit kann nicht mehr die Mehrheit von der Installation des Konzernbetriebsrates abhalten.

---

235 Ähnlich *Löwisch/Kaiser*[5] § 54 Rn. 9.

236 Däubler/Kittner/Klebe[7]-*Trittin* § 54 Rn. 39.

237 MünchArbR[2]-*Löwisch/Rieble* § 268 Rn. 32.

238 MünchArbR[2]-*Löwisch/Rieble* § 268 Rn. 32.

239 *Behrens/Schaude* DB 1991, 278 (280); MünchArbR[2]-*Joost* § 315 Rn. 44; so auch noch GK/BetrVG[6]-*Kreutz* § 54 Rn. 46.

240 Ebenso GK/BetrVG[7]-*Kreutz* § 54 Rn. 53.

241 *Behrens/Schaude* DB 1991, 278 (280).

Weiterhin ist es auch bei kompletter Ausstattung aller Betriebe und Unternehmen mit Einzel- und Gesamtbetriebsräten allein dem Willen der Gesamtbetriebsräte vorbehalten, den Konzernbetriebsrat zu beschließen oder nicht.[242] Dabei kann es sein, daß ein einziger Gesamtbetriebsrat den Konzernbetriebsrat wider der anderen Gesamtbetriebsräte Willen verhindert, erfüllt er für sich schon das Quorum.[243] Wenn aber bei Vorhandensein eines Gesamtbetriebsrates kein Schutz gegen die Versagung des Konzernbetriebsrates wegen der Weigerung anderer Gesamtbetriebsräte besteht, ist nicht einzusehen, warum man einen Schutz gegen die Versagung durch betriebsratslose Einheiten schaffen soll.

Entscheidend ist aber, daß angesichts des § 58 I S. 1, 2. Hs. BetrVG auf die sowieso nur noch marginal noch vorhandenen Mittel zur Legitimation des Konzernbetriebsrates nicht verzichtet werden kann. Den Eingriff über § 58 I S. 1, 2. Hs. BetrVG durch ein Betriebsverfassungsorgan, das weder gewählt noch beschlossen noch mit gebildet worden ist, rechtfertigt neben den Voraussetzungen der originären Zuständigkeit selbst nur noch das Quorum. Es gewährt ab der Grenze von 50 vom Hundert der Arbeitnehmer den Konzernbetriebsratswilligen den Vorrang. Diese Grenze darf nicht durch Ausblendung der Bereiche, die sich völlig gegen die betriebliche Mitbestimmung entschieden haben, noch künstlich gesenkt werden. Wer keinen Einzelbetriebsrat wählt, weiß, daß ihm damit auch die Beteiligung an Gesamt- und Konzernbetriebsrat verwehrt ist. Die Entscheidung gegen einen Einzelbetriebsrat, geäußert in der Nichtwahl, ist daher notwendig auch eine Entscheidung gegen Gesamtbetriebsrat und Konzernbetriebsrat. Und diese Entscheidung ist ebenso zu respektieren wie die der Gesamtbetriebsräte, geäußert in Beschlüssen.

Dies gilt um so mehr, als der Gesamtbetriebsrat die Möglichkeit hat, einen Konzernbetriebsrat zu verhindern, obgleich er nur mittelbar durch die Arbeitnehmer legitimiert ist. Erst recht muß dies in den betriebsratslosen Teilen den Arbeitnehmer direkt zustehen.

c) Ergebnis

Einer dem klaren Wortlaut des § 54 I S. 2 BetrVG folgenden Auslegung steht nichts entgegen. Auch die betriebsratslosen Einheiten zählen für die Bestimmung des Quorums mit.[244]

---

242 Ein Gesamtbetriebsrat kann gegen die Errichtung eines Konzernbetriebsrates entscheiden, ohne pflichtwidrig zu handeln, *Fitting*[22] § 54 Rn. 44; Däubler/Kittner/Klebe[7]-*Trittin* § 54 Rn. 43.

243 GK-BetrVG[6]/*Kreutz*, § 54 Rn. 43.

244 So auch BAG 11.8.1993 – 7 ABR 34/92 – NZA 1994, 326; Hess/Schlochauer/Worzalla/*Glock*[6] § 54 Rn. 23; seit der Reform auch GK/BetrVG[7]-*Kreutz* § 54 Rn. 53; *Stege/Weinspach/Schiefer*[9] §§ 54-59a Rn. 4 (anders noch die 7. Auflage); Däubler/Kittner/Klebe[8]-*Trittin* § 54 Rn. 39 und § 58 Rn. 14; *Fitting*[22] § 54 Rn. 46. A.A., aber unter der – durch die Reform überholten– Prämisse, daß betriebsratslose Einheiten nicht in die Zu-

III. Beteiligung der Einzelbetriebsräte nach § 54 II BetrVG

Die Aufgaben des Gesamtbetriebsrates – bei der Errichtung, Beschlußfassung, aber auch allen anderen Fragen des sechsten Abschnitts des BetrVG – kann nach § 54 II BetrVG in Konzernunternehmen, in denen nur ein Betriebsrat besteht, dieser wahrnehmen.

Dem scheinbar eindeutigen Wortlaut zum Trotz, bereitet § 54 II BetrVG der Rechtswissenschaft für mehrere Sachverhalte Probleme.

1. Klarer Fall: Nur ein Betrieb im Konzernunternehmen

Niemand bestreitet, daß der Einzelbetriebsrat des *einzigen* Betriebs im Konzernunternehmen nach § 54 II BetrVG dieses auch auf Konzernebene vertritt („einheitlich-zentralistisch organisiertes Unternehmen"[245]).[246] Gleiches gilt, wenn im Konzernunternehmen aufgrund Tarifvertrags ein unternehmenseinheitlicher Betriebsrat gewählt wird, was § 3 I Nr. 1 lit. a BetrVG zuläßt.[247] Letzteres begründet man mit der Repräsentation aller Arbeitnehmer in diesem Unternehmensbetriebsrat; es muß aber schon deshalb gelten, weil Gesamtbetriebsrat und Konzernbetriebsrat als Gremien durch Tarifvertrag weder abbedungen noch modifiziert werden können –[248] selbst nicht nach dem durch die Reform neu eingeführten § 3 BetrVG mit seinen Abweichungsmöglichkeiten zur Schaffung neuer Betriebsratsstrukturen.[249]

2. Allgemein anerkannt: Nur ein betriebsratsfähiger Betrieb im Konzernunternehmen

Schon weniger selbstverständlich,[250] aber immer noch einmütig ist der Einzelbetriebsrat auch in den Konzernunternehmen zur Beteiligung an den Konzernbetriebsrats-Fragen berufen, wenn er den einzigen *betriebsratsfähigen* Betrieb des Konzernunternehmens repräsentiert.[251]

---

ständigkeit des Konzernbetriebsrates fallen, *Behrens/Schaude* DB 1991, 278 ff; MünchArbR²-*Joost* § 315 Rn. 44.

245 *Richardi/Annuß*⁸ § 54 Rn. 55.

246 *Fitting*²² § 54 Rn. 56; GK/BetrVG⁷-*Kreutz* § 54 Rn. 64; Hess/Schlochauer/Worzalla/*Glock*⁶ § 54 Rn. 35; *Richardi/Annuß*⁸ § 54 Rn. 55; *Monjau* BB 1972, 839, 841; ErfKomm⁴-*Eisemann* § 54 BetrVG Rn. 10.

247 *Richardi/Annuß*⁸ § 54 Rn. 54.

248 *Fitting*²² § 47 Rn. 3. Daran ändert – zunächst einmal – auch § 3 BetrVG nichts.

249 Dazu ausführlich jüngst *Rolf*, Unternehmensübergreifende Betriebsratsstruktur nach § 3 BetrVG, Dissertation Mannheim 2003, S. 25 ff.

250 Siehe gleich die Inkonsequenz der Vertreter einer teleologischen Reduktion.

251 *Richardi/Annuß*⁸ § 54 Rn. 55; Galperin/Löwisch⁶-*Marienhagen* § 54 Rn. 25; Hess/Schlochauer/Worzalla/*Glock*⁶ § 54 Rn. 35; GK/BetrVG⁷-*Kreutz* § 54 Rn. 64; *Fitting*²² § 54 Rn. 56.

3. Streitfall: Mehrere betriebsratsfähige Betriebe, aber nur ein Einzelbetriebsrat

Das Bestehen eines Betriebsrats in nur einem von mehreren betriebsratsfähigen Betrieben in einem Konzernunternehmen ist ein Sachverhalt, der sich problemlos unter den Wortlaut des § 54 II BetrVG subsumieren läßt. Das geben auch diejenigen zu, die dennoch § 54 II BetrVG nicht oder nur eingeschränkt anwenden wollen.[252] § 54 II BetrVG unterscheidet jedenfalls auf den ersten Blick nicht danach, *warum* in einem Konzernunternehmen lediglich ein Betriebsrat besteht. Noch weniger stellt er darauf ab, ob in einem Unternehmen nur ein *Betrieb* besteht.

Allerdings unterstellt man teilweise § 54 II BetrVG ein ungeschriebenes weiteres Tatbestandsmerkmal: Der Einzelbetriebsrat müsse nicht nur der einzige im Unternehmen sein, sondern darüber hinaus auch alle Arbeitnehmer des Unternehmens repräsentieren.[253] Aus diesem Repräsentationsgedanken haben sich zwei Ansichten entwickelt.

Die rigorose Variante ist die Verneinung des § 54 II BetrVG für diesen Einzelbetriebsrat, d.h. Ausschluß des gesamten Unternehmens auf Betriebsratsseite vom Konzernbetriebsrats-Geschehen.[254] Das geht anderen zu weit: Man dürfe den Betrieb, der als einziger einen Betriebsrat gewählt hat, nicht für die Untätigkeit der anderen Betriebe bestrafen.[255] Daher darf nach der weniger einschränkenden Ansicht der Einzelbetriebsrat zwar am Konzernbetriebsrat mitwirken, vertritt aber nur seinen Betrieb, nicht das ganze Unternehmen.[256] Dieses „Vertreten" würde sich zu den jetzigen Zeiten umfassender Konzernbetriebsrats-Zuständigkeit (§ 58 I S. 1, 2. Hs. BetrVG) nur noch im Quorum auswirken.[257]

Auch, wenn das Bestrafungs-Argument in die richtige Richtung weisen will: Es geht fehl. Der Sanktionscharakter fehlt § 54 II BetrVG mangels sanktionswürdigen Sachverhalts – Betriebe *dürfen* sich gegen die Wahl eines Betriebsrats aussprechen: Zwar schränkt der neu gefaßte § 17 BetrVG mit der Einführung des Mentorenprinzips[258] die Möglichkeit einer Entscheidung von Betrieben, betriebsratslos zu bleiben, ein – wählt doch nicht mehr primär die Betriebsversammlung den Wahlvorstand, sondern in erster Linie der Gesamt- bzw. Konzernbetriebsrat einen Wahlvorstand. Für Betriebe ohne bestehenden Gesamt-/Konzernbetriebsrat gilt aber weiterhin gem. § 17 III und IV BetrVG, daß das Wahlverfahren eine Einladung durch mindestens drei wahlberechtigte Arbeitnehmer oder eine im

---

252 *Richardi/Annuß*[8] § 54 Rn. 55; *Monjau* BB 1972, 839, 841 linke Spalte.

253 *Richardi/Annuß*[8] § 54 Rn. 55; Galperin/Löwisch[6]-*Marienhagen* § 54 Rn. 26.

254 So *Richardi/Annuß*[8] § 54 Rn. 55; Galperin/Löwisch[6]-*Marienhagen* § 54 Rn. 26.

255 *Monjau* BB 1972, 839, 841 linke Spalte unten.

256 *Monjau* BB 1972, 839, 841.

257 So die hM: GK/BetrVG[7]-*Kreutz* § 54 Rn. 65; ErfKomm[4]-*Eisemann* § 54 BetrVG Rn. 10; *Fitting*[22] § 54 Rn. 58.

258 Ausführlicher zum Mentorenprinzip s.o. S. 28.

Betrieb vertretene Gewerkschaft voraussetzt. Ohne diese findet keine Betriebsratswahl statt. Dieses Erfordernis einer aus der Belegschaft kommenden Initiative zur Gründung eines Betriebsrats trägt dem Interesse der Gesamtbelegschaft an der „Betriebsratsfreiheit" gerade Rechnung.[259] Achtet man diese Entscheidung, stellte es weder eine Sanktion dar noch wäre es per se unzulässig, dieser Entscheidung Wirkung auch auf den betriebsratstreuen Betrieb zu verschaffen, indem auch er vom Genuß eines Konzernbetriebsrates ausgeschlossen bleibt.

Fraglich ist aber, ob der Repräsentationsgedanke in § 54 II BetrVG überhaupt verankert ist.

Wäre er es, müßte sich die teleologische Reduktion freilich konsequent auch – sogar erst recht! – auf nicht betriebsratsfähige Betriebe erstrecken. Darf der Einzelbetriebsrat nicht die anderen *betriebsratsfähigen* Betriebe „zwangsrepräsentieren", obwohl diese sich qua Wahl eines Betriebsrats von der Fremdvertretung befreien könnten, muß man die nicht betriebsratsfähigen Einheiten um so mehr ausnehmen.[260]

Wie das Repräsentationsargument seinen Weg in § 54 II BetrVG gefunden hat, ist nach der Novelle und ihrer Erstreckung der Zuständigkeit des Konzernbetriebsrates auf betriebsratslose Einheiten erst recht nicht mehr nachvollziehbar.

Die funktionelle Unzuständigkeit eines Einzelbetriebsrates nach § 54 II BetrVG bei Vorhandensein mehrerer betriebsratsfähiger Betriebe in einem Unternehmen soll daraus folgen, daß dasjenige Betriebsverfassungsorgan, das den Konzernbetriebsrat initiiert, das gesamte Unternehmen repräsentieren muß.[261]

Es gibt allerdings keinen Anhaltspunkt[262] im Gesetz dafür, daß § 54 BetrVG entgegen seinem Wortlaut nur einen Betrieb, nicht: nur einen Betriebsrat, verlangt. Eine solche Auffassung bedeutete, daß Regelfall das in mehrere Betriebe untergliederte Unternehmen mit Gesamtbetriebsrat ist und Abs. 2 als Ausnahme nur den Fall regelt, daß Betrieb und Unternehmen im Sinne einer einheitlich-zentralistischen Organisation zusammenfallen.[263] Nach dieser Auffassung käme die Beteiligung des Einzelbetriebsrats an Stelle des Gesamtbetriebsrat nur in Betracht, wenn das Unternehmen nur aus einem Betrieb bestünde. § 54 II BetrVG

---

259 GK/BetrVG[7]-*Kreutz* § 17 Rn. 45.

260 Was aber, wie gesehen, keiner tut, siehe Fn. 251.

261 *Richardi/Annuß*[8] § 54 Rn 55; *Monjau* BB 1972, 841; Galperin/Löwisch[6]-*Marienhagen* § 54 Rn. 26.

262 Den selbst die – gegenüber der objektiven Auslegung– weitere Andeutungstheorie verlangt, vertreten u.a. von BGH vom 13.5.1987 – VIII ZR 137/86 – NJW 1987, 2235; für Tarifverträge: BAG vom 31.10.1990– 4 AZR 114/90 – NZA 1991, 201; vom 30.9.1971 – 5 AZR 123/71 – AP Nr. 121 zu § 1 TVG Auslegung mit zustimmender Anmerkung *Richardi*; *Löwisch/Rieble* TVG § 1 Rn. 381; gegen die Andeutungstheorie z.B. *Wedel* MDR 1989, 29 ff.; für Tarifverträge: *Wank* RdA 1998, 71, 78 f.

263 So *Richardi/Annuß*[8] § 54 Rn. 55.

verlangt aber gerade nicht, daß das Unternehmen nicht in mehrere *Betriebe* unterteilt ist, sondern nur, daß nicht mehr als ein *Betriebsrat* vorhanden ist.[264] Auch die § 54 II BetrVG damit unterstellte weitere Voraussetzung griffe zu kurz, schlösse schon das Vorhandensein weiterer Betriebe ohne Betriebsratsfähigkeit den Einzelbetriebsrat vom Konzerngeschehen aus.

Daher kann auch ein Einzelbetriebsrat in einem mehrgliedrigen Konzernunternehmen, das mehrere Betriebe, aber nur ihn als Betriebsratsgremium besitzt, an die Stelle des Gesamtbetriebsrates nach § 54 II BetrVG treten.

In der Tat bringt er aber für das Quorum des § 54 I S. 2 BetrVG nur „seine" Arbeitnehmer mit, nicht auch die des betriebsratslosen Rest-Unternehmens. Zwar zählen betriebsratslose Einheiten bei der Bestimmung des Quorums mit.[265] Sie zählen aber stets *gegen* die Errichtung des Konzernbetriebsrates, nicht dafür. Bezöge man sie jetzt über § 54 II BetrVG wegen der Betriebsratslosigkeit plötzlich im Gegenteil in die „Pro"-Fraktion ein, mißachtete man doch wieder ihre Entscheidung gegen die betriebliche Mitbestimmung. Sie wollten den Schutz, den ein Betriebsrat bietet, gerade nicht; weder Not[266] noch Gesetz drängen ihnen diesen Schutz aber entgegen ihrem Willen im Rahmen des § 54 I S. 2 BetrVG auf.[267]

4. § 54 II BetrVG für Konzernunternehmen mit mehreren Einzelbetriebsräten, aber ohne Gesamtbetriebsrat?

Haben in einem Konzernunternehmen die Einzelbetriebsräte – entgegen dem Errichtungszwang nach § 47 I BetrVG – pflichtwidrig keinen Gesamtbetriebsrat installiert, scheitert eine Beteiligung der Einzelbetriebsräte anstelle des nicht vorhandenen Gesamtbetriebsrates nach § 54 II BetrVG am Wortlaut, der dem Konzernunternehmen nur einen Betriebsrat zubilligt;[268] damit bliebe nur eine analoge Anwendung.[269]

Einer planwidrige Lücke widerspricht aber schon, daß die Einzelbetriebsräte sonst aus der Verletzung ihrer Pflicht aus § 47 I BetrVG Vorteile ableiten könnten.[270] In der Tat kann jeder Einzelbetriebsrat die Errichtung des vorgeschriebenen Gesamtbetriebsrates durchsetzen: Der errichtungswillige Einzelbetriebsrat kann Mitglieder in den Gesamtbetriebsrat entsenden, die dann zur konstituierenden Sitzung einladen.[271] Warum § 54 II BetrVG ihm eine Möglichkeit an die

---

264 Richtig GK/BetrVG[7]-*Kreutz* § 54 Rn. 65.
265 Dazu oben S. 31 ff.
266 So Däubler/Kittner/Klebe[8]-*Trittin* § 54 Rn. 59.
267 So aber Däubler/Kittner/Klebe[8]-*Trittin* § 54 Rn. 59.
268 Unbestritten, ErfKomm[4]-*Eisemann* § 54 BetrVG Rn. 10; *Fitting*[22] § 54 Rn. 59; Däubler/Kittner/Klebe[8]-*Trittin* § 54 Rn. 60; *Richardi/Annuß*[8] § 54 Rn. 56.
269 Däubler/Kittner/Klebe[8]-*Trittin* § 54 Rn. 60.
270 *Monjau* BB 1972, 839, 841.
271 *Fitting*[22] § 55 Rn. 59; GK/BetrVG[7]-*Kreutz* § 51 Rn. 15; *Richardi/Annuß*[8] § 51 Rn. 28.

Hand geben sollte, unter Umgehung der vorgeschriebenen Unternehmensebene direkt auf die Konzernebene durchzugreifen, ist schon daher fragwürdig.

Probleme bereitete darüber hinaus auch die Zusammensetzung des Konzernbetriebsrates, was die Gleichartigkeit der Sachverhalte in Frage stellt. § 55 BetrVG stellt in Verbindung mit § 54 BetrVG sicher, daß jedes Konzernunternehmen maximal zwei Mitglieder in den Konzernbetriebsrat entsendet. Übersprängen die Einzelbetriebsräte die Gesamtbetriebsrats-Ebene, müßte man fragen, wie viele Mitglieder sie entsenden dürfen. Dürften sie wegen der Umgehung des Gesamtbetriebsrates für ihr Konzernunternehmen zusammengerechnet mehr Mitglieder entsenden als die anderen Konzernunternehmen – nämlich *jeweils* statt *insgesamt* zwei –, verschaffte ihnen ihr pflichtwidriges Verhalten auch noch einen Repräsentationsvorteil im Konzernbetriebsrat. Zwar erhöhte die größere Zahl an Konzernbetriebsrats-Mitgliedern für das gesamtbetriebsratslose Konzernunternehmen nicht das Stimmengewicht des Unternehmens: Das verhindert § 55 III BetrVG, der das Stimmengewicht nach der Arbeitnehmerzahl entscheidet, die die entsendenden Gesamtbetriebsräte bzw. hier: Einzelbetriebsräte repräsentieren. In Verhandlungen käme den überplanmäßig vertretenen Betrieben jedoch ein faktisches Übergewicht zu, das sich bei Entscheidungen sehr wohl in die Waagschale werfen ließe. Diese Besserstellung läßt sich mit nichts rechtfertigen, schon gar nicht mit einer Pflichtwidrigkeit. Läßt man aber wie bei den anderen Konzernunternehmen maximal zwei Mitglieder aus dem gesamten Konzernunternehmen zu, fragt sich, welche Betriebsräte wie viele davon entsenden dürfen.

Diesen Argumenten gegen die Analogie steht nur ein Gesichtspunkt gegenüber, aus dem man sie befürworten könnte. Konsequenz der fehlenden Analogie ist, daß ein Unternehmen mit mehreren Einzelbetriebsräten, aber ohne Gesamtbetriebsrat nicht an der Zusammensetzung des Konzernbetriebsrates beteiligt wird, aber der Konzernbetriebsrat dennoch auch für die Arbeitnehmer dieses Unternehmens zuständig ist. Dies ist nur so lange hinnehmbar, als der einzelne Arbeitnehmer an dieser Situation etwas ändern kann; nur insoweit greift der Gedanke, daß nur, wer seine Rechte ausübt, auch seine Rechte durchsetzen kann. Dafür, daß kein Gesamtbetriebsrat besteht, obwohl er einen Einzelbetriebsrat mitgewählt hat, kann der einzelne Arbeitnehmer aber nichts. Daß der Einzelbetriebsrat an seiner fehlenden Beteiligung auf Konzernebene selbst „schuld" ist, tröstet ihn daher wenig. Allerdings handelt ein Einzelbetriebsrat, der zur Errichtung eines Gesamtbetriebsrates entgegen § 47 I BetrVG nichts unternimmt, grob pflichtwidrig iSv § 23 I BetrVG.[272] Damit können Arbeitnehmer den Pflichtenverstoß ihres Einzelbetriebsrats mit seiner Auflösung sanktionieren, aber immer noch nicht auf andere Einzelbetriebsräte einwirken, die zur Bildung des Gesamt-

272 GK/BetrVG[7]-*Kreutz* § 47 Rn. 30.

betriebsrates ebenfalls nötig sind. Und ein einzelner Arbeitnehmer kann nichts unternehmen, die Zahl des § 23 I BetrVG muß erreicht werden. Eine derart starke Anknüpfung der Betriebsverfassung an den Willen des einzelnen Arbeitnehmers aber widerspricht dem Repräsentationsprinzip des BetrVG.[273]

Weiteres Problem, ließe man die Bildung eines Konzernbetriebsrates hier durch die Einzelbetriebsräte zu: Die Zuständigkeit ist gegeben, wenn mehrere Konzern*unternehmen* betroffen sind. Diese werden nur hilfsweise von ihrem Einzelbetriebsrat repräsentiert, wenn mangels der Tatbestandsvoraussetzungen des § 47 BetrVG kein Gesamtbetriebsrat existieren kann. Auch dann soll also das Konzernunternehmen nur mittels eines Organs vertreten sein: ein Unternehmen – ein Gesamtbetriebsrat oder ein Unternehmen – ein Einzelbetriebsrat. Das „Überspringen" der Ebene Gesamtbetriebsrat soll nicht dazu führen, daß das Konzernunternehmen mehrere Organe in die Konzernebene mit hineinträgt. Es käme dann auch nicht mehr auf das Betroffensein eines Konzernunternehmens, sondern eines Konzern*betriebs* an.

Die Literatur lehnt daher zu recht die analoge Anwendung des § 54 II BetrVG auf einen Einzelbetriebsrat eines Unternehmens mit mehreren Einzelbetriebsräten, aber fehlendem Gesamtbetriebsrat ab.[274]

---

273 GK/BetrVG[7]-*Wiese* Einleitung Rn. 72.

274 *Monjau* BB 1972, 839, 841; *Fitting*[22] § 54 Rn. 59; ErfKomm[4]-*Eisemann* § 54 BetrVG Rn. 10; Däubler/Kittner/Klebe[8]-*Trittin* § 54 Rn. 60; *Richardi/Annuß*[8] § 54 Rn. 56; GK/BetrVG[7]-*Kreutz* § 54 Rn. 66.

Dritter Teil. Die Legitimation des Konzernarbeitgebers

Solange es den Konzernbetriebsrat im BetrVG gibt – also seit 1972[275] -, herrscht Streit über die Frage, ob die Konzernleitung Konzernbetriebsvereinbarungen mit dem Konzernbetriebsrat abschließen kann, die unmittelbare normative Wirkung auch für die Konzernunternehmen entfalten.

Eine gerichtliche Klärung fehlt bislang; in einem obiter dictum sprach das BAG sie an, versagte aber eine Entscheidung. Es stellt dem Konzernbetriebsrat zwar „als Verhandlungs- und Vertragspartner die Konzernobergesellschaft gegenüber" und gestattete dieser den „Abschluß sog. Konzernbetriebsvereinbarungen"; die Literatur, die das BAG zitiert, repräsentiert aber keineswegs eine einheitliche Meinung, und welcher sich das BAG anschließen wollte, ließ es offen.[276]

Nach anfänglicher Zurückhaltung gibt es heute kaum noch Stimmen, die die Wirkung einer Konzernbetriebsvereinbarung zwischen der Leitung des herrschenden Unternehmens und dem Konzernbetriebsrat auf das herrschende Unternehmen selbst beschränken. Im einzelnen ist aber nicht nur die Herleitung der Abschlußmacht der Konzernleitung, sondern mit ihr auch der Umfang der Wirkung einer Konzernbetriebsvereinbarung umstritten.

A. Die unbedachte Regelung der §§ 54 ff. BetrVG

Daß das Verhältnis zwischen Konzernleitung und abhängigen Konzernunternehmen im Konzernbetriebsverfassungsrecht seit Jahrzehnten für reichlich Diskussionsstoff sorgt, der in zahllose Publikationen – darunter etliche Monographien[277] nur zum Konzernbetriebsrat –mündete, ist der Übereile des Gesetzgebers zu verdanken. Er führte den Konzernbetriebsrat 1972 in das BetrVG ein, indem er einfach die Regelungen über den Gesamtbetriebsrat auf den Konzernbetriebsrat umschrieb,[278] sprich: im großen und ganzen jeweils das Wort „Gesamtbetriebsrat" durch „Konzernbetriebsrat" und „Einzelbetriebsrat" durch „Gesamtbetriebsrat" ersetzte.

Sinn und Zweck des Konzernbetriebsrates sollte sein, die im Konzern vom einzelnen Unternehmen auf die Konzernleitung übergegangene Leitungsmacht der Mitbestimmung zu öffnen. Andernfalls, befürchtete man, die Mitbestimmung könnte leerlaufen, weil Einzel- und Gesamtbetriebsrat an die Entscheidungen der

275 BGBl. I/1972, 13.

276 BAG vom 12.11.1997 – 7 ABR 78/96 – NZA 1998, 497, 498 oben.

277 Aus der „Gründerzeit" des Konzernbetriebsrates: *Fuchs*, Konzernbetriebsrat (1974); *Güllich,* Betriebsvereinbarungen im Konzern (1978);*Wetzling*, Konzernbetriebsrat (1978); *Tomicic*, Konzern (1981); *Windbichler*, Arbeitsrecht im Konzern (1989); *Nick*, Konzernbetriebsrat (1992); *Dross*, Sozialplan im Konzern (1999); *Schweisfurth*, Konzern im Konzern (2000).

278 BR-Drs. 715/70, S. 44 oben: § 58 I BetrVG ist § 50 I BetrVG „nachgebildet".

Konzernspitze nicht herankönnen.[279] Diese Vorstellung beherrschte auch immer wieder dic Beratungen zur BetrVG-Novelle 2001, vor allem bei der Frage, ob die Errichtung eines Konzernbetriebsrates obligatorisch werden sollte.[280]

Diese „Umschreibe-Technik“ der Gesetzgebung erfuhr Kritik,[281] weil sich Konzern und Unternehmen als Ebene der Betriebsverfassung nicht unwesentlich unterscheiden und sich diese Unterschiede auch im Konzernbetriebsverfassungsrecht bemerkbar machen. Denn während das Unternehmen als einheitliches Gebilde rechtlich faßbar ist, fehlt dem Konzern diese Eigenschaft. Der in erster Linie wirtschaftlichen „Einheit“ des Konzerns, rechtlich durch die einheitliche Leitung hergestellt, steht mit den einzelnen weiterhin rechtlich selbständigen Konzernunternehmen eine „Vielheit“ gegenüber.[282] Zwischen Einheit und Vielheit im Konzern sah man sich infolge der neuen §§ 54 ff. BetrVG 1972 zur Entscheidung genötigt. Auf der einen Seite die bedingungslose Einheit, d.h. als Konsequenz uneingeschränkte Arbeitgeberstellung des Konzerns (der Konzernleitung) – auf der anderen Seite uneingeschränkte Vielheit, also Absage an die Arbeitgeberstellung des Konzerns überhaupt.

Die Auslegung der Konzernbetriebsratsvorschriften, vor allem von § 58 BetrVG, kann sich dabei weder an der Gesetzgebungsgeschichte noch am Willen des Gesetzgebers orientieren – hier trifft der Vorwurf mangelnder Qualität der Gesetzgebung.

Systematisch spricht einiges für die Existenz eines einheitlichen Arbeitgebers auch auf Konzernebene. So reiht sich der Konzernbetriebsrat neben Gesamtbetriebsrat und Einzelbetriebsrat ein, denen auch jeweils nur ein Arbeitgeber – regelungsbefugt für denselben Bereich wie „sein“ Betriebsrat – gegenübersteht. Auch § 76 I S. 1 BetrVG behandelt die einzelnen Betriebsratsgremien nicht unterschiedlich.

Als – umstrittene[283] – Königin der Auslegung, die den Ausschlag gibt, wo die anderen Auslegungskriterien versagen,[284] bleibt schließlich die teleologische, am Zweck des Gesetzes orientierte. Umstritten, weil sich die Frage nach dem Zweck des Gesetzes mit Geschick in jede gewünschte Richtung beantworten läßt. Aus

---

279 *Biedenkopf* Liber amicorum P. Sanders, S. 1 f.; Vorschläge des DGB zur Änderung des BetrVG, RdA 1970, 243, Begründung zu Entwurf § 46 III BetrVG; ausführlich unten, S. 106 ff.

280 Stellungnahme des DGB, in: Ausschuß für Arbeit und Sozialordnung, Drs. 14/1512, S. 19 (zu § 54); BT-Drs. 140/01, S. 97; Entwurf eines BetrVerf-ReformG, Stand: 4.12.2000, S. 49 f.

281 Z.B. *Konzen* RdA 1984, 65, 76; *Martens* ZfA 1973, 297, 298; *Wetzling*, Konzernbetriebsrat, S. 196 Fn. 2.

282 Dazu v.a. *Bälz*, Einheit und Vielheit im Konzern, FS Raiser, 287.

283 Zu dien Kritikpunkten siehe *Zippelius*, Methodenlehre[8], S. 50 ff. m.w.N.

284 *Larenz*, Methodenlehre[5], S. 319.

§ 58 I BetrVG läßt sich aber eines tatsächlich klar ablesen: Der Konzernbetriebsrat ist nur originär zuständig für die Behandlung einer Angelegenheit, die mehrere Konzernunternehmen betrifft.[285] Soll er aber eine Angelegenheit für mehrere Konzernunternehmen regeln, muß ihm – jedenfalls im Ergebnis – diese unternehmensübergreifende Regelung auch gelingen können.

B. Keine Frage des Konzernbegriffs

Die Frage nach dem Arbeitgeber in der Betriebsverfassung hat nichts mit dem Konzernbegriff des BetrVG zu tun.

Den Konzern, innerhalb dessen ein Konzernbetriebsrat errichtet werden kann, legt § 54 I BetrVG mittels seines Klammerverweises auf § 18 I AktG fest. Über die genaue Rechtsnatur dieser Verweisung herrscht bekanntlich[286] Streit, insbesondere darüber, ob auch die konzernrechtliche Auslegung einzelner Tatbestandsmerkmale des Konzerns ins Konzernbetriebsverfassungsrecht zu transformieren ist.

Das alles hat aber für die Frage, ob die Konzernleitung Arbeitgeber im Sinne des BetrVG ist und insbesondere auch Konzernbetriebsvereinbarungen mit Wirkung für ihre abhängigen Unternehmen abschließen kann, nichts zu tun. Denn die Frage, welche Unternehmen diesem arbeitgeberseitigen Konzernverbund angehören und damit überhaupt dem Geltungsbereich einer Konzernbetriebsvereinbarung unterfallen, ist von der Frage zu trennen, ob eine Erstreckung der Konzernbetriebsvereinbarung überhaupt stattfindet. Für die erste Frage aber streitet niemand ab, daß dieser Bereich den Tatbestandsmerkmalen der §§ 15 ff. AktG folgt.[287]

Daß der Gesetzgeber des BetrVG 1972 von einem rechtlich neuen Konzerntypus ausgeht,[288] ist nicht richtig. Zwar mag die Folgeproblematik der Gleichstellung von Unternehmen und Konzern den Schöpfern des Konzernbetriebsrates verborgen geblieben sein. Das heißt aber gerade nicht, daß sie einen völlig neuen Konzerntatbestand für das BetrVG regeln wollten, der wie ein Unternehmen einheitlich unmittelbar geleitet ist. Mit der Verweisung auf § 18 I AktG und der fehlenden Regelung eines spezifisch betriebsverfassungsrechtlichen Konzerntatbestandes[289] ließen sie sich auf den Konzern der §§ 15 ff. AktG ein.

Eine Geltung der Konzernbetriebsvereinbarung für alle abhängigen Konzernunternehmen definiert den Konzern damit nicht um. Die Konzernbetriebsvereinbarung erweitert nie die einheitliche Leitung, wie sie § 18 I AktG als Tat-

---

285 Dazu ausführlich S. 121 ff.

286 Siehe S. 1.

287 Oben S. 1. Ebenso *Schweisfurth*, Konzern im Konzern, S. 42 f., 39.

288 So *Biedenkopf*, Liber amicorum P. Sanders, S. 1, 8.

289 Hier richtig *Biedenkopf*, Liber amicorum P. Sanders, S. 1, 9: Es gibt nur den Konzern des AktG.

bestandsvoraussetzung des Konzerns fordert.[290] Sie stellte vielmehr, wenn sie unmittelbare Geltung besäße, der Konzernleitung *daneben* und aus anderen Rechtsgründen und bei Vorliegen weiterer Voraussetzungen[291] eine zusätzliche Möglichkeit der Beeinflussung ihrer Konzernunternehmen und damit ein weiteres Mittel zur Ausübung ihrer Konzernleitungsmacht zur Verfügung.[292] Der Konzern in seinem Tatbestand verändert sich nicht: Kein Konzernunternehmen kommt hinzu, keines fällt heraus. Nach außen verändert sich der Konzern nicht, „nur" das Innenverhältnis Konzernleitung-Konzernunternehmen ist betroffen.

Der Konzernbegriff ist daher immer derselbe, unabhängig davon, ob die Konzernbetriebsvereinbarung der Konzernleitung einen „Durchgriff" auf die Leitung der Konzernunternehmen zur Verfügung stellt oder nicht. Die Diskussion findet auf anderer Ebene statt.

C. Keine Frage der Rechtsfähigkeit des Konzerns

Die Frage nach dem Arbeitgeber in der Betriebsverfassung unter dem Gesichtspunkt „Rechtsfähigkeit des Konzerns" ist aus zwei Gründen falsch. Erstens ist nicht „der Konzern" Arbeitgeber, sondern wenn schon die Konzernleitung, d.h. das herrschende Unternehmen mittels seiner Leitung, *für* den Konzern.[293]

Zweitens setzt die Behauptung, der Konzern sei nicht rechtsfähig und daher nicht Arbeitgeber, voraus, daß Voraussetzung des betriebsverfassungsrechtlichen Arbeitgebers die Rechtsfähigkeit ist. Soweit allein aus einer Teilrechtsfähigkeit des Konzerns die Arbeitgeberstellung desselben abgeleitet wird, wird die Rechtsfähigkeit sogar zur einzigen Voraussetzung erhoben. Beides trifft jedoch nicht zu, wie sich gleich herausstellen wird.[294] Dies wäre auch seltsam angesichts des Betriebs als Keimzelle der Betriebsverfassung, der ebenfalls nicht rechtsfähig ist, aber einen Arbeitgeber hat.[295]

Die Geltung der Konzernbetriebsvereinbarung ist kein Problem der Rechtsfähigkeit des Konzerns.[296] Das Schlagwort „Teilrechtsfähigkeit des Konzerns"[297] ist falsch.

290 So aber *Konzen* RdA 1984, 65, 76.

291 D.h. jedenfalls der originären Zuständigkeit des Konzernbetriebsrates, dazu unten, S. 75 ff.

292 *Konzen* RdA 1984, 65, 76 f.

293 Dies gibt auch GK/BetrVG[7]-*Kreutz* § 58 Rn. 11 zu.

294 Unten, S. 47 ff.

295 *Biedenkopf*, Liber amicorum P. Sanders, S. 1, 5.

296 Ebenso ErfKomm[4]-*Eisemann* § 58 BetrVG Rn. 2.

297 Verwendet u.a. von Däubler/Kittner/Klebe[8]-*Trittin* § 58 Rn. 11; GK/BetrVG[7]-*Kreutz* § 58 Rn. 11.

D. Die Suche nach dem betriebsverfassungsrechtlichen Arbeitgeber im Konzern

I. Arbeitgeber ist nicht gleich Arbeitgeber

Der geläufigste Arbeitgeber ist der des Individualarbeitsrechts: Hier ist Arbeitgeber der Vertragspartner des Arbeitnehmers, d.h. derjenige, der einen anderen aufgrund eines Arbeitsvertrages beschäftigt[298]. Die Arbeitgebereigenschaft in diesem Sinne entsteht mit dem Abschluß des Individualarbeitsvertrags, selten durch einseitiges Rechtsgeschäft[299] oder kraft Gesetzes[300]. Der Arbeitgeber ist derjenige der Vertragsschließenden, der dem Arbeitnehmer gegenübersteht (§ 611 BGB). Gegen ihn richtet sich der Entgeltsanspruch, er ist zur Kündigung des Arbeitsverhältnisses befugt usw. Weil die meisten arbeitsrechtlichen Bereiche den Arbeitgeber so verstanden haben wollen – auch das Tarifvertragsrecht schließt sich dem für die Individualnormen an -[301], taucht der individualrechtliche Arbeitgeber gar als „allgemeiner" arbeitsrechtlicher Arbeitgeberbegriff auf[302].

Das darf nicht darüber hinwegtäuschen, daß es sehr wohl noch einen anderen Arbeitgeberbegriff im Arbeitsrecht gibt – auch, wenn dies viele gerade in der Diskussion um den Konzernbetriebsrat übersehen: So springen einige sofort auf die Konzernleitung als individualrechtlichen Arbeitgeber,[303] der sie ja nicht für alle Arbeitnehmer des Konzerns ist.

Der Arbeitgeberbegriff ist aber funktional für jede Norm zu bestimmen – ebenso wie der Entgeltbegriff[304]. Das BetrVG meint den Arbeitgeber nur im individualrechtlichen Sinne, wenn das Einzelarbeitverhältnis aufgrund der Mitbestimmung des BetrVG modifiziert wird.[305] Er ist den Arbeitnehmern, nicht aber dem Betriebsrat gegenübergestellt.

---

298 Däubler/Kittner/Klebe[8]-*Schneider* Einleitung Rn. 135; Wiedemann[6]-*Oetker* § 2 Rn. 96; *Wißmann* NZA 2001, 409.

299 Dazu *Boemke*, Arbeitsverhältnis, S. 244 ff.

300 Ausführlich *Boemke*, Arbeitsverhältnis, S. 246 f.

301 Wiedemann[6]-*Oetker* § 2 Rn. 96; differenzierend nach dem Inhalt der Tarifnorm MünchArbR[2]-*Löwisch/Rieble* § 255 Rn. 38; *dies.*, TVG § 2 Rn. 54: individualrechtlicher Arbeitgeber für Individual-, betriebsverfassungsrechtlicher Arbeitgeber für Betriebsnormen.

302 Däubler/Kittner/Klebe[8]-*Schneider* Einleitung Rn. 135; Wiedemann[6]-*Oetker* § 2 Rn. 96.

303 MünchArbR[2]-*Joost* § 315 Rn. 76; Hess/Schlochauer/Worzalla/*Glock*[6] § 58 Rn. 2a; *Wetzling*, Konzernbetriebsrat, S. 195; *Martens* ZfA 1973, 297, 298 unten; *Nick*, Konzernbetriebsrat, S. 170, der gleichwohl auf S. 179 unten den „Entscheidungsträger" im Konzern als Gegenspieler des Konzernbetriebsrates bezeichnet.

304 Zum funktionalen Entgeltbegriff *Lessner* SAE 171, 173 f.

305 Däubler/Kittner/Klebe[8]-*Schneider* Einleitung Rn. 135; *Richardi*[8] Einleitung Rn. 119; *Fitting*[22] § 1 Rn. 235; GK/BetrVG[7]-*Kraft* § 44; MünchArbR[2]-*Richardi* § 30 Rn. 3.

In allen anderen Fällen braucht das Betriebsverfassungsrecht einen anderen Arbeitgeber.

II. Der betriebsverfassungsrechtliche Arbeitgeberbegriff

Mit dem Arbeitgeber des BetrVG tut man sich schwerer als mit dem individualrechtlichen, wie jüngst der bezeichnend betitelte Aufsatz *Wißmanns*[306] zeigt. Aber schon *Rüthers* stellte 1977 die Frage nach dem Arbeitgeber im Sinne des BetrVG 1972.[307]

1. Definition

Das BetrVG setzt den Arbeitgeber voraus, es definiert ihn nicht ausdrücklich. Noch schwieriger gerät der Definitionsversuch des betriebsverfassungsrechtlichen Arbeitgebers, weil das BetrVG sich selbst nicht treu, seine Terminologie nicht konstant ist. Es verwendet den Arbeitgeberbegriff nämlich in sich nicht gleich.

Teilweise will auch das BetrVG den Arbeitgeber im Sinne des allgemeinen Arbeitgeberbegriffes, wie gerade geschildert, verstanden wissen, wenn nämlich das Arbeitsverhältnis betroffen ist.[308]

Verwirrung stiftet auch der Unternehmer, den das BetrVG bei den wirtschaftlichen Angelegenheiten anstelle des Arbeitgebers einsetzt. Hier meint das BetrVG wieder anderes: den Arbeitgeber als Inhaber der betrieblichen Organisationsgewalt. Dieser Inhaber ist – da der Betrieb selbst mangels Rechtsfähigkeit nicht in Frage kommt – der Rechtsträger des Betriebs.[309] Dieser ist mit dem Unternehmer identisch.[310]

Der betriebsverfassungsrechtliche Arbeitgeber ist aber der Verhandlungspartner und Gegenspieler des Betriebsrates in der zweipoligen Betriebsverfassung.[311] Und hier herrscht nicht zwingend Gleichlauf mit dem individualrechtlichen Arbeitgeber.[312]

---

306 *Wißmann*, Die Suche nach dem Arbeitgeber in der Betriebsverfassung, NZA 2001, 409.

307 *Rüthers* BB 1977, 605, 612.

308 Däubler/Kittner/Klebe[8]-*Schneider* Einleitung Rn. 135; *Richardi*[8] Einleitung Rn. 119; *Fitting*[22] § 1 Rn. 235; GK/BetrVG[7]-*Kraft* § 44; MünchArbR[2]-*Richardi* § 30 Rn. 3; *Rüthers* BB 1977, 605, 612.

309 Däubler/Kittner/Klebe[8]-*Schneider* Einleitung Rn. 136; *Richardi*[8] Einleitung Rn. 119; MünchArbR[2]-*v. Hoyningen-Huene* § 299 Rn. 10.

310 Däubler/Kittner/Klebe[8]-*Schneider* Einleitung Rn. 136; *Richardi*[8] Einleitung Rn. 120; *Fitting*[22] § 1 Rn. 237; MünchArbR[2]-*v. Hoyningen-Huene* § 299 Rn. 10.

311 *Rüthers* BB 1977, 605, 612; *Herrmann*, Gemeinsamer Betrieb, S. 81; für die Konzernebene explizit Däubler/Kittner/Klebe[8]-*Trittin* § 58 Rn. 7, 11.

312 Däubler/Kittner/Klebe[8]-*Schneider* Einleitung Rn. 135; *Richardi*[8] Einleitung Rn. 119; *Fitting*[22] § 1 Rn. 235; GK/BetrVG[7]-*Kraft* § 1 Rn. 44; *Boemke*, Arbeitsverhältnis, S. 303 f., 429; MünchArbR[2]-*Löwisch/Rieble* § 255 Rn. 38; *dies.*, TVG § 2 Rn. 54; *Herrmann*, Gemeinsamer Betrieb, S. 81; *Rüthers* BB 1977, 605, 612. Siehe auch *Windbichler*, Arbeitsrecht im Konzern, S. 338.

2. Rechtsfolge der Arbeitgebereigenschaft

Der betriebsverfassungsrechtliche Arbeitgeber ist Verhandlungspartner des Betriebsrates. Mit ihm schließt der Betriebsrat Betriebsvereinbarungen und Regelungsabreden, er bildet die Einigungsstelle mit, § 76 I S. 1 BetrVG, und muß den Spruch ggf. gegen sich gelten lassen, § 76 V S. 1 BetrVG. Er trägt die Kosten der Einigungsstelle, § 76a BetrVG, und die des Betriebsrates (über § 51 I S. 1 BetrVG bzw. § 59 I BetrVG auch des Gesamtbetriebsrates/ Konzernbetriebsrates) allgemein, § 40 BetrVG.

Ihn binden auch die abgeschlossenen Regelungsabreden und Betriebsvereinbarungen.[313]

3. Grundsatz: Ein Betriebsrat, ein Arbeitgeber

Da der Anknüpfungspunkt des BetrVG im Grundsatz der Betrieb ist,[314] orientiert sich auch die Definition des Arbeitgebers am Betriebsbegriff:[315] Betrieb im Sinne des BetrVG ist die organisatorische Einheit, innerhalb deren der Arbeitgeber allein oder in Gemeinschaft mit seinen Mitarbeitern mit Hilfe sächlicher und immaterieller Mittel bestimmte arbeitstechnische Zwecke fortgesetzt verfolgt, die sich nicht in der Befriedigung des Eigenbedarfs erschöpfen.[316] Arbeitgeber ist der Inhaber der betrieblichen Organisationsgewalt.[317] Der Betriebsbegriff stellt sicher, daß der Betriebsrat in sozialen und personellen Angelegenheiten einen einheitlichen Ansprechpartner, einen einzigen zuständigen Arbeitgeber, hat.[318] Auch § 76 I S. 1 BetrVG stellt dem Einzelbetriebsrat, Gesamtbetriebsrat und Konzernbetriebsrat jeweils nur einen Arbeitgeber gegenüber.

Gerade nicht erforderlich ist, daß der betriebsverfassungsrechtliche Arbeitgeber Vertragspartner der Arbeitnehmer ist.[319] Denn die betriebliche Mitbestimmung

---

313 Dies übersieht *Wetzling*, Konzernbetriebsrat, S. 199.

314 *Wiese* FS Gaul (1992), 553, 554; *Wißmann* NZA 2001, 409. Dem tut auch der neue § 3 BetrVG mit seinen Abweichmöglichkeiten keinen Abbruch.

315 *Wißmann* NZA 2001, 409.

316 So die auf *Jacobi* FS Ehrenberg (1927), 1, 9 zurückgehende Definition in Rechtsprechung und Lehre: BAG vom 13.9.1984 – 6 ABR 43/83 – AP Nr. 3 zu § 1 BetrVG 1972; vom 14.9.188 – 7 ABR 10/87 – AP Nr. 9 zu § 1 BetrVG 1972 m.w.N.; GK/BetrVG[7]-*Kraft* § 4 Rn. 5; *Wiese* FS Gaul (1992), 553, 559 m.w.N. Anders nur *Joost*, Betrieb und Unternehmen als Grundbegriffe im Arbeitsrecht (1988), 112 ff., 265.

317 Däubler/Kittner/Klebe[8]-*Schneider* Einleitung Rn. 136; *Richardi*[8] Einleitung Rn. 119; MünchArbR[2]-*v. Hoyningen-Huene* § 299 Rn. 10; MünchArbR[2]-*Richardi* § 30 Rn. 3; *Biedenkopf* Liber amicorum P. Sanders, S. 1, 5 (falsch daher S. 6 f.).

318 BAG vom 7.8.1986 – 6 ABR 57/85 – AP Nr. 5 zu § 1 BetrVG 1972; GK/BetrVG[7]-*Kraft* § 4 Rn. 6.

319 GK/BetrVG[7]-*Kraft* § 44; MünchArbR[2]-*Löwisch/Rieble* § 255 Rn. 38; *dies.*, TVG § 2 Rn. 54.

setzt an der Stelle an, an der die Entscheidungen über die betrieblichen Angelegenheiten getroffen werden, nicht an der Vertragspartnerschaft.[320]

Daß Existenz und Reichweite des Betriebs sich von der Organisation des Unternehmens ableitet, mithin zur Disposition der Unternehmensleitung steht, tut dem keinen Abbruch.[321]

Auf Unternehmensebene fallen beide Arbeitgeberfunktionen wieder in der Regel zusammen. Gibt es überhaupt nur einen Betrieb im Unternehmen, ist eine Unterscheidung der Arbeitgeberbegriffe von vornherein fruchtlos: Dem Einzelbetriebsrat als einziger Arbeitnehmervertretung steht der Arbeitgeber Unternehmensleitung gegenüber, der gleichzeitig sein Ansprechpartner, Vertragspartner der Arbeitnehmer und Inhaber der Betriebs ist. Beim dezentralen, in mehrere Betriebe aufgeteilten Unternehmen heißt Unternehmensebene: Gesamtbetriebsrat. Dem Gesamtbetriebsrat steht wiederum unstreitig die Unternehmensleitung gegenüber. Auch hier ist der Arbeitgeber mit einer dem Gesamtbetriebsrat entsprechenden Kompetenz ausgestattet.

Deutlich wird die Übereinstimmung der Kompetenzbereiche von Betriebsrat und Arbeitgeber beim gemeinsamen Betrieb.

Das Rechtsinstitut des gemeinsamen Betriebes mehrerer Unternehmen unter einheitlicher Leitung hat, in Rechtsprechung[322] und Schrifttum[323] seit langem anerkannt, inzwischen mit den Vermutungsregeln des § 1 II BetrVG auch Eingang ins Gesetz gefunden.

Die Anforderungen an die einheitliche Leitung sind uneinheitlich.[324] Soweit man eine rechtliche Verbindung über die gemeinsame Führung fordert,[325] folgert man sie konkludent aus den Umständen des Einzelfalles.[326] Die konzernmäßige Verbundenheit mehrerer Unternehmen begründet einen einheitlichen Leitungsapparat

---

320 GK/BetrVG⁷-*Kraft* § 44; *Windbichler*, Arbeitsrecht im Konzern, S. 356; auch *Walle* NZA 1999, 518, 519.

321 *Biedenkopf* Liber amicorum P. Sanders, S. 1, 5.

322 Ständige Rechtsprechung seit BAG vom 17.1.1978 – 1 ABR 71/76 – AP Nr. 1 zu § 1 BetrVG 1972 mit Anmerkung *Wiese/Starck*.

323 Aus der umfangreichen Literatur vgl. nur *Herrmann*, Der gemeinsame Betrieb mehrerer Unternehmen (1993); *Wanhöfer*, Gemeinschaftsbetrieb und Unternehmensmitbestimmung (1993); *Konzen* FS ArbG Rheinland-Pfalz (1999), 171, 188; *Rieble* FS Wiese (1998), 453; *Wiese* FS Gaul (1992), 553.

324 Zum Streitstand *Rieble* FS Wiese (1998), 453, 454 ff.; *Wiese* FS Gaul (1992), 553, 564 ff.; GK/BetrVG⁷-*Kraft* § 4 Rn. 23 ff.; *Fromen* FS Gaul (1992), 151 ff.

325 So das BAG vom 29.1.1987 – 6 ABR 23/85 – NZA 1987, 707, 708; vom 14.9.1988 – 7 ABR 10/87 – AP Nr. 9 zu § 1 BetrVG 1972; vom 18.1.1989 – 7 ABR 62/87 – AP Nr. 2 zu § 14 AÜG; *Rieble* FS Wiese (1998), 453, 455. Zum Streitstand im Schrifttum GK/BetrVG⁷-*Kraft* § 4 Rn. 25.

326 BAG vom 7.8.1986 – 6 ABR 57/85 – AP Nr. 5 zu § 1 BetrVG 1972; *Rieble* FS Wiese (1998), 453, 456 oben.

aber allein noch nicht.[327] Nicht nur, daß die einheitliche Konzernleitung nur die Ebene Konzernleitung – Unternehmensleitung, nicht aber die Ausführungsebene berührt,[328] auch die – zwingend – vorgeschriebene Errichtungsmöglichkeit des Konzernbetriebsrates im Unterordnungskonzern, § 54 BetrVG, verträgt sich damit nicht.

Im gemeinsamen Betrieb gibt es nur einen betriebsverfassungsrechtlichen Arbeitgeber, während individualrechtlich die Arbeitnehmer „ihrem" Unternehmen zugeordnet bleiben.[329] Das einheitliche Leitungsorgan, die Unternehmen in ihrer Verbundenheit, ist einheitlicher Ansprechpartner des Betriebsrats.[330] Betriebsvereinbarungen zwischen ihm und Betriebsrat verpflichten alle beteiligten Unternehmen.[331] Die Arbeitgeberfunktionen im Individual- und Betriebsverfassungsrecht sind aufgespalten.[332]

Daß der gemeinsame Betrieb nur einen Arbeitgeber kennt, zeigt auch die Kostentragung nach § 40 BetrVG: Hier haften die am gemeinsamen Betrieb beteiligten Unternehmen als Gesamtschuldner.[333]

Klar ist damit aber auch, daß der betriebsverfassungsrechtliche Arbeitgeber – im Gegensatz zum individualrechtlichen – nicht rechtsfähig sein muß: Die Geltung der Konzernbetriebsvereinbarung ist kein Problem der Rechtsfähigkeit des Konzerns.[334] Das Schlagwort „Teilrechtsfähigkeit des Konzerns" ist falsch.

Ausgangspunkt bei der Ermittlung des Arbeitgebers als Organ der Betriebsverfassung ist damit im Grundsatz die ihm diametral zugeordnete Arbeitnehmervertretung. *Ihr* Wirkungsbereich ist im BetrVG festgelegt und gibt damit einen Umfang an Entscheidungsbefugnis vor, der auch beim Arbeitgeber vorhanden sein muß.

---

327 So auch *Wiese* FS Gaul (1992), 553, 563; *Windbichler*, Arbeitsrecht im Konzern, S. 290 f; *Herrmann*, Gemeinsamer Betrieb, S. 62 ff.

328 So ganz richtig *Windbichler*, Arbeitsrecht im Konzern, S. 291; *Herrmann*, Gemeinsamer Betrieb, S. 64 f.

329 BAG vom 18.1.1989 – 7 ABR 62/87 – AP Nr. 2 zu § 14 AÜG; MünchArbR²-*v. Hoyningen-Huene* § 299 Rn. 11; *Rieble* FS Wiese (1998), 453, 456; *Herrmann*, Gemeinsamer Betrieb, S. 78 ff.; *Walle* NZA 1999, 518, 519; *Wanhöfer*, Gemeinschaftsbetrieb, S. 22, 44; *Windbichler*, Arbeitsrecht im Konzern, S. 357; *Fromen* FS Gaul (1992), 151, 172.

330 MünchArbR²-*v. Hoyningen-Huene* § 299 Rn. 11; *Rieble* FS Wiese (1998), 453, 455 f.; *Windbichler*, Arbeitsrecht im Konzern, S. 357; *Löwisch* RdA 1976, 35, 37.

331 *Windbichler*, Arbeitsrecht im Konzern, S. 357.

332 *Rieble* FS Wiese (1998), 453, 456; ihm folgend MünchArbR²-*Richardi* § 31 Rn. 41; ähnlich *Walle* NZA 1999, 518, 519. Zur Aufspaltung des Arbeitsverhältnisses auf individualrechtlicher Ebene ausführlich *Weber*, Das aufgespaltene Arbeitsverhältnis (1992).

333 BAG vom 19.4.1989 – 7 ABR 6/88 – AP Nr. 29 zu § 40 BetrVG 1972; GK/BetrVG⁷-*Wiese/Weber* § 40 Rn. 6.

334 Siehe oben S. 44; ebenso ErfKomm⁴-*Eisemann* § 58 BetrVG Rn. 2.

4. Ausnahme: Spaltung der betriebsverfassungsrechtlichen Arbeitgeberfunktionen beim gemeinsamen Betrieb

Eine weitere Teilung der Arbeitgeberfunktionen, innerhalb des Betriebsverfassungsrechts, ist Konsequenz der BAG-Rechtsprechung, der sich der überwiegende Teil der Literatur angeschlossen hat. Danach genügt es zur Begründung der einheitlichen Leitung, daß mehrere Unternehmen die Arbeitgeberfunktionen nur im Bereich der sozialen und personellen, nicht aber der wirtschaftlichen Angelegenheiten der gemeinsamen Leitung unterstellen.[335] Dies kann zu einer Aufspaltung der betriebsverfassungsrechtlichen Arbeitgeberfunktionen führen: Bei sozialen und wirtschaftlichen Angelegenheiten ist Arbeitgeber die vereinbarte gemeinsame Leitung, für die wirtschaftlichen Angelegenheiten steht der Betriebsrat den einzelnen Unternehmensleitungen gegenüber.[336] Die Arbeitgeberstellung folgt der Führungsvereinbarung.[337]

Diese Spaltung ergibt sich aus der Besonderheit, daß der gemeinsame Betrieb nur die „Alles-oder-nichts-Entscheidung" kennt. Auch die lediglich partielle Führungsvereinbarung erfüllt den Tatbestand des Gemeinschaftsbetriebs, nur die Rechtsfolgen können angepaßt werden.[338] Daß der Betriebsrat hier im Einzelfall mit mehreren Arbeitgebern verhandeln muß, folgt daher aus drei Vorgaben: Der Betrieb ist „zwangszusammengefaßt". Es gibt daher, auch für den Bereich, den die Führungsvereinbarung nicht abdeckt, nur einen gemeinsamen Betriebsrat.[339] Gleichzeitig kann die Kompetenz der Betriebsleitung (verliehen durch die Führungsvereinbarung) aber hinter der des gemeinsamen Betriebsrates zurückbleiben. Und: Es gibt, da sich der Gemeinschaftsbetrieb schon auf der untersten Betriebsverfassungs-Ebene bewegt, keine andere Arbeitnehmervertretung, die die Lücke ausfüllen könnte.

5. Bedeutung für die Suche auf Konzernebene

Die Ähnlichkeit des gemeinsamen Betriebs zum Konzern ist bereits hier frappierend: Dort wie hier steht einer für den gesamten Betrieb/Konzern zuständigen Arbeitnehmervertretung ein dahinter zurückbleibendes Leitungsgremium gegenüber. Genauso springt der Unterschied ins Auge: Für die Lücke zwischen Kompetenz des Konzernbetriebsrates und der Konzernleitung kommt der Gesamtbetriebsrat in Frage.

---

335 BAG vom 29.1.1987 – 6 ABR 23/85 – NZA 1987, 707, 708; vom 14.9.1988 – 7 ABR 10/87 – AP Nr. 9 zu § 1 BetrVG 1972; vom 18.1.1989 – 7 ABR 62/87 – AP Nr. 2 zu § 14 AÜG; *Wiese* FS Gaul (1992), 553, 566 f.

336 *Rieble* FS Wiese (1998), 453, 456 f.; *Wiese* FS Gaul (1992), 553, 567.

337 *Rieble* FS Wiese (1998), 453, 457.

338 *Rieble* FS Wiese (1998), 453, 456.

339 Deutlich *Wiese* FS Gaul (1992), 553, 567.

Wichtigste Konsequenz aus der Arbeitgeberstellung beim gemeinsamen Betrieb aber ist: Erst die Führungsvereinbarung verleiht dem Arbeitgeber scine betriebsverfassungsrechtliche Kompetenz. Eine zweistufige Vorgehensweise ist dem BetrVG damit nicht fremd. Auch den Unternehmen, die sich zu einer gemeinsamen Betriebsleitung zusammenschließen, fehlt die Möglichkeit, direkt über die anderen Unternehmen zu bestimmen. Sie sind im Bereich ihrer Führungsvereinbarung nur zu einer Abstimmung untereinander gezwungen. Zum Ansprechpartner des Betriebsrats reicht das aus.[340]

III. Der Arbeitgeber der Konzernbetriebsverfassung

1. Gesetzliche Vorgabe: Es bleibt beim Arbeitgeber

Auch beim Konzernbetriebsrat beschränkt sich das BetrVG durch Verweisung auf den Gesamtbetriebsrat und damit letztendlich den Einzelbetriebsrat darauf, den Arbeitgeber als Gegenpart zu bestimmen. Damit läßt sich zunächst festhalten: Der Gesetzgeber hat eine spezielle Regelung nicht für erforderlich gehalten, sondern setzt dem Wortlaut nach voraus, daß es einen Arbeitgeber auch auf Konzernebene gibt.[341]

2. Suchkriterien

Der Betrieb kennt nur *einen* betriebsverfassungsrechtlichen Arbeitgeber, ebenso das Unternehmen. Diesen Grundsatz des einheitlichen Arbeitgebers pro Betriebsrat formuliert auch § 76 I S. 1 BetrVG. Ob er sich im Konzern durchhalten läßt, ist streitig. Als Suchkriterium taugt die Einheitlichkeit aber allemal. Gesucht wird daher ein Arbeitgeber, dessen Aktionsradius zu dem des Betriebsrates auf seiner Gegenseite paßt.[342]

Da der Konzernbetriebsrat für die gesamte[343] Konzernbelegschaft zuständig ist, muß daher auch der gesuchte Arbeitgeber Entscheidungskompetenz für den gesamten Konzern, d.h. die einzelnen Konzernunternehmen, besitzen.[344]

Die einzige den Konzernunternehmen übergeordnete Entscheidungsebene ist die Leitung des herrschenden Unternehmens. Nur sie kommt als betriebsverfassungsrechtlicher Arbeitgeber auf Konzernebene in Frage.

---

340 Dies übersieht MünchArbR[2]-*Joost* § 315 Rn. 315 Rn. 76, dem die fehlende Rechtsfähigkeit des Konzerns zur Ablehnung seiner Arbeitgeberqualität genügt.

341 *Fuchs*, Konzernbetriebsrat, S. 196 oben; *Bachner* NZA 1995, 256, 257und 258 unten; ErfKomm[4]-*Eisemann* § 58 BetrVG Rn. 2.

342 Genau so *Windbichler*, Arbeitsrecht im Konzern, S. 356; *Biedenkopf* Liber amicorum P. Sanders, S. 1, 7; *Nick*, Konzernbetriebsrat, S. 179 unten.

343 Seit der BetrVG-Novelle ja auch für betriebsratslose Einheiten, § 58 I S. 1, 2.Hs. BetrVG; dazu S. 128 ff.

344 Methodisch ebenso geht *Wißmann* NZA 2001, 409 unten vor, der freilich voreilig die zentrale Leitung im Konzern der Leitungsmacht des Unternehmens gleichsetzt.

3. Kein Arbeitgeber-Organ mit konzernumfassender Entscheidungsmacht auf Konzernebene

Der Konzern erfährt für das BetrVG keine eigene Definition, sondern ist durch den Verweis in § 54 I 1 BetrVG – im Grundsatz – an die konzernrechtliche Vorgabe gebunden.[345]

Das heißt aber insbesondere, daß die Konzernleitung die einzelnen Konzernunternehmen nicht unmittelbar leiten oder organschaftlich vertreten kann.[346] Die rechtlich eigenständigen Konzernunternehmen behalten – bei jeder Form der Konzernierung – ihre eigene Leitung.[347] Einzige Einflußnahmemöglichkeit der Konzernleitung ist die Weisung, die das Konzernunternehmen erst noch umsetzen muß.[348] Dazu bedarf es aber – selbst wenn die Weisung Folgepflicht auslöst – noch des Entschlusses der Unternehmensleitung.[349] Die Konzernleitung ist nur eine mittelbare Leitung der abhängigen Unternehmen.[350]

Damit zeigt sich, daß die Suche nach dem Verhandlungspartner des Konzernbetriebsrates nach der Methode, die bei Einzel- und Gesamtbetriebsrat einschlägig ist, ins Leere verläuft.[351] Der Arbeitgeber, der vom Gesetzgeber vorausgesetzt wurde, ist auf Konzernebene so nicht existent wie auf Betriebs- oder Unternehmensebene. Daraus freilich gleich den Schluß zu ziehen, daß er gar nicht existiert,[352] ist freilich voreilig, wie schon der Vergleich mit dem gemeinsamen Betrieb[353] zeigt.

4. Ergebnis

Der Arbeitgeber als Gegenpart zum Konzernbetriebsrat läßt sich auf den ersten Blick nicht auf dieselbe Weise ermitteln wie bei Einzelbetriebsrat und Gesamtbetriebsrat, obwohl der Gesetzeswortlaut keine von diesen verschiedene Vorgehensweise, geschweige denn die Lösung, angibt.

---

345 Im einzelnen siehe S. 1 ff.

346 MünchArbR²-*Joost* § 315 Rn. 79; *Windbichler*, Arbeitsrecht im Konzern, S. 359; MünchKomm/AktG²-*Altmeppen* § 308 Rn. 15; im einzelnen dazu S. 22.

347 MünchArbR²-*Joost* § 315 Rn. 80; *Windbichler*, Arbeitsrecht im Konzern, S. 359; *Wiedemann*, Unternehmensgruppe, S. 124; KK²-*Koppensteiner* § 308 Rn. 15.

348 MünchArbR²-*Joost* § 315 Rn. 80; dies erkennt auch *Konzen* RdA 1984, 65, 77. Falsch *Wetzling*, Konzernbetriebsrat, S. 198.

349 MünchArbR²-*Joost* § 315 Rn. 80.

350 Richtig *Biedenkopf* Liber amicorum P. Sanders, S. 1, 7.

351 Dies übersieht *Wißmann* NZA 2001, 409 unten, da er die Konzernleitungsmacht der Leitungsmacht des Unternehmens gleichstellt.

352 *Biedenkopf* Liber amicorum P. Sanders, S. 1, 7.

353 Oben, S. 47 ff.

E. Konsequenz der fehlenden Konzernkompetenz

I. Konzernbetriebsvereinbarungen nur zwischen Konzernbetriebsrat und einzelnen Konzernunternehmen?

Die eine Konsequenz, die man aus der fehlenden Leitungskompetenz auf Konzernebene auf Seiten des Arbeitgebers ziehen könnte, wäre, bei diesem Ergebnis stehen zu bleiben und hier eben auf die unteren Ebenen, d.h. die Leitungen der einzelnen Konzernunternehmen, zurückzugreifen, d.h. vor allem: eine Konzernvereinbarung nur für die Konzernunternehmen gelten zu lassen, die sie abgeschlossen haben.[354]

1. Das Erfordernis einer unternehmensübergreifenden Regelung...

Auch, wenn dies vor allem in Beiträgen kurz nach Entstehung des BetrVG 1972 tatsächlich geschehen ist, war doch klar, daß auch bei fehlender Arbeitgeberstellung der Konzernleitung eine Übereinstimmung von Konzernbetriebsvereinbarungen möglich sein muß, damit diese ihren Namen überhaupt verdienen und nicht nur Gesamtbetriebsvereinbarungen sind.[355]

Der Konzernbetriebsrat ist erst zuständig, wenn die Angelegenheit mindestens zwei Konzernunternehmen betrifft.[356] Seine Aufgabe ist es, Abstimmungsbedarf zwischen den Konzernunternehmen zu stillen: Er ist Koordinationsorgan.[357] Damit durchbricht das Konzernbetriebsverfassungsrecht die Unternehmensgrenze. Kann dem die Arbeitgeberseite nicht folgen, bleibt die Zuständigkeit unausgefüllt.[358] Dem kann man nicht mit dem Hinweis darauf entgehen, dem Konzernbetriebsrat blieben Funktionen im „Informationsbereich".[359] Denn unbestritten eröffnet die originäre Zuständigkeit des § 58 I S. 1 BetrVG dem Konzernbetriebsrat alle betriebsverfassungsrechtlichen Handlungsformen einschließlich der Betriebsvereinbarung.[360] Mit dem Tatbestandsmerkmal des Nicht*regeln*könnens setzt § 58 I S. 1 BetrVG den Konzernbetriebsrat sogar in erster Linie zur Regelung ein.

Dient der Konzernbetriebsrat aber auf Arbeitnehmerseite der Koordination der unterschiedlichen Arbeitnehmerinteressen, muß ihm eine koordinierte Arbeitgeberschaft gegenüberstehen. Sowenig wie die einzelnen Gesamtbetriebsräte unternehmensübergreifend koordinieren können, kann es ein Konzernunter-

---

354 So MünchArbR²-*Joost* § 315 Rn. 82; *Wiedemann*, Unternehmensgruppe, S. 124 ff.
355 MünchArbR²-*Joost* § 315 Rn. 82; Hess/Schlochauer/Worzalla/*Glock*⁶ § 58 Rn. 2a.
356 Dazu ausführlich S.110 ff.
357 Darauf weist in diesem Zusammenhang zu Recht auch Däubler/Kittner/Klebe⁸-*Trittin* § 58 Rn. 7 hin. Zur Koordinationsaufgabe des Konzernbetriebsrates im einzelnen. S.115 ff.
358 Ebenso Däubler/Kittner/Klebe⁸-*Trittin* § 58 Rn. 7.
359 So aber *Windbichler*, Arbeitsrecht im Konzern, S. 360.
360 Dem schließt sich *Windbichler*, Arbeitsrecht im Konzern, S. 358 an.

nehmen für andere. Die originäre Zuständigkeit hätte keinen Anwendungsbereich mehr.

Außerdem erfordert der Einsatz des Konzernbetriebsrates gem. § 58 I S. 1 BetrVG die Betroffenheit mehrerer Konzernunternehmen als unstreitiges Tatbestandsmerkmal des § 58 I BetrVG.[361] Sie orientiert sich aber nach herkömmlicher Definition am Willen des Initiators, richtig am Tatbestand des betroffenen Mitbestimmungsrechts.[362] Beides setzt *einen* Initiator voraus, der ohne Zweifel auch der Arbeitgeber sein kann – sogar: in der Regel ist.[363] Ohne es zu bemerken, setzen daher alle jedenfalls an dieser Stelle einen Arbeitgeber im Konzern voraus.

Unabhängig von der Anerkennung der Konzernleitung als Arbeitgeber besteht daher Einigkeit darin, daß der Konzernbetriebsrat unternehmensübergreifend Regelungen mit seinem Arbeitgeber treffen können muß.[364]

Die Konzernbetriebsvereinbarung unternehmensübergreifend zu gestalten, ohne der Konzernleitung betriebsverfassungsrechtlich die Arbeitgeberstellung einzuräumen, bedient man sich unterschiedlicher Hilfskonstrukte. Es sei im folgenden gezeigt, daß sie nicht zum erwünschten Ergebnis führen können.

2. ...und ihre Sicherstellung

a) Abschluß der Konzernbetriebsvereinbarung zwischen Konzernbetriebsrat und den einzelnen Konzernunternehmen

Denkbar wäre, eine einheitliche Geltung der Konzernbetriebsvereinbarung auf dem Weg zu erreichen, daß der Konzernbetriebsrat mit der Konzernspitze eine Konzernbetriebsvereinbarung aushandelt und diese dann auf die einzelnen Konzernunternehmen „heruntergebrochen" wird, indem anschließend die Konzernunternehmen jeweils mit dem Konzernbetriebsrat Konzernbetriebsvereinbarungen abschließen, die identisch mit dieser Konzernbetriebsvereinbarung sind.[365] Es gibt dann nicht eine Konzernbetriebsvereinbarung, sondern eine für jedes Konzernunternehmen.

Diese Konstruktion versagt aus vielen Gründen.

aa) Fehlende Einheitlichkeit beim Abschluß

Daß bei den vielen auf die Konzernbetriebsvereinbarung folgenden Verhandlungen jeweils zwischen einzelnem Konzernunternehmen und Konzernbetriebsrat ein jeweils der Konzernbetriebsvereinbarung entsprechendes Ergebnis erzielt

361 Dazu unten S. 77 f.

362 Dazu S. 108 ff.

363 Dazu, daß der Konzernbetriebsrat nur ausnahmsweise initiativberechtigt ist, siehe S. 123 f.

364 BAG vom 12.11.1997 – 7 ABR 78/96 – NZA 1998, 497, 498 oben; *Martens* ZfA 1973, 297, 298; *Fuchs*, Konzernbetriebsrat, S. 88, 93 oben; *Fitting*[22] § 58 Rn. 34.

365 MünchArbR[2]-*Joost* § 315 Rn. 82.

wird, ist nicht gesichert.[366] Es gibt auch keine einheitliche Einigungsstelle, was in Widerspruch zu § 76 I S. 1 BetrVG steht.

Bedenkt man noch dazu, daß der Konzernbetriebsrat nicht die Gleichbehandlung aller Konzernunternehmen, sondern die Abstimmung eines unternehmensübergreifenden Koordinationsbedarfs gewährleistet,[367] ist klar, daß diese Abstimmung nicht nur auf der einen Seite in einer Hand liegen muß, sondern auch auf Arbeitgeberseite. Die Abstimmung ist nur möglich, wenn dem Konzernbetriebsrat ein Arbeitgeber gegenübersteht. Die Konzernunternehmen votieren immer nur für ihren Rechtsbereich und können diese Abstimmung nicht leisten.[368]

bb) Möglichkeit der unterschiedliche Entwicklung mangels fester Verbindung der einzelnen Konzernbetriebsvereinbarungen

Existiert eine Vielzahl von Betriebsvereinbarungen, die zwischen den jeweiligen Unternehmen und dem Konzernbetriebsrat abgeschlossen wurden, ist die inhaltliche Identität dieser Vereinbarungen die einzige Verbindung. Die „Klammer der Konzernbetriebsratszuständigkeit"[369] verbindet die Konzernbetriebsvereinbarungen gerade nicht, wenn man die Einheit auf Arbeitgeberseite verneint. Jede dieser Konzernbetriebsvereinbarungen kann unabhängig von den anderen Vereinbarungen von Unternehmen oder Konzernbetriebsrat gekündigt oder auch von einer anderen Konzernbetriebsvereinbarung abgelöst werden.[370]

cc) Regelungskompetenz des Konzernbetriebsrates contra der des Konzernunternehmens

Da der Konzernbetriebsrat die gesamte Konzernbelegschaft vertritt,[371] binden *sämtliche* Konzernbetriebsvereinbarungen, die der Konzernbetriebsrat mit den einzelnen Gesellschaften jeweils abschließt, *jeweils alle* Konzernarbeitnehmer.[372] Denn der Kompetenzbereich des Konzernbetriebsrates ist nicht auf einzelne Konzernunternehmen beschränkt; sein Kompetenzbereich überschreitet den seines Gegenübers, was an die „überschießende Rechtsmacht" erinnert. Diese Beschränkung müßte man aus der Beschränkung der Arbeitgeberstellung auf die einzelnen

---

366 *Monjau* BB 1972, 839, 842 oben; Hess/Schlochauer/Worzalla/*Glock*[6] § 8 Rn. 2a.

367 S. 82 ff.

368 *Martens* ZfA 1973, 297, 299 oben.

369 *Windbichler*, Arbeitsrecht im Konzern, S. 363.

370 Zutreffend *Siebert*, Zuständigkeit, S. 49 f. (für den Abschluß einzelner Betriebsvereinbarungen an Stelle einer Gesamtbetriebsvereinbarung).

371 Es ist allgemeine Meinung, daß der Konzernbetriebsrat alle Arbeitnehmer vertritt, deren Betriebe sich an der Bildung des Konzernbetriebsrates (mittelbar über den Gesamtbetriebsrat) beteiligt haben, *Buchner*, FS Zöllner (1998), S. 698; *Windbichler*, SAE 1997, 144. Nach dem neuen BetrVG gibt es keine Einheiten im Konzern mehr, die nicht vom Konzernbetriebsrat vertreten werden, vgl. S.128.

372 Soweit auch *Windbichler*, Arbeitsrecht im Konzern, S. 365, ohne die Konsequenz daraus zu ziehen.

Konzernunternehmen mit konstruieren. Das zeigt schon, daß auch die vermeintlich simpelste Lösung, es bei den individualrechtlichen und konzerngesellschaftsrechtlichen Vorgaben bleiben zu lassen, bei der Umsetzung keineswegs einfach ist. Die überschießende Rechtsmacht,[373] die eine Teilrechtsfähigkeit des Konzerns mit sich brächte, wäre an eine andere, ebenso unpassende Stelle verlagert.

dd) Fehlende Legitimation der Konzernunternehmen zum Abschluß einer Konzernbetriebsvereinbarung

Der Konzernbetriebsrat ist zum Abschluß einer Konzernbetriebsvereinbarung nur zuständig, wenn mehrere Konzernunternehmen betroffen sind, § 58 I S. 1 BetrVG. Für eine solche unternehmensüberschreitende Regelung verleiht ihm das BetrVG die erforderliche Legitimation vermittels der Errichtungsvorschriften des Konzernbetriebsrates.

Dem Konzernunternehmen dagegen, das auf der anderen Seite ebenfalls unternehmensübergreifend die Regelung treffen soll – denn die Konzernbetriebsvereinbarung, die jedes Unternehmen abschließt, soll ja Vorgabe für die anderen sein! -, fehlt die Legitimation. Noch viel weniger als die Konzernleitung, der ja immerhin Weisungen bzw. Veranlassungen zur Einflußnahme auf die Konzernunternehmen zustehen, kann es Entscheidungen über sein eigenes Unternehmen hinaus treffen. Versagt man aber schon der Konzernleitung die Legitimation zum Handeln für andere Konzernunternehmen, muß dies erst recht für die einzelnen Konzernunternehmen gelten. Damit kann auf Arbeitgeberseite keiner die unternehmensübergreifende Regelung herbeiführen. Es gibt dann keine Regelungen, für die der Konzernbetriebsrat nach § 58 I S. 1 BetrVG zuständig wäre.

ee) Unterschied zwischen Konzernbetriebsrat und Gesamtbetriebsrat eingeebnet

Schon das Tatbestandsmerkmal des Nichtregelnkönnens in § 58 I BetrVG zeigt, daß der Konzernbetriebsrat anderes erreichen kann als der Gesamtbetriebsrat, daß er andere Möglichkeiten der Verhandlung besitzt. Nimmt man an, daß der Konzernbetriebsrat jeweils mit den einzelnen Konzernunternehmen verhandeln muß, steht zwar auf seiten des Konzernbetriebsrates nur *ein* Verhandlungspartner. Die Auswirkung dieser Zusammenfassung der Gesamtbetriebsräte zu *einer* Arbeitnehmervertretung im Konzern ist jedoch geringer. Das führte dazu, daß der Konzernbetriebsrat sich mit dem Gesamtbetriebsrat im jeweiligen Konzernunternehmen unter Umständen auseinandersetzen müßte. Die bereits schon als schwierig verschriene[374] Abgrenzung der originären Zuständigkeit von Konzernbetriebsrat und Gesamtbetriebsrat wäre erst recht nicht mehr zu leisten.[375]

---

373 Dazu S. 65 f.

374 Dazu S. 78.

375 Zutreffend *Nick*, Konzernbetriebsrat, S. 158.

Außerdem fördert es eine falsche Vorstellung von der Konzernbetriebsvereinbarung, wenn man annimmt, der Konzernbetriebsrat könne seine Zuständigkeit auch erfüllen, indem er mit den einzelnen Konzernunternehmen verhandelt. Der Konzernbetriebsrat wäre damit letztendlich nur zu einer Arbeitserleichterung geeignet, indem er an Stelle der vielen Gesamtbetriebsräte mit immer gleichem „Verhandlungsprogramm", vorgegeben von der Konzernleitung, von einem Unternehmen zum nächsten zieht. Damit verbunden ist der Gedanke, daß dann doch auch gleich die Gesamtbetriebsräte selbst diese vielen einzelnen parallelen Regelungen jeweils mit ihren Unternehmen treffen könnten – und schon befindet man sich mitten in der Schlußfolgerung, § 58 I BetrVG könne das Nichtregelnkönnen nicht als Nichtregelnkönnen meinen, weil es kein Nichtregelnkönnen gibt.[376]

ff) Die Einbeziehung betriebsratsloser Einheiten durch die Novelle

Der Konzernbetriebsrat ist nach der Novelle auch für betriebsratslose Einheiten zuständig, § 58 I S. 1, 2. Hs. BetrVG. Verhandelt nun der Konzernbetriebsrat nicht mit der Konzernleitung, sondern den einzelnen Konzernunternehmen, gerät er auch mit Konzernunternehmen aneinander, die keinen Gesamt- oder Einzelbetriebsrat haben. Dabei entsteht ein Ungleichgewicht: Der Unternehmensleitung steht offen, mit einem Betriebsrat zu verhandeln, in dem überhaupt keine Vertreter ihres Unternehmens vorhanden sind. Der Konzernbetriebsrat wird aber die Interessen der Arbeitnehmer dieses Unternehmens kaum mit gleichem Engagement wahrnehmen wie gleichzeitig die – vielleicht sogar widerstreitenden! – Interessen der vertretenen Arbeitnehmer. Der Weg zu einer Ersatzzuständigkeit des Konzernbetriebsrates[377] wäre damit grundsätzlich eröffnet und nur noch schwierig zu verlassen.

Einheitliche Konzernbetriebsvereinbarung kraft Stellvertretung nach §§ 164 ff. BGB

Ein anderer Versuch zur Kompensierung der fehlenden Kompetenz auf Seiten der Konzernleitung ist die Lösung über Stellvertretung nach den Regeln der §§ 164 ff. BGB. Die einzelnen Konzernunternehmen sollen der Konzernspitze Abschlußvollmacht erteilen, so daß diese die Konzernbetriebsvereinbarung auch für sie abzuschließen imstande ist.[378] Damit steht auf der einen Seite der Konzernbetriebsvereinbarung der Konzernbetriebsrat für die Konzernbelegschaft, auf der anderen Seite stehen die *einzelnen* Konzernunternehmen,[379] verbunden – nur – durch die Vollmachten.

---

376 Dazu ausführlich S. 78 ff.

377 Dazu S. 108 ff.

378 MünchArbR^2-*Joost* § 315 Rn. 82; *Windbichler*, Arbeitsrecht im Konzern, S. 362 f.

379 Dies übersieht *Windbichler*, Arbeitsrecht im Konzern, S. 363, die eine im Wege der Vollmacht zustandegekommene Konzernbetriebsvereinbarung als „einheitliches Gebilde" sieht.

Immerhin: Zulässig ist die Stellvertretung des Arbeitgebers bei betriebsverfassungsrechtlichen Aufgaben nach allgemeiner Meinung.[380]

Fortschritt der Vollmachtkonstruktion zur eben skizzierten Lösung ist die Verbindung der unterschiedlichen Verhandlungspartner auf der Arbeitgeberseite durch nur einen einzigen. Damit ist jedoch nur für den Abschluß der einzelnen Konzernbetriebsvereinbarungen etwas gewonnen: Das einheitliche Ergebnis ist so in der Tat kein Problem mehr. Es bleibt aber ansonsten bei den Problemen der ersten Lösung, denn auch hier gibt es nicht eine, sondern viele Konzernbetriebsvereinbarungen.[381] Dazu kommt eine weitere Schwierigkeit: Die einzelnen Konzernunternehmen müssen diese Vollmachten erst einmal erteilen.[382]

Im Vergleich zum vollmacht*losen* Abschluß einzelner Konzernbetriebsvereinbarungen ist damit eine Schwierigkeit ausgeräumt, eine andere dafür eröffnet.[383]

Zunächst ist nicht per se davon auszugehen, daß die einzelnen Konzernunternehmen dem Wunsch der Konzernspitze nachkommen, ihr eine Vollmacht zu erteilen. Aus diesem Dilemma soll sich die Konzernleitung aber befreien können, indem sie sich die Vollmachten kraft ihrer Leitungsmacht – mittels Weisungen – beschafft.[384] Selbst Befürworter der Vollmachtkonstruktion widersprechen dieser Beschaffung aber, da die Entscheidung dabei nicht – wie im Normalfall – der Vollmachtgeber trifft, sondern umgekehrt der Bevollmächtigte die Vollmacht wünscht.[385] Richtig am Unbehagen dieser Konstruktion ist indes: Es geht nicht – wie sonst bei der gewillkürten Vertretung nach §§ 164 ff. BGB –[386] darum, daß der *Vollmachtgeber* seinen Wirkungskreis mit der Vollmachterteilung erweitern will. Vielmehr will der Bevollmächtigte seine Kompetenz erweitern. Daß der Konzernleitung mit der Weisung bereits ein Mittel zur Einwirkung auf ihre Konzernunternehmen zur Verfügung steht, macht den Umweg über die Stellvertretung noch fraglicher. Denn kann sich die Konzernleitung die Vollmacht kraft Weisung beschaffen, wäre das nichts als eine doppelte Legitimation[387] ohne Gewinn in der Sache.

---

380 GK/BetrVG[7]-*Kraft* § 1 Rn. 46; *Wollgast*, Betriebsvereinbarungen, S. 110 ff. m.w.N.

381 *Fuchs*, Konzernbetriebsrat, S. 97 oben. Dies übersehen *Windbichler*, Arbeitsrecht im Konzern, S. 363, und Däubler/Kittner/Klebe[8]-*Trittin* § 58 Rn. 12.

382 *Güllich*, Betriebsvereinbarungen im Konzern, S. 108.

383 Den Vorteil der Vollmachtlösung bezweifeln aus diesem Grunde auch *Monjau* BB 1972, 839, 842; *Güllich*, Betriebsvereinbarungen im Konzern, S. 108.

384 *Windbichler*, Arbeitsrecht im Konzern, S. 362.

385 *Fuchs*, Konzernbetriebsrat, S. 97. Dagegen *Windbichler*, Arbeitsrecht im Konzern, S. 362; Rehbinder, Konzernaußenrecht, S. 365 f.; *Martens* ZfA 1973, 297, 310.

386 Staudinger-*Schilken* (2001) Vorbem zu §§ 164 ff Rn. 1; MünchKomm/BGB[4]-*Schramm* Vor § 164 Rn. 2.

387 Zum Verständnis der Vollmacht als Legitimation siehe Staudinger-*Schilken* (2001) Vorbem zu §§ 164 ff Rn. 17 m.w.N.

gg) Möglichkeit einer divergierenden Entwicklung der Konzernbetriebsvereinbarungen

Da wie oben[388] auf der Arbeitgeberseite eine Vielzahl einzelner Vertragspartner steht, nur verbunden durch die an die Konzernspitze erteilte Vollmacht, ist eine Auseinanderentwicklung auch hier denkbar. Denn der Vertretene kann das Geschäft jederzeit wieder an sich ziehen,[389] die einzelnen Unternehmen könnten damit „ihre" jeweilige Konzernbetriebsvereinbarung kündigen. Das daraus folgende Auseinanderfallen der Konzernbetriebsvereinbarungen in die einzelnen Konzernunternehmen als Teile der Arbeitgeberseite vereitelt die Einheitlichkeit. Einem solchen Auseinanderfallen müßte durch zusätzliche Vereinbarungen, z.B. einer Enthaltungsverpflichtung[390] oder einer Kündigungsbeschränkung in der Konzernbetriebsvereinbarung selbst, von vornherein begegnet werden. Dies wird aber die Bereitschaft der einzelnen Konzernunternehmen zur Erteilung einer Vollmacht an die Konzernspitze nicht gerade steigern.

hh) Einigungsstellen

Stehen auf Arbeitgeberseite nicht lediglich ein, sondern mehrere Arbeitgeber, nur verbunden durch Vollmachten, kommt es bei Streitigkeiten über mitbestimmungspflichtige Abgelegenheiten mit dem Konzernbetriebsrat zum Schwur: Da unterschiedliche Arbeitgeber vorhanden sind, sind jeweils bei ihnen Einigungsstellen zu bilden, eine einheitliche Einigungsstelle im Konzern ließe sich so nicht erklären. Damit wäre in diesem Bereich eine einheitliche Konzernbetriebsvereinbarung ebenfalls unerreichbar.[391]

ii) Rechtsfolgen

Nicht geklärt ist die Rechtsfolge dieser Konstellation, bei der auf der einen Seite nur der Konzernbetriebsrat steht, auf der anderen aber viele einzelne Rechtssubjekte, die nur durch die gemeinsame Vollmachterteilung „verbunden" sind.

Der Vertreter kann nach §§ 164 ff. BGB zugleich im eigenen Namen für sich selbst und im fremden Namen für einen anderen tätig werden.[392] Rechtsfolge der dadurch entstehenden Doppelpartei ist die Verpflichtung beider zur Vertragserfüllung. Es muß aber jedenfalls sichergestellt sein, daß der Gläubiger der Leistung diese trotz Duplizierung seiner Schuldner nur einmal erhält.

Auch im Betriebsverfassungsrecht muß eine solche Bindung der einzelnen Konzernunternehmen auf Arbeitgeberseite stattfinden, da sonst eine unlösbare Konstellation entsteht: Auch hier könnten alle Konzernarbeitnehmer jeweils bei

---

388 S. 53 ff.

389 MünchKomm/BGB[4]-*Schramm* § 164 Rn. 135; § 167 Rn. 114; Staudinger-*Schilken* (2001) Vorbem zu §§ 164 ff Rn. 16.

390 Dazu MünchKomm/BGB[4]-*Schramm* § 164 Rn. 135; § 167 Rn. 115.

391 Ähnlich Hess/Schlochauer/*Glaubitz*[5], § 58 Rn. 2a.

392 BGH vom 23.3.1988 – VIII ZR 175/87 - NJW 1908, 1909.

allen Gesellschaften die in der Konzernbetriebsvereinbarung geregelten Ansprüche geltend machen.

jj) Vereinbarkeit einer rein zivilrechtlichen Anknüpfung mit dem BetrVG

Fraglich ist auch, ob die kraft bürgerlichrechtlicher Stellvertretung hergestellt Wirkung der Konzernbetriebsvereinbarung den Vorstellungen des BetrVG entspricht.

Das BetrVG vermittelt die Vorstellung, daß es für die Geltung einer Konzernbetriebsvereinbarung genügen muß, dem entsprechenden Konzern anzugehören. Die hier diskutierte Lösung benötigt darüber hinaus aber noch die Vermittlung eines rein bürgerlichrechtlichen Rechtsinstituts. Ob diese Abhängigkeit von einem weiteren, rechtsgebietsfremden Rechtsgeschäft (Vollmachterteilung) dem Konzernbetriebsrat gerecht wird, ist angesichts seines Zwecks, Mitbestimmung in die entscheidungsbefugten Stellen des Konzerns zu tragen, fraglich.

b) Weisung zur Befolgung der Konzernbetriebsvereinbarung

Reichlich gekünstelt wirkt die „Erst-Regelung-dann-Weisung"-Konstruktion. Sie dreht die Vollmachts-Lösung insoweit um, als dort die Weisung (zur Erteilung der Abschlußvollmacht) der Regelung zeitlich vorausgeht. Die Weisung soll an die Konzernbetriebsvereinbarung anknüpfen, die Konzernspitze und Konzernbetriebsrat geschlossen haben, und so der Konzernbetriebsvereinbarung in allen Konzernunternehmen zur Durchsetzung verhelfen.[393] Die Konzernbetriebsvereinbarung soll sogar konkludent die abhängigen Unternehmen zur Ausführung ihrer selbst anweisen.[394]

Zunächst einmal entsteht aus dieser Bindung an die Konzernbetriebsvereinbarung „kraft Weisung" keine normative Bindung gem. § 77 IV S. 1 BetrVG.[395] Das heißt aber auch, daß die Konzernbetriebsvereinbarung selbst die Arbeitsverhältnisse zwischen Konzernunternehmen und Arbeitnehmern – letztere unbeteiligte Dritte – nicht beeinflussen kann. Die Weisung oder Veranlassung des herrschenden Unternehmens entfaltet keine Wirkung gegenüber den Arbeitnehmern.[396] Dem zur Durchsetzung angewiesenen Konzernunternehmen fehlt ebenfalls die Einwirkungsmöglichkeit auf den Arbeitsvertrag mit ihren Arbeitnehmern. Über ihnen günstige Regelungen ließen die Arbeitnehmer ja wohl noch mit sich reden. Ungünstige aber vermöchte die Unternehmensleitung nur innerhalb der indivi-

---

393 Hess/Schlochauer/Worzalla/*Glock*[6] § 58 Rn. 2a – aber in sich völlig widersprüchlich und unklar; für faktische Konzerne *Konzen* RdA 1984, 65, 77; *Biedenkopf* Liber amicorum P. Sanders, S. 1, 13.

394 *Biedenkopf* Liber amicorum P. Sanders, S. 1, 13; *Wetzling*, Konzernbetriebsrat, S. 199.

395 Richtig *Nick*, Konzernbetriebsrat, S. 175.

396 Dies übersieht *Güllich*, Betriebsvereinbarungen im Konzern, S. 87 unten. Richtig *Windbichler*, Arbeitsrecht im Konzern, S. 359 oben, die die Drittwirkung als „Besonderheit der arbeitsrechtlichen Normenverträge" erkennt.

dualrechtlichen Grenzen – die § 2 KSchG auch für Änderungskündigungen sehr eng setzt –[397] umzusetzen.

Die Konzernbetriebsvereinbarung wäre zusätzlich auf die Durchsetzbarkeit mittels Weisungen und vor allem Veranlassungen angewiesen, deren letztere die Konzernleitung ja nicht einmal rechtlich durchzusetzen vermag.[398] Und für die rechtlich durchsetzbaren Weisungen im Vertragskonzern besteht die Gefahr langwieriger Auseinandersetzungen, bevor die Konzernbetriebsvereinbarung irgendeine Wirkung entfalten kann.[399] Die Wirkung der Konzernbetriebsvereinbarung steht und fällt dabei von Anfang an und immer fort mit der Mitwirkung der Konzernunternehmen[400]. Der Geltungsbereich der Konzernbetriebsvereinbarung kann sich also immer wieder ändern. Wie aber der Konzernbetriebsrat eine Verhandlung führen soll, wenn er zu keinem Zeitpunkt wissen kann, für welche Unternehmen und Betriebe im Konzern sie gelten wird, bleibt offen.

Mittels Befolgungs-Weisungen ist daher eine einheitliche Geltung der Konzernbetriebsvereinbarung innerhalb des Konzerns nicht zu erreichen.

3. Ergebnis

Wäre Arbeitgeber im Konzern immer nur jedes einzelne Konzernunternehmen, kann keine der Zuständigkeit und Rechtsfolge der §§ 54 ff. BetrVG entsprechende Konzernbetriebsvereinbarung zustande kommen.

§ 58 I BetrVG als General-Ermächtigung der Konzernleitung?

Der Konzernbetriebsrat kann nur dann – seine Zuständigkeit ausfüllend – Angelegenheiten unternehmensübergreifend regeln, wenn ihm ein Regelungspartner gegenübersteht, dessen Kompetenz sich auf denselben Geltungsbereich erstreckt.[401]

Die Folgerung, das BetrVG räume dann eben immer und unbedingt der Konzernleitung eine Stellung als Konzernarbeitgeber ein,[402] trifft aber nicht zu. Denn

---

397 Auch, wenn die Prüfung der Sozialwidrigkeit hier das Vertragsangebot in den Mittelpunkt stellt, BAG vom 19.5.1993 – 2 AZR 584/92 – AP Nr. 31 zu § 2 KSchG 1969; KR[6]-*Rost* § 2 KSchG Rn. 88.

398 Däubler/Kittner/Klebe[8]-*Trittin* § 58 Rn. 8; *Nick*, Konzernbetriebsrat, S. 167.

399 *Nick*, Konzernbetriebsrat, S. 167.

400 Däubler/Kittner/Klebe[8]-*Trittin* § 58 Rn. 8; *Nick*, Konzernbetriebsrat, S. 167.

401 BAG vom 12.11.1997 – 7 ABR 78/96 – NZA 1998, 497, 498 oben; *Martens* ZfA 1973, 297, 298. Insoweit zutreffend auch *Fuchs*, Konzernbetriebsrat, S. 93 oben; *Fitting*[22] § 58 Rn. 34.

402 So *Monjau* BB 1972, 839, 842; *Fuchs*, Konzernbetriebsrat, S. 99; Däubler/Kittner/Klebe[8]-*Trittin* § 58 Rn. 7 ff.; *Fitting*[22] § 58 Rn. 34 ff.; Stege/Weinspach/Schiefer9 §§ 54-59a Rn. 10; ErfKomm[4]-*Eisemann* § 58 BetrVG Rn. 2; GK/BetrVG[7]-*Kreutz* § 58 Rn. 11; *Hanau* ZGR 1984, 468, 483. Offen gelassen in BAG vom 12.11.1997 – 7 ABR 78/96 – NZA 1998, 497, 498 oben.

sie beachtet den Zweck des Konzernbetriebsrates, verkennt aber die Systematik des BetrVG.

4. Variante: Arbeitgeberstellung nur für vertikale Konzernbetriebsvereinbarungen

Immer wieder für nötig erachtet wird – im Anschluß an Martens[403] – eine Unterscheidung der Konzernbetriebsvereinbarung in eine „horizontale" und eine „vertikale".[404]

Die vertikale soll dergestalt sein, daß die Konzernleitung eine Konzernbetriebsvereinbarung mit dem Konzernbetriebsrat abschließt, aus der sich Rechte und Pflichten nur zwischen ihr und den Arbeitnehmern ableiten.[405] Vor Augen hat man dabei wegen § 88 Nr. 2 BetrVG vor allem eine Sozialeinrichtung, die das herrschende Unternehmen allen Arbeitnehmern im Konzern anbietet, und wegen § 112 V S. 2 Nr. 2 Sozialplanansprüche. Da die vertikale Konzernbetriebsvereinbarung nur eine zusätzliche Verpflichtung der Konzernleitung begründet, bereitet sie für die Arbeitgeberfrage allerdings auch keine Probleme –[406] bis auf die ungeklärte Frage, wie denn eine Betriebsvereinbarung ein nicht vorhandenes Rechtsverhältnis begründen kann.[407] Denn man streitet zwar darüber, wie genau Betriebsvereinbarungen Arbeitsverhältnisse regeln, genauer: ob sie von außen einwirken oder in den Arbeitsvertrag eingehen.[408] Sie brauchen jedenfalls ein bereits[409] bestehendes Arbeitsverhältnis.

Der vertikalen Konzernbetriebsvereinbarungen stellte *Martens* die horizontale gegenüber, die zwischen Arbeitnehmern und ihren jeweiligen Konzernunternehmen wirkt.

Diese Differenzierung setzt sich in einer unterschiedlichen Behandlung bei der Arbeitgebersuche fort. Die halbherzig begrenzte Zuständigkeit der Konzernleitung, die einer Konzernbetriebsvereinbarung zwar Wirkung für alle Arbeitsverhältnisse, aber Verpflichtung nur des herrschenden Unternehmens selbst zugesteht,[410] läßt nur die „vertikale" Konzernbetriebsvereinbarung zu. Der Nutzen der auf diese Weise eingeschränkten Arbeitgeberstellung ist aber mehr als fraglich. Schließlich soll sie dazu dienen, die notwendige einheitliche Behandlung einer Angelegenheit zu sichern, die ohne sie fehlte.[411] Für die vertikale Konzernbetriebsvereinbarung sind widersprüchliche Ergebnisse aber gerade nicht zu er-

---

403 *Martens* ZfA 1973, 297.
404 *Konzen* RdA 1984, 65, 77; *Fuchs*, Konzernbetriebsrat, S. 84 ff.
405 *Martens* ZfA 1973, 297, 308.
406 Insoweit zutreffen *Nick*, Konzernbetriebsrat, S. 162.
407 Zweifelnd *Wiedemann*, Unternehmensgruppe, S. 125 f.
408 Ausführlich *Wollgast*, Betriebsvereinbarungen, S. 352 ff.
409 Streitig ist, ob auch immer noch, dazu *Wollgast*, Betriebsvereinbarungen, S. 161 ff.
410 Hess/Schlochauer/Worzalla/*Glock*[6] § 58 Rn. 2a; *Konzen* RdA 1984, 65, 77.
411 *Konzen* RdA 1984, 65, 77; Hess/Schlochauer/Worzalla/*Glock*[6] § 58 Rn. 2a.

warten. Die eingeschränkte Arbeitgeberstellung der Konzernleitung kann damit die an sie gestellten Anforderungen gar nicht erfüllen. Damit ist diese Begrenzung in sich widersprüchlich.

5. Der Autonomieverlust der abhängigen Unternehmen als Legitimation?

Einen Autonomieverlust der abhängigen Gesellschaft durch die Konzernierung festzustellen,[412] ist legitim. Er soll aber auch als *rechtliche* Grundlage für die normative Wirkung der Konzernbetriebsvereinbarung für alle Konzernunternehmen herhalten.[413]

Gleichgültig, ob man dies nur für den Vertragskonzern oder alle Konzernarten annimmt: Rechtlich läßt sich die Arbeitgeberstellung der Konzernleitung mit dem Autonomieverlust und der Ausrichtung der Konzernunternehmen am Konzerninteresse nicht begründen.[414] Denn die unmittelbare Geltung der Konzernbetriebsvereinbarung überschreitet den durch die Konzernierung entstandenen Autonomieverlust: Sie verleiht der Konzernleitung die Möglichkeit eines „Durchgriffs" auf die einzelnen abhängigen Gesellschaften *anstelle* der Ausübung ihrer konzernrechtlichen Leitungsmacht mittels Weisungen bzw. Veranlassungen. Den Unterschied zwischen Innenverhältnis und Ausführungsebene darf man nicht zugunsten einer „Einheitsbetrachtung"[415] aufgeben, ohne die damit zusätzlich eingeräumte Leitungsmacht der Konzernleitung zu rechtfertigen. Das Konzerngesellschaftsrecht läßt keine Deutung der Konzernunternehmen als „Betrieb im weiteren Sinne" zu.[416]

Vorsichtiger ist das BAG: Es sieht die Möglichkeit, mittels Konzernbetriebsvereinbarung den Einflußmöglichkeiten der Konzernleitung entgegenzuwirken, nur als *Zweck* der Konzernbetriebsverfassung.[417] Freilich verlockt das dazu, die Zuständigkeit des Konzernbetriebsrates bereits an den ausgeübten Einfluß zu knüpfen und das weitere Tatbestandsmerkmal des Betroffenseins zu vergessen, wie es ja auch einige wenige, aber nicht das BAG, tun.[418]

Dazu verstrickt sich diese Auffassung in einen evidenter Widerspruch: Einerseits beklagt sie den Autonomieverlust der Konzernunternehmen und möchte diesen

---

412 Däubler/Kittner/Klebe[8]-*Trittin* § 58 Rn. 11; *Nick*, Konzernbetriebsrat, S. 173 ff.

413 Däubler/Kittner/Klebe[8]-*Trittin* § 58 Rn. 11; jüngst *Nick*, Konzernbetriebsrat, S. 177 ff. (für den Vertragskonzern), S. 185 (für den faktischen Konzern), besonders S. 188 unten; *Wetzling*, Konzernbetriebsrat, S. 198 (für den Beherrschungsvertrag); *Biedenkopf* Liber amicorum P. Sanders, S. 1, 12 oben (für Beherrschungsvertrag).

414 Ebenso *Windbichler*, Arbeitsrecht im Konzern, S. 359; soweit noch richtig auch *Nick*, Konzernbetriebsrat, S. 176 unten.

415 *Nick*, Konzernbetriebsrat, S. 180 oben: „Vorrang der konzernrechtlichen Einheitsbetrachtung".

416 So aber *Nick*, Konzernbetriebsrat, S. 178 unten.

417 BAG vom 12.11.1997 – 7 ABR 78/96 – NZA 1998, 497 unten.

418 Dazu S. 77 f.

mit Hilfe des Konzernbetriebsrates auffangen, andererseits führt sie so einen viel größeren Autonomieverlust herbei.

6. Zirkelschluß: Die Konzernleitung als Trägerin betriebsverfassungsrechtlicher Rechte und Pflichten

Die Konzernleitung soll deshalb Konzernbetriebsvereinbarungen mit Wirkung für die abhängigen Konzernunternehmen abschließen können, weil ihr originäre betriebsverfassungsrechtliche Arbeitgeberfunktionen zugeordnet sind.[419] Für die Feststellung, daß die Konzernleitung Trägerin betriebsverfassungsrechtlicher Rechte und Pflichten ist, muß sie aber erst überhaupt Arbeitgeberin i.S.d. BetrVG sein.

7. Anforderungen an eine Ermächtigungsnorm

Das BAG stellt hohe Anforderungen an eine Ermächtigungsnorm, die die Zuständigkeitsverteilung des BetrVG modifiziert.[420] Noch mehr muß dies gelten für die Ermächtigung zur Verpflichtung eines Dritten. Dem genügt § 58 I BetrVG nicht.[421] Man kann nicht „einfach" in das BetrVG die Handlungsmöglichkeit eines Rechtssubjektes (des herrschenden Unternehmens) über andere (die anderen Konzernunternehmen) „hineinlegen".[422]

Allerdings kann dem Betriebsverfassungsrecht – selbst unterhalb der Anforderungen an eine solche Ermächtigungsnorm – auch nicht entnommen werden, daß es über das bisher Dagewesene hinaus eine Kompetenz der Konzernspitze begründet. Eine solche Erweiterung findet keine Stütze im Gesetzgebungsverfahren: Der Gesetzgeber wollte eine Änderung des Konzernrechts, selbst nur für den Bereich des BetrVG, nicht. Allein daß er sich der Konsequenzen bewußt gewesen sein soll, ist angesichts der zu Recht kritisierten konzeptlosen Schaffung der §§ 54 ff. BetrVG nach dem Vorbild des Gesamtbetriebsrates[423] abwegig und zeigt sich in fehlenden Ergänzungen des AktG.[424] Vielmehr kann daraus, daß der Gesetzgeber den Konzernbetriebsrat durch einfache Übertragung der Gesamtbetriebsrats-Vorschriften kreierte, nur darauf geschlossen werden, daß er sich der Problematik nicht bewußt war.[425] Selbst, wenn *Buchner* bereits während des Gesetzgebungsverfahrens auf die Unklarheiten als Konsequenz dieser Übertragung hinwies,[426] kann man aus der nicht erfolgten Regelung von Regelungspartner des Konzernbetriebsrates und Geltungsbereich der Konzernbetriebs-

419 Däubler/Kittner/Klebe[8]-*Trittin* § 58 Rn. 11; ErfKomm[4]-*Eisemann* § 58 BetrVG Rn. 2.
420 BAG vom 12.11.1997 – 7 ABR 78/96 – NZA 1998, 497, 498 (zu § 58 II BetrVG).
421 *Wetzling*, Konzernbetriebsrat, S. 196.
422 So aber noch kurz nach Einführung des Konzernbetriebsrates *Monjau* BB 1972, 839, 842.
423 Dazu oben S. 41 ff.
424 *Wetzling*, Konzernbetriebsrat, S. 197; *Biedenkopf* Liber amicorum P. Sanders, S. 1, 10.
425 *Biedenkopf* Liber amicorum P. Sanders, S. 1, 11 oben; *Nick*, Konzernbetriebsrat, S. 171.
426 *Buchner* AG 1971, 189, 190.

vereinbarung nicht schließen, der Gesetzgeber habe diese Frage mit Bedacht offen gelassen.[427]

8. Systematik: Konzern und Arbeitgeber – wer war zuerst?

Die Auslegung muß sich am „Arbeitgeber" orientieren. Das BetrVG setzt aber den Arbeitgeber voraus, es kreiert ihn nicht und stattet ihn nicht mit zusätzlichen neuen Kompetenzen aus.[428] Mit anderen Worten: Der Konzern war zuerst da, dann das BetrVG. Gleiches meint auch der häufige Ausspruch, die Betriebsverfassung folge der Arbeitgeberorganisation.

Auch kann eine Kompetenzstärkung des Arbeitgebers nicht Zweck des BetrVG sein, sondern nur Mittel zum Zweck der Arbeitnehmervertretung. Ein solches Mittel wäre die Ausweitung aber nur, wenn allein sie die Funktion des Konzernbetriebsrates sicherte.[429] Das ist aber nicht der Fall.

9. Wider die „überschießende Rechtsmacht": Widerspruch zwischen Betriebsverfassungs- und Konzerngesellschaftsrecht

Mit dem Klammerverweis des § 54 I S. 1 BetrVG auf § 18 I des AktG ist klar, daß Grundlage auch des betriebsverfassungsrechtlichen Konzerns die konzerngesellschaftsrechtlichen Regelungen sind.[430] Dabei bleibt die Grundkonstruktion des Konzerns als nicht einheitliches Rechtsgebilde mit weiterhin selbständigen Konzernunternehmen auch im BetrVG erhalten.[431] Das Konzernrecht eröffnet der Konzernleitung – der Leitung des herrschenden Unternehmens – verschiedene Möglichkeiten, Einfluß auf seine Konzernunternehmen zu nehmen.[432] Immer aber handelt letztendlich das Konzernunternehmen selbst, niemals die Konzernleitung für es oder an seiner Stelle. Die Einflußnahme und Konzernleitung ist daher immer ein zweistufiger Vorgang: Die Konzernleitung beeinflußt intern das Konzernunternehmen, das dann seinerseits – im Außenverhältnis – handelt.

Diese Funktionsweise sehen viele als Widerspruch zur Konzernbetriebsverfassung, sobald man eine Arbeitgeberstellung der Konzernleitung anerkennt. Denn damit gäbe die Betriebsverfassung mit ihrer unmittelbar normativ wirkenden Betriebsvereinbarung der Konzernleitung ein Instrument zur unmittelbaren Verpflichtung ihrer Konzernunternehmen in der Hand, das das Konzernrecht nicht bietet. Freilich höhlte selbst dies nicht den Restbestand an Autonomie, den das Konzernrecht auch einem Konzernunternehmen noch beläßt, aus, betrifft

---

427 So aber *Oetker* ZfA 1986, 177; *Güllich,* Betriebsvereinbarungen im Konzern, S. 40.
428 Ebenso MünchArbR²-*Joost* § 315 Rn. 77: keine ausreichenden Anhaltspunkte im Gesetz.
429 *Martens* ZfA 1973, 297, 311 oben.
430 Siehe oben S. 1.
431 Dazu S. 22.
432 Dazu oben S. 15 ff.

doch das Betriebsverfassungsrecht nur einen Teilbereich dieser Rest-Autonomie.[433]

Die konzernrechtlichen Vorschriften sagen nicht ohne weiteres abschließend für alle Rechtsgebiete, daß es keine über sie hinausgehenden Befugnisse der Konzernleitung geben kann. Ein „Vorrang" des BetrVG vor dem Konzernrecht[434] ist nicht von vornherein ausgeschlossen.[435] Begründete § 58 BetrVG als Ermächtigungsnorm die Rechtsfähigkeit des Konzerns, wäre eine daraufhin abgeschlossene Betriebsvereinbarung keine unzulässige Vereinbarung zu Lasten Dritter[436].

Erteilt man der Konzernleitung mit Hilfe des BetrVG Kompetenzen, die das Konzernrecht nicht im Ansatz kennt – sondern gerade ablehnt -, führt dies zu einer „überschießenden Rechtsmacht" im Bereich des BetrVG. Eine Kompensation aber bietet das BetrVG nicht, erst recht nicht das Konzernrecht, das sie gerade nicht braucht.

Damit führt die uneingeschränkte Arbeitgeberstellung der Konzernleitung zu dem Problem, wie sie sich mit dem Ausgleichs- und Haftungssystem des AktG, das die Eingriffsmöglichkeiten der Konzernleitung kompensiert,[437] verträgt.

Daß insbesondere der Nachteilsausgleich, der im faktischen Konzern die Konzernleitungsmacht auffängt,[438] nicht direkt anwendbar ist, stellte schon *Biedenkopf* fest: Schließlich wirkt die Konzernleitung nicht durch Veranlassung auf das Konzernunternehmen ein.[439] Einem Versagen des konzernrechtlichen Schutzes entgegenzuwirken, ist tatsächlich unerläßlich, durch eine analoge Anwendung des § 311 AktG[440] aber nicht gewährleistet.

Einer Konzernbetriebsvereinbarung kann man die Nachteilhaftigkeit i.S.d. § 317 AktG nicht deshalb versagen, weil sie an die Stelle von Gesamtbetriebsvereinbarungen tritt, die sonst abgeschlossen würden. Eine Bündelung von Gesamtbetriebsvereinbarungen kann schlicht und einfach die Konzernbetriebsvereinbarung nicht ersetzen.[441]

---

433 Zu weitgehend daher *Martens* ZfA 1973, 297, 310.

434 Diesen proklamiert *Fuchs*, Konzernbetriebsrat, S. 93.

435 A.A. *Wetzling*, Konzernbetriebsrat, S. 196 f.: „Betriebsverfassungsrecht bricht nicht Gesellschaftsrecht".

436 So aber *Wetzling*, Konzernbetriebsrat, S. 196.

437 Darauf weist im Zusammenhang mit dem Konzernbetriebsrat *Biedenkopf* Liber amicorum P. Sanders, S. 1, 10 oben hin.

438 Dazu S. 20.

439 *Biedenkopf* Liber amicorum P. Sanders, S. 1, 10 oben.

440 *Hanau* ZGR 1984, 468, 484.

441 Dazu ausführlich unten, S. 81 ff.

10. Ergebnis

§ 58 I BetrVG erfordert einen den Konzernunternehmen übergeordneten Konzernarbeitgeber; er stattet aber niemanden mit zusätzlichen Kompetenzen aus.

II. Legitimation der Konzernleitung über § 317 II AktG

Einen völlig anderen, aber falschen Ansatz verfolgt *Bachner*. Er will Konzernrecht und Betriebsverfassungsrecht harmonisieren, indem er die Konzernbetriebsvereinbarung als Maßnahme eines ordentlichen und gewissenhaften Geschäftsleiters i.S.d. § 317 II AktG fingiert.[442]

1. Modifizierung des Tatbestands des § 317 II AktG

Schon diese Gleichstellung im Tatbestand ist fraglich. Mit der konzernrechtlichen Prüfung des Tatbestandsmerkmals hat die Fiktion jedenfalls nichts zu tun. § 317 II AktG braucht den Vergleich mit einem Geschäftsleiter einer *unabhängigen* Gesellschaft. Wie eine Konzernbetriebsvereinbarung mit der Konzernleitung, die das Unternehmen nur *aufgrund* seiner Konzernierung treffen kann, damit gleichzustellen sein soll, verrät *Bachner* nicht.

Zudem gilt § 317 II AktG nicht im Vertragskonzern (und knüpft darüber hinaus auch nur an die Abhängigkeit, nicht an den Konzerntatbestand an!), auf den *Bachner* seine Lösung nichtsdestotrotz auch angewandt wissen will.[443]

2. Rechtsfolge: Legitimation der Konzernleitung?

Vor allem läßt sich eine Legitimation der Konzernleitung, für ihre abhängigen Unternehmen via Konzernbetriebsvereinbarung zu handeln, nicht als Rechtsfolge des § 317 II AktG begreifen.

§ 317 II AktG hat zur Folge, daß die Gesellschaft, die der Veranlassung des herrschenden Unternehmens Folge leistet (obwohl sie das nicht müßte!), keinen Ersatz des ihm daraus entstandenen Schadens verlangen kann.

§ 317 II AktG ist damit eine objektive Zurechnungsregelung: Zum Ersatz des Schadens ist nicht nur erforderlich, daß der Schaden kausal aufgrund der Veranlassung des herrschenden Unternehmens entstand. Zusätzlich muß sich der Konzernkonflikt ausgewirkt haben, d.h. die Tatsache der Konzernierung ausschlaggebend gewesen sein. Dies überprüft man, indem man die Geschäftsführung des Konzernunternehmens mit der eines konzernfreien Unternehmens hypothetisch vergleicht.

Läßt § 317 II AktG aber nur den Anspruch auf Nachteilsausgleich fallen, wenn kein Unterschied im Handeln eines unabhängigen und eines abhängigen Unternehmens besteht, legitimiert er damit keineswegs den beherrschenden Einfluß der

---

442 *Bachner* NZA 1995, 256, 258 ff.

443 *Bachner* NZA 1995, 256 259 unten.

Konzernleitung – lediglich die Sanktion Nachteilsausgleich fällt flach. Und noch viel weniger begründet § 317 II AktG eine Leitungs*macht* der Konzernleitung. Diese begründete immer noch allein das BetrVG und durchbräche damit die konzernrechtliche Konzeption.

3. Ergebnis

§ 317 II AktG ist zur Begründung der Geltung der Konzernbetriebsvereinbarung in allen Konzernunternehmen nicht geeignet.

III. Konzernleitung als Arbeitgeberin für den Vertragskonzern

Einen Mittelweg zwischen gänzlicher Anerkennung einerseits und Ausschluß andererseits der Konzernleitung als Arbeitgeberin schlagen diejenigen ein, die zwischen Vertrags- und faktischem Konzern unterscheiden und bei ersterem die Konzernleitung als Arbeitgeberin sehen mit der Folge, daß Konzernbetriebsvereinbarungen auch für die mittels Beherrschungsvertrags bzw. Eingliederung beherrschten Konzernunternehmen gelten.[444] Den faktischen Konzern, d.h. die übrigen Konzernunternehmen, nimmt man aus.[445]

1. Konzernbetriebsvereinbarung als „instrumentale Ergänzung des Weisungsrechts"

Wer den generellen Konzerndurchgriff via Konzernbetriebsvereinbarung als zweckwidrige Überdehnung des betriebsverfassungsrechtlichen Arbeitgeberbegriffs empfindet, gleichzeitig aber auch die drohende Funktionslosigkeit des Konzerns vor Augen hat, sucht ganz richtig nach einer Anknüpfung der Arbeitgeberstellung an die Kompetenzen der Konzernleitung aus dem Konzerngesellschaftsrecht.[446] Mit anderen Worten: wenn schon eine zwingende Wirkung, dann nur in dem Bereich, in dem die Konzernleitung auch mit den Mitteln des Konzerngesellschaftsrechts ihren Willen durchsetzen kann. Man kann hier sehr gut mit *Konzen* davon sprechen, daß die „funktional" befugte Konzernspitze eine „instrumentale Ergänzung des Weisungsrechts" erhält.[447]

An diesem Ansatz ist nichts auszusetzen. Auch die beabsichtigte Harmonisierung des BetrVG mit dem Ausgleichssystem des AktG[448] ist so erreichbar. Vor allem angesichts des von der einzelnen Weisung losgelösten Verlustausgleichs, den das AktG in § 302 (Beherrschungsvertrag) und § 324 (Eingliederung) vorsieht, fügt sich die Konzernbetriebsvereinbarung in das Haftungssystem ein.

---

444 *Wetzling*, Konzernbetriebsrat, S. 199; *Konzen* RdA 1984, 65, 77.

445 Die meisten Vertreter der auf den Vertragskonzern beschränkten Arbeitgeberstellung sehen für den faktischen Konzern die Weisungslösung vor; dazu S. 60 f.

446 So ausdrücklich *Biedenkopf* Liber amicorum P. Sanders, S. 1, 11.

447 *Konzen* RdA 1984, 65, 76 unten, 77 oben.

448 *Biedenkopf* Liber amicorum P. Sanders, S. 1, 13.

Die Konsequenzen mit einer Differenzierung zwischen den genannten Beherrschungsmitteln sind jedoch falsch gezogen.

2. Bloße Ergänzung?

Argumentativ schwach ist meist die Begründung, warum die Konzernbetriebsvereinbarung für die Konzernunternehmen, die einen Beherrschungsvertrag mit der Konzernleitung abgeschlossen haben oder die eingegliedert sind, unmittelbar und zwingend gelten soll. „Akzeptabel"[449] ist zu wenig. Auch die Zusammenfassung unter einer neuen einheitlichen Satzung „in gewisser Weise"[450] reicht nicht.

Gäbe es keinen Unterschied zwischen der Konzernbetriebsvereinbarung, die aufgrund Weisungsmöglichkeit direkt gilt, und der Konzernbetriebsvereinbarung, die die Konzernleitung vermittels ihrer Weisungsmacht durchsetzt, bräuchte man die partielle Arbeitgeberstellung auch im Vertragskonzern nicht. Es wäre gleichgültig, „wie herum" die Konzernbetriebsvereinbarung funktioniert: So oder so angeknüpft an das Weisungsrecht.

Dem ist aber nicht so. Die Rechtsfolgen sind, wie gesehen,[451] nicht identisch.

Der Konzernbetriebsvereinbarung zu unmittelbarer Geltung zu verhelfen, ist damit mehr als ein bloßer Austausch der Leitungsinstrumente.[452]

Deutlich zeigt sich das im verbleibenden Prüfungsrecht der Unternehmensleitung auf die offensichtliche Unzulässigkeit der Weisung nach § 308 II S. 2 AktG[453]. Auch im Vertragskonzern bleiben also Bereiche, die von der Leitungsmacht der Konzernleitung ausgenommen sind.

Daher kann man nicht von einer bloßen Flankierung oder Ergänzung des Weisungsrechts sprechen. Die aufgrund des Beherrschungsvertrags „weitreichende[n] Eingriffsmöglichkeiten" um die Eingriffsmöglichkeit via Konzernbetriebsvereinbarung zu bereichern, nur weil die Konzernleitung ihren Willen auf beiden Wegen gegenüber dem Konzernunternehmen gleichermaßen durchsetzen könnte, verkennt ebenso wie die „betriebsverfassungsrechtliche Teilrechtsfähigkeit"[454] den Unterschied zwischen Innenverhältnis und Ausführungsebene.

---

449 *Konzen* RdA 1984, 65, 77 oben.
450 *Biedenkopf* Liber amicorum P. Sanders, S. 1, 12 oben.
451 Oben, S. 60 f.
452 Zutreffend *Wiedemann*, Unternehmensgruppe, S. 124.
453 Dazu S. 16.
454 Dazu oben S. 44.

3. Die falsche Konsequenz aus der Anknüpfung an das Konzerngesellschaftsrecht

Es ist zu kurz gegriffen, die Reichweite der Geltung einer Konzernbetriebsvereinbarung der Reichweite des Weisungsrechts mit Folgepflicht gleichzustellen.

Wer die Einflußnahme der Konzernspitze ohne Beherrschungsvertrag oder Eingliederung als nur faktisch möglich, aber nicht rechtlich durchsetzbar bezeichnet und daher auf die Geltung der Konzernbetriebsvereinbarung verzichtet,[455] mißachtet die Grundentscheidung, die sowohl das Konzerngesellschaftsrecht als auch das Konzernbetriebsverfassungsrecht getroffen haben: Einen Konzernverbund kann es eben auch ohne Eingliederung oder Beherrschungsvertrag geben. Im Gegensatz zu § 76 IV S. 1 BetrVG 1952[456] nimmt § 54 I S. 1 BetrVG 1972 auch die Konzernvermutung bei Abhängigkeit nach § 18 I S. 3 AktG nicht aus. Das heißt: Auch ohne sie *kann* die Konzerleitung die einheitliche Leitung – Tatbestandsmerkmal des Konzerns! – sicherstellen. Ganz richtig das BAG: Auf welcher Grundlage die einheitliche Leitung verwirklicht wird, spielt für das Vorliegen eines Konzerns keine Rolle; insbesondere ist ein Weisungsrecht nicht erforderlich.[457] Die Vermutungskette Mehrheitsbeteiligung-Abhängigkeit-Konzern zeigt vielmehr, daß die Koordination über die Auswahl der Aufsichtsratsmitglieder und die Ausübung des dadurch gewährten Einflusses ausreicht.[458] Die Konzernbetriebsvereinbarung und damit die Zuständigkeit der Konzernleitung nur für den Vertragskonzern anzunehmen, widerspricht dem.[459] Falsch ist daher die Behauptung *Güllichs*, Mitbestimmung im faktischen Konzern sei „nicht effektiv, wenn nicht unmöglich".[460] Nur, weil die Konzernleitung im faktischen Konzerns auf ihre tatsächliche – aber eben doch bestehende! – Machtposition beschränkt ist, heißt das eben nicht, daß sie keine einheitliche Leitung herstellen kann.

IV. Lösung: Konzernleitung als zweigestufter Arbeitgeber

Das BetrVG muß sich mit dem begnügen, was es auf Grundlage des Konzernrechts an Kompetenz der Konzernleitung vorfindet. Das heißt: Auf der ersten Stufe ist die Kompetenz der Konzernleitung, die ihr das Konzernrecht einräumt, festzustellen. Erst daran knüpft ihre Arbeitgeberstellung an.

---

455 *Konzen* RdA 1984, 65, 77.

456 Dazu BAG vom 16.8.1995 – 7 ABR 57/94 – NJW 1996, 1691, 1692.

457 BAG vom 18.6.1970 – 1 ABR 3/70 – SAE 1971, 138, 140; Großkomm/AktG[4]-*Windbichler* § 18 Rn. 27; KK[2]-*Koppensteiner* § 18 Rn. 26; *Fitting*[22] § 54 Rn. 20; *Richardi/Annuß*[8] § 54 Rn. 8; MünchArbR[2]-*Joost* § 307 Rn. 23; *Fuchs*, Konzernbetriebsrat, S. 43.

458 Großkomm/AktG[4]-*Windbichler* § 18 Rn. 27.

459 ErfKomm[4]-*Eisemann* § 58 BetrVG Rn. 2.

460 *Güllich*, Betriebsvereinbarungen im Konzern, S. 90 oben.

1. Kein Ausschluß der Differenzierung nach der konzernrechtlichen Leitungsmacht durch das BetrVG

Die Arbeitgeberstellung der Konzernleitung vom jeweils bestehenden Innenverhältnis zu ihrem Konzernunternehmen abhängig zu machen, führt zu einer Unterscheidung auch nach Konzernarten[461].

Dem soll entgegenstehen, daß das BetrVG nicht nach der dem Konzern zugrunde liegenden Unternehmensverbindung fragt, sondern alle Konzerne des § 18 I AktG mit einbezieht.[462]

Das läßt sich schlecht leugnen, schadet aber keineswegs der zweistufigen Arbeitgebereigenschaft der Konzernleitung. Es bleibt bei der Errichtungsmöglichkeit des Konzernbetriebsrates für jeden Konzern, ganz § 54 I BetrVG getreu. Für den *Arbeitgeber* auf Konzernebene aber verbietet des BetrVG einen Rückgriff auf die zugrunde liegende Konzernform nicht nur nicht, sondern gebietet sie. Zudem schließt die Anknüpfung an die im Einzelfall vorhandene Leitungsmacht den Abschluß einer Konzernbetriebsvereinbarung für keine Konzernart generell aus.[463]

2. Existenz eines Arbeitgebers auf Konzernebene: Kein Konzernbetriebsrat im Gleichordnungskonzern

Daß es einen Arbeitgeber auf Konzernebene gibt, zeigt die Gegenüberstellung von Gleichordnungs- und Unterordnungskonzern. Nur für letzteren gibt es den Konzernbetriebsrat.[464] Unterschied beider ist aber, daß dem Gleichordnungskonzern die einheitliche Leitung, angesiedelt bei einem herrschenden Unternehmen, fehlt; die Konzernleitungsstelle hat, soweit sie überhaupt außerhalb der Konzernunternehmen existiert, keinen Unternehmenscharakter.[465] Die Konzernunternehmen stimmen jeweils ihre Interessen zu einem Konzerninteresse ab.[466] Eine Einflußnahme eines Unternehmens allein auf die anderen fehlt im Gegensatz zum Unterordnungskonzern. An diese Beherrschung muß die Arbeitgeberstellung anknüpfen. Auch der Gesetzgeber hat diese Konsequenz gesehen und gerade deswegen den Konzernbetriebsrat dem Unterordnungskonzern nach § 18 I AktG vorbehalten.[467]

---

461 Zu den unterschiedlichen Konzernformen und ihrer danach differenzierten Leitungsmacht siehe oben S. 15 ff.

462 *Fuchs*, Konzernbetriebsrat, S. 94 f.

463 Damit ist die Forderung *Fuchs'*, Konzernbetriebsrat, S. 96 erfüllt.

464 Siehe oben S. 1.

465 *Schmidt*, Gesellschaftsrecht[4], S. 504.

466 *Martens* ZfA 1973, 297, 301 oben; *Schmidt*, Gesellschaftsrecht[4], S. 504.

467 BT-Drs. VI/1786, S. 43.

3. Erfüllung des Zwecks: Konzernbetriebsrat dort, wo Konzernleitungsmacht tatsächlich ausgeübt wird

Endlich ist der Konzernbetriebsrat dort angelangt, wo er von Anfang an hinsollte: an die tatsächlich ausgeübte Konzernleitungsmacht. Nicht nur das BAG fordert, daß betriebliche Mitbestimmung dort ausgeübt werden muß, wo unternehmerische Leitungsmacht konkret entfaltet und ausgeübt wird.[468]

Auch die berechtigte[469] Forderung *Windbichlers*, „das Vorhandensein einer Machtposition“ nicht mit deren Ausübung zu vertauschen,[470] ist damit erledigt.

4. Tatsächliche Ausübung der Leitungsmacht

Damit die Konzernleitung in Verhandlung mit dem Konzernbetriebsrat treten kann, muß sie offen legen, auf welche Konzernunternehmen sie erforderlich Leitungsmacht ausüben kann.

Das ist im Vertragskonzern angesichts ihrer Möglichkeit, die Weisungen rechtlich durchzusetzen, schon fraglich. Erst recht ist unsicher, ob lediglich faktisch abhängige Konzernunternehmen der Veranlassung der Konzernleitung Folge leisten werden.

Die Konzernleitung hat daher in den Verhandlungen mit dem Konzernbetriebsrat neben der Tatsache, auf welche Unternehmen sie Leitungsmacht ausüben will, mitzuteilen, ob die Konzernunternehmen in diesem Einzelfall konkret zur Umsetzung auch bereit sind.

Eine solche Rückmeldung muß wiederum auf rechtlich durchsetzbaren Vereinbarungen zwischen Konzernleitung und Konzernunternehmen beruhen. Anders durchbräche die Konzernbetriebsvereinbarung doch wieder sonst für das Konzernunternehmen noch bestehende Möglichkeit, sich der Umsetzung zu verweigern.

5. Rechtfertigung der Arbeitgeberstellung

a) Keine Erweiterung der Konzernleitungsmacht

Die Konzernleitung erhält keinen Zugriff auf zusätzliche Bereiche. Hier kann man tatsächlich davon sprechen, daß die konzerngesellschaftsrechtliche Leitung von der Konzernbetriebsvereinbarung nur flankiert wird.

Die Konzernleitung kann daher nichts anderes durchsetzen als ohne Konzernbetriebsvereinbarung, nur auf andere Weisung und mit anderer, nämlich: unmittelbarer Wirkung.

---

468 BAG vom 21.10.1980 – 6 ABR 41/78 – SAE 1982, 208, 210; *Martens* ZfA 1973, 297, 302; *Fuchs*, Konzernbetriebsrat, S. 66.

469 Zur Trennung von Innen- und Außenverhältnis siehe oben., S. 22 f.

470 *Windbichler*, Arbeitsrecht im Konzern, S. 359 unten.

Probleme mit dem Ausgleichs- und Haftungssystem des AktG können so nicht entstehen.

b) Erstarkung der Weisung und Veranlassung zum Durchgriff: Notwendigkeit

Der Konzernbetriebsrat braucht einen unternehmensübergreifenden Partner. Daher ist es gerechtfertigt, auf die bereits bestehende direkte Leitungsmacht zu verzichten zugunsten der Weisung und Veranlassung. Der gemeinsame Betrieb hat gezeigt, daß dies legitim ist.

c) Das Ende der Suche

Die Suche endet damit beim Entscheidungsträger Konzernleitung. Sie ist Entscheidungsträger, soweit sie ihre Konzernunternehmen nicht nur veranlaßt oder anweist, sondern diese auch Folge zu leisten bereit sind. Auch im Konzern ist der Gegenspieler des Konzernbetriebsrates dem Entscheidungsträger korreliert.[471]

471 Diese Korrelation denkt *Nick*, Konzernbetriebsrat, S. 179 unten, nur nicht zu Ende.

Vierter Teil. Die Zuständigkeit des Konzernbetriebsrates

A. Originäre Zuständigkeit

Die originäre, dem Konzernbetriebsrat vom Gesetz zugeteilte „ureigene" Zuständigkeit ist nicht zuletzt wegen ihrer Unabdingbarkeit[472] Kernstück des Konzern-Betriebsverfassungsrechts. Sie bestimmt nicht nur Aufgaben und Befugnisse des Konzernbetriebsrates, sondern beeinflußt darüber hinaus sämtliche Fragen und Probleme um den Konzernbetriebsrat.

I. Tatbestand der originären Zuständigkeit

§ 58 I S. 1 BetrVG regelt den Tatbestand der originären Zuständigkeit des Konzernbetriebsrates. Er entspricht wortwörtlich der Regelung für die Zuständigkeit des Gesamtbetriebsrates in § 50 I S. 1 BetrVG, d.h. lediglich die Ebenen Konzern/Unternehmen sind gegen die Ebenen Unternehmen/Betrieb ausgetauscht.

1. Die originäre Zuständigkeit von Gesamt- und Konzernbetriebsrat

Diese Parallele ist kein Zufall: Den Gesamtbetriebsrat kannte bereits das BetrVG 1952; sein § 48 I S. 1 BetrVG 1952 entspricht der aktuellen Regelung zur Gesamtbetriebsratszuständigkeit – die Reform 1972 nahm ihm lediglich ein „nur" und versetzte ihn zwei Paragraphen weiter nach hinten, die Reform 2000 fügte § 50 I S. 1 BetrVG den 2. Hs. für die Erstreckung der Zuständigkeit auf betriebsratslose Betriebe hinzu. Mit dem Motiv, den auf Konzernebene abwandernden Entscheidungsbefugnissen betriebsverfassungsrechtlich nachzufolgen, entstand der Konzernbetriebsrat 1972 durch einfache Übertragung[473] der bisherigen Gesamtbetriebsrats-Regelungen. Auf eine abweichende oder ergänzende Regelung, die vor allem auf die doch bestehenden Besonderheiten des Konzerns eingeht, glaubte man verzichten zu können.[474]

Daß die Konzernbetriebsratszuständigkeit der des Gesamtbetriebsrates wortwörtlich nachgebildet ist, hat allgemein[475] Anlaß dazu gegeben, die Grundsätze, die bereits seit 1952 zur Zuständigkeitsbestimmung des Gesamtbetriebsrates ent-

---

472 BAG vom 23.9.1975 – 1 ABR 122/73 – AuR 1976, 188, 189; LAG Düsseldorf vom 4.3.1992 – 5 TaBV 116/91 – NZA 1992, 613, 614; *Röder/Gragert* DB 1996, 1674, 1675; *Richardi* FS Gitter (1995), 789 f.; Hess/Schlochauer/Worzalla/*Glock*[6] § 58 Rn. 3.

473 BR-Drs. 715/70, S. 44 oben: § 58 I BetrVG ist § 50 I BetrVG „nachgebildet".

474 Kritisch *Konzen* RdA 1984, 65, 76; *Martens* ZfA 1973, 297, 298: „ungenügend"; *Wetzling*, Konzernbetriebsrat, S. 196, Fn. 2: „mangelhafte Sorgfalt".

475 BAG vom 20.12.1995 – 7 ABR 8/95 – NZA 1996, 945, 947; Däubler/Kittner/Klebe[8]-*Trittin* § 58 Rn. 16; *Richardi/Annuß*[8] § 58 Rn. 2; *Windbichler* SAE 1997, 146; *Buchner* FS Zöllner (1998), 697, 707; MünchArbR[2]-*Joost* § 315 Rn. 57, 60 (einschränkend aber in Rn. 54: „ähneln"); GK/BetrVG[7]-*Kreutz* § 58 Rn. 17; *Windbichler* SAE 1997, 143, 146; *Röder/Gragert* DB 1996, 1674, 1678; *Martens* ZfA 1973, 297, 306 für die „horizontalen Konzernbetriebsvereinbarungen".

wickelt worden waren, auf den Konzernbetriebsrat zu übertragen. Dementsprechend häufig verweist man schlicht auf Ausführungen zur Gesamtbetriebsratszuständigkeit, wenn es um § 58 I BetrVG geht.[476]

Es gibt allerdings zwei Unterschiede zwischen Gesamt- und Konzernbetriebsrat, die schon auf den ersten Blick die Reichweite dieser Gleichbehandlung in Frage stellen: So ist die Errichtung des Konzernbetriebsrates im Gegensatz zu der obligatorischen[477] des Gesamtbetriebsrates (§ 47 I BetrVG) fakultativ – die Gesamtbetriebsräte *können*[478], sie müssen nicht einen Konzernbetriebsrat errichten.[479]

Völlig anders als beim Gesamtbetriebsrat ist aber insbesondere die Situation der Gegenseite zum Konzernbetriebsrat: bei ersterem das Unternehmen, bei letzterem die Konzernleitung als Arbeitgeber.[480] Die Leitungsmacht des Konzerns folgt völlig anderen, insgesamt sicher: komplizierteren Gesetzen als die des Unternehmens. Während das Unternehmen nur in Ausnahmefällen nicht weisungsbefugt ist, muß die konzernrechtliche Leitungsmacht in jedem Einzelfall festgestellt werden.[481]

Die Konsequenzen aus diesen Unterschieden für die Bestimmung der Zuständigkeit klingen bisher in Literatur und Rechtsprechung aber trotz Erwähnung der Abweichungen nur an. So verlangt *Buchner* zwar eine gesonderte Prüfung, ob die Grundsätze zu § 50 I BetrVG für den Konzernbetriebsrat übernommen werden können,[482] kommt dann aber ohne weiteres zur Anwendbarkeit[483]. *Joost* spricht §§ 50 I und 58 I BetrVG nur Ähnlichkeit und gleichartige Probleme zu, ohne daraus aber Unterschiede zu entwickeln.[484] *Kemper/Küpper* betrachten den Konzernbetriebsrat – falsch –[485] als Gleichbehandlungsinstrument und folgern aus

476 Däubler/Kittner/Klebe⁸-*Trittin* § 58 Rn. 16; *Richardi/Annuß*⁸ § 58 Rn. 2; MünchArbR²-*Joost* § 315 Rn. 57, 60; GK/BetrVG⁷-*Kreutz* § 58 Rn. 17; ErfKomm⁴-*Eisemann* § 58 BetrVG Rn. 3; *Röder/Gragert* DB 1996, 1674, 1678; *Schaub*, Handbuch¹⁰ § 226 Rn. 11; Hess/Schlochauer/Worzalla/*Glock*⁶ § 58 Rn. 8.

477 Allerdings befürworten *Fischer* AiB 2001, 565, 567 und *Helm/A. Müller* AiB 2001, 449, 450 daneben eine fakultative Errichtung des Gesamtbetriebsrates für Unternehmen mit nur einem Betriebsrat; zur parallelen Problematik des Konzernbetriebsrates oben S. 26 ff.

478 Die Erfüllung der Fünfzig-Prozent-Quote des § 54 I S. 2 BetrVG vorausgesetzt; dazu oben S. 31 ff.

479 Auf diesen Unterschied weisen zutreffend *Fitting/Kaiser/Heither/Engels/Schmidt*²¹ § 58 Rn. 8; Hess/Schlochauer/Worzalla/*Glock*⁶ § 58 Rn. 8 hin.

480 Däubler/Kittner/Klebe⁸-*Trittin* § 58 Rn. 47; *Fitting/Kaiser/Heither/Engels/Schmidt*²¹ § 58 Rn. 8; *Buchner* FS Zöllner (1998), 697, 709; *Martens* ZfA 1973, 297, 298 ff; Hess/Schlochauer/Worzalla/*Glock*⁶ § 58 Rn. 8. Ausführlich zum Konzernarbeitgeber oben S. 70 ff.

481 Völlig zutreffend *Buchner* FS Zöllner (1998), 697, 709; ausführlich oben S. 70 ff.

482 *Buchner* FS Zöllner (1998), 697, 700.

483 *Buchner* FS Zöllner (1998), 697, 709, 711.

484 MünchArbR²-*Joost* § 315 Rn. 54.

485 Dazu gleich S. 82 f.

dem eben nicht konzernweiten Bedürfnis nach Gleichheit Unterschiede zwischen der Zuständigkeit von Gesamtbetriebsrat und Konzernbetriebsrat.[486] Das LAG Düsseldorf[487] sieht den Unterschied zwischen Konzernbetriebsrat und Gesamtbetriebsrat darin, daß der Konzernbetriebsrat es mit „freien Arbeitgebern, also Entscheidungsträgern zu tun hat". Daraus will es Konsequenzen für eine „Ersatzzuständigkeit" der Gesamtbetriebsräte an Stelle eines untätigen Konzernbetriebsrates ziehen, da den Gesamtbetriebsräten für Einzellösungen - anders als den Betriebsräten beim Einspringen für den Gesamtbetriebsrat - „Verhandlungspartner" mit „entsprechende[n] Kompetenzen" zur Verfügung ständen.[488]

Die häufigste Schlußfolgerung aus den genannten Unterschieden ist aber die pauschale Behauptung, daß der Konzerbetriebsrat seltener originär zuständig sei als der Gesamtbetriebsrat[489].

Der bisher gebräuchliche Tatbestand der originären Konzernbetriebsratszuständigkeit besteht daher wie beim Gesamtbetriebsrat aus der Betroffenheit mehrerer bzw. aller Konzernunternehmen (Konzerndimensionalität) und dem Nichtregelnkönnen durch die Gesamtbetriebsräte. Diese beiden Tatbestandsmerkmale werden kumulativ verlangt.[490]

2. Konzerndimensionalität nach herkömmlichem Verständnis

§ 58 I BetrVG verlangt von Angelegenheiten, für die der Konzernbetriebsrat zuständig ist, daß sie „den Konzern oder mehrere Konzernunternehmen betreffen". Das „Oder" als echte Alternative zu begreifen und von zwei Zuständigkeiten - der konzernweiten und der für mehrere Konzernunternehmen - zu sprechen,[491] ist irreführend, da eine solche Abgrenzung keine Unterschiede in Voraussetzungen oder Rechtsfolgen bringt.

Ob mindestens zwei Konzernunternehmen betroffen sind, richtet man am persönlichen oder sachlichen Geltungsbereich der Maßnahme aus, den wiederum der

---

486 *Kemper/Küpper*, Anmerkung, AP Nr. 14 zu § 80 BetrVG 1972.

487 LAG Düsseldorf vom 4.3.1992 - 5 TaBV 116/91 - NZA 1992, 613, 615 linke Spalte.

488 Zum Verhältnis von Gesamtbetriebsrat und untätigem Konzernbetriebsrat und dazu, daß das LAG Unrecht hat, siehe unten, S. 146 ff.

489 So z.B. Hess/Schlochauer/Worzalla/*Glock*[6] § 58 Rn. 8.

490 BAG vom 6.12.1988 - 1 ABR 44/87 - NZA 1989, 479, 480; *Meyer* AuR 1964, 362, 363; *Mothes*, Anmerkung, AuR 1976, 190; *Löwisch/Mikosch*, Anmerkung, AP Nr. 2 zu § 50 BetrVG 1972; GK/BetrVG[7]-*Kreutz* § 58 Rn. 17; *Fitting*[22] § 50 Rn. 16; *Galperin*, Anmerkung, SAE 1976, 100; *Ehrich* ZfA 1993, 427, 436; *Halberstadt* BB 1975, 843; *Fuchs*, Konzernbetriebsrat, S. 76; *Kunz* AiB 1990, 325; *Windbichler* SAE 1997, 143, 146; *Röder/Gragert* DB 1996, 1674; *W. Spieker* BB 1965, 1111, 1112; *Richardi* FS Gitter (1995), 789; *Dross*, Sozialplan im Konzern, S. 70. A.A. *Wetzling*, Konzernbetriebsrat, S. 102 ff., und *Nick*, Konzernbetriebsrat, S. 150 f., die contra legem völlig auf die Betroffenheit verzichten.

491 So GK/BetrVG[7]-*Kreutz* § 50 Rn. 9.

Initiator vorgibt.[492] Damit ist die Beantwortung der Betroffenheit sehr einfach, was zu ihrem stiefmütterlichen Dasein führte: Die Rechtsprechung konnte sie mit Leichtigkeit bejahen[493] oder sprach sie schon gar nicht an[494]. Die Bemerkung, diese Tatbestandsvoraussetzung des § 58 I BetrVG sei – im Gegensatz zum Nichtregelnkönnen – unproblematisch oder umgekehrt das Nichtregelnkönnen problematischer, fanden darüber hinaus viele eine Bemerkung wert.[495]

3. Nichtregelnkönnen durch die Gesamtbetriebsräte in der bisherigen Entwicklung

Das Tatbestandmerkmal Nichtregelnkönnen bereitet Rechtsprechung und Lehre größtes Kopfzerbrechen; viele sehen es als ungelöstes[496], ja unlösbares Problem[497] an. Nur *Buchner* erkennt in der BAG-Rechtsprechung „sehr klare Konturen" für das Nichtregelnkönnen[498]. Interessant ist in diesem Zusammenhang auch die Entscheidung des LAG Düsseldorf, das die Zuständigkeit des Gesamtbetriebsrates gar als „offensichtlich" i.S.d. § 98 I S. 2 ArbGG ansieht.[499]

a) Der große Fehler „Parallelvereinbarungstheorie"

Diese Auslegungsschwierigkeiten rühren aus einem groben Fehler aus der grauen Anfangszeit des Gesamtbetriebsrates im BetrVG 1952 her. Da man für die Bestimmung der Konzernbetriebsratszuständigkeit auf die althergebrachten Regeln zurückgriff, die man für den Gesamtbetriebsrat entwickelt hatte,[500] wirkt sich dieser Denkfehler bis heute auf die Zuständigkeit des Konzernbetriebsrates aus.

---

492 BAG vom 6.12.1988 – 1 ABR 44/87 – NZA 1989, 479, 480; vom 12.11.1991 – 1 ABR 21/91 – NZA 1992, 657, 658; GK/BetrVG[7]-*Kreutz* § 58 Rn. 18; *Kunz* AiB 1990, 325; *Windbichler* SAE 1997, 143, 146; *Blomeyer* DB 1967, 2221; *Dross*, Sozialplan im Konzern, S. 70; *Grotkamp*, Gesamtbetriebsrat, S. 70 f.

493 BAG vom 19.3.1981 - 3 ABR 38/80 – DB 1981, 2181; BAG vom 6.12.1988 – 1 ABR 44/87 – NZA 1989, 479, 480; vom 12.11.1991 – 1 ABR 21/91 – NZA 1992, 657, 658.

494 Z.B. BAG vom 26.1.1993 – 1 AZR 303/92 – NZA 1993, 714, 715.

495 Z.B. *Pleyer* SAE 1965, 195: „keine Schwierigkeiten"; *Mothes*, Anmerkung, AuR 1976, 190; *Körnig*, Anmerkung, SAE 1977, 42, 43; *Halberstadt* BB 1975, 843: „relativ leicht feststellbar"; *Windbichler* SAE 1997, 143, 146: Nichtregelnkönnen bereitet „größere Probleme"; *Grotkamp*, Gesamtbetriebsrat, S. 68 unten: „relativ unproblematisch".

496 *Döring* DB 1980, 689, 690; *Wetzling*, Konzernbetriebsrat, S. 73; *Grotkamp*, Gesamtbetriebsrat, S. 68, 71, 116 ff.; *Fuchs*, Konzernbetriebsrat, S. 83; *Windbichler*, Arbeitsrecht im Konzern, S. 340; *Richardi* FS Gitter (1995), 789 und ihm folgend *Nick*, Konzernbetriebsrat, S. 140 bezeichnen § 58 I als „sibyllinisch".

497 *Ehrich* ZfA 1993, 427, 443; *Fuchs*, Konzernbetriebsrat, S. 83 gibt zu, „keine befriedigende Lösung des Problems bieten" zu können; *Grotkamp*, Gesamtbetriebsrat, S. 117 oben findet kein „einzelnes brauchbares Kriterium"; *Windbichler*, Arbeitsrecht im Konzern, S. 341: keine „größere Genauigkeit" erreichbar.

498 *Buchner* FS Zöllner (1998), 697, 707.

499 LAG Düsseldorf vom 4.3.1992 - 5 TaBV 116/91 – NZA 1992, 613.

500 *Mothes* AuR 1974, 325, 326.

aa) Inhalt und Auswirkungen der „Parallelvereinbarungstheorie"

Für das BetrVG 1952, das erstmals einen (damals, wie heute der Konzernbetriebsrat, fakultativen)[501] Gesamtbetriebsrat (aber noch keinen Konzernbetriebsrat) einführte, fragte man sich (ganz richtig) für den mit dem heutigen § 50 I BetrVG identischen[502] § 48 BetrVG 1952, *was* denn die Einzelbetriebsräte nicht regeln könnten.[503]

Mit *Dietz'* Auslegung, eine Regelung durch die Einzelbetriebsräte scheide „auch dann aus, wenn eine parallele Regelung in den einzelnen Betrieben möglich ist"[504], begann das Unheil seinen Lauf. Denn die Frage, *wann* solche Parallelvereinbarungen möglich sind, beantwortete bald *Störmann*[505] mit: „immer" und zog daraus den insoweit einzig möglichen Schluß: Sollte der Gesamtbetriebsrat überhaupt einmal zuständig sein können und nicht zur völligen Funktionslosigkeit verdammt sein, mußte man davon abgehen, eine Unmöglichkeit der Regelung durch die Einzelbetriebsräte zu fordern.

Diesem Gedanken folgen die Rechtsprechung[506] und beinahe[507] gesamte Literatur[508]: Bis heute dreht sich daher die Diskussion bei § 58 I BetrVG bzw.

---

501 § 46 BetrVG 1952, BGBl. I/1952, S. 681.

502 Einzige Ausnahme: § 48 BetrVG 1952 hatte der Zuständigkeit ein „nur" eingeschoben: „Der Gesamtbetriebsrat ist *nur* zuständig für…".

503 So exemplarisch *Störmann*, Gesamtbetriebsrat, S. 54 oben.

504 *Dietz* BetrVG[1] (1953) § 48 Rn. 3; ihm folgend BAG vom 5.2.1965 - 1 ABR 14/64 - SAE 1965, 192, 193.

505 S. 54 oben; ebenso *Meyer* AuR 1964, 362, 364; diesem folgend (und nicht, wie meist behauptet – z.B. *Siebert*, Gesamtbetriebsrat, S. 44 –, umgekehrt) *Pleyer* SAE 1965, 195.

506 Ausdrücklich erstmals BAG vom 23.9.1975 – 1 ABR 122/73 – AuR 1976, 188; seitdem ständige Rechtsprechung: BAG vom 6.4.1976 – 1 ABR 27/74 – SAE 1977, 41, 42; vom 19.3.1981 - 3 ABR 38/80 – DB 1981, 2181; BAG vom 20.12.1995 – 7 ABR 8/95 – NZA 1996, 945; LAG Düsseldorf vom 4.3.1992 – 5 TaBV 116/91 – NZA 1992, 613.

507 Ausdrücklich ablehnend zur „Parallelvereinbarungstheorie": Neuestens *Siebert*, Gesamtbetriebsrat, S. 44 ff., 50; *Kittner*, Anmerkung, EzA § 50 BetrVG 1972 Nr. 1 und ihm für die „Unteilbarkeitsfälle" folgend *Körnig*, Anmerkung, SAE 1977, 42, 43; *Martens* ZfA 1973, 297, 307 beschränkt die Möglichkeit paralleler Vereinbarungen auf die „horizontalen" Konzernvereinbarungen, wogegen er die „vertikalen" davon ausnimmt und dort ein Nichtregelnkönnen der Gesamtbetriebsräte sehr wohl kennt, S. 308.

508 Z.B. *Stege/Weinspach/Schiefer*[9] §§ 54-59a Rn. 10; *Richardi/Annuß*[8] § 58 Rn. 22; Däubler/Kittner/Klebe[8]-*Trittin* § 58 Rn. 24; MünchArbR[2]-*Joost* § 313 Rn. 50; GK/BetrVG[7]-*Kreutz* § 50 Rn. 27; *Säcker*, Anmerkung, SAE 1970, 269, 274; *Mayer-Maly* RdA 1969, 223, 226; *Galperin*, Anmerkung, SAE 1976, 100 f.; *Ehrich* ZfA 1993, 427, 437; *Mothes* AuR 1974, 325, 326; *Halberstadt* BB 1975, 843; *Keim* BB 1987, 962; *Wetzling*, Konzernbetriebsrat, S. 64 oben; *Fuchs*, Konzernbetriebsrat, S. 60; ErfKomm[4]-*Eisemann* § 58 BetrVG Rn. 3; *Kassmann*, Gesamtbetriebsrat, S. 61 oben; *Störmann*, Gesamtbetriebsrat, S. 54; *Kunz* AiB 1990, 325; *Windbichler*, Arbeitsrecht im Konzern, S. 341 und SAE 1997, 143, 146; *Dütz*, Anmerkung, SAE 1984, 337, 338; *W. Spieker* BB 1965, 1111, 1112; *Blomeyer* DB 1967, 2221, 2223 oben; *Richardi* FS Gitter (1995), 789,

seinem Bruder § 50 I BetrVG nur noch darum, was *anstelle* des als „wenig glücklich“[509], oder noch deutlicher: „verunglückt“[510] angesehenen Nichtregelnkönnens Tatbestandsmerkmal sein soll. Da man vor dem Hintergrund der skizzierten „Parallelvereinbarungstheorie“[511] mit dem „Nicht-Regeln-Können“ in der Tat nichts mehr anfangen konnte, brandmarkte die herrschende Meinung es als unbestimmten Rechtsbegriff[512] und landete im Wege seiner Konkretisierung bei Hilfsbegriffen wie objektiver und subjektiver Unmöglichkeit und zwingendem sachlichem Erfordernis. Mindermeinungen unterstellen den Tatbestand einer Abwägung oder lassen es ganz bei einer Fallgruppenbildung bewenden.

Insgesamt folgen Rechtsprechung und Literatur selten einmütig gleichen Wegen, insbesondere das zwingende sachliche Erfordernis stößt auf fast einhellige Zustimmung. Schwierigkeiten und daher auch Meinungsverschiedenheiten entstehen allerdings beim Umgang damit im Detail, was die erwähnten[513] Stimmen laut werden ließ, die Zuständigkeit des Konzernbetriebsrates sei unlösbar.

bb) Abschied von der „Parallelvereinbarungstheorie“

Die Parallelvereinbarungstheorie besagt ja, daß es den Gesamtbetriebsräten nie unmöglich sei, eine Angelegenheit zu regeln, weil die Gesamtbetriebsräte immer – wenn nötig, aufeinander abgestimmte – Parallelvereinbarungen in Gesamtbetriebsvereinbarungen oder Gesamtregelungsabreden treffen können. Anders gewendet: Die Gesamtbetriebsräte können *jede* mitbestimmungspflichtige Angelegenheit mit dem Arbeitgeber regeln.[514] Ist dies aber so, muß man zur Rettung eines Zuständigkeitsbereichs für den Konzernbetriebsrat das Nichtregelnkönnen anders verstehen als „Nicht-Regeln-Können“, da dieses Tatbestandsmerkmal

---

791 oben; *Strasser* FS Schnorr von Carolsfeld (1973), 483, 489 f.; *Martens* ZfA 1973, 297, 306 für die „horizontale Konzernbetriebsvereinbarung“.

509 *Richardi*, Anmerkung, SAE 1972, 139, 141 unten.

510 LAG Berlin vom 22.6.1998 – 9 TaBV 3/98 – NZA-RR 1999, 34, 35; *Grotkamp*, Gesamtbetriebsrat, Vorwort; schärfer noch die Kritik bei *Richardi* FS Gitter (1995), 789 und ihm folgend *Nick*, Konzernbetriebsrat, S. 140: „sibyllinisch“.

511 Dieses – allerdings passende - Wortmonster stammt von *Siebert*, Gesamtbetriebsrat, S. 44 ff.

512 BAG vom 23.9.1975 – 1 ABR 122/73 – AuR 1976, 188, 189; GK/BetrVG^7-*Kreutz* § 50 Rn. 25; *Galperin*, Anmerkung, SAE 1976, 100; *Ehrich* ZfA 1993, 427, 436; *Röder/Gragert* DB 1996, 1674; *Grotkamp*, Gesamtbetriebsrat, S. 71; ähnlich *Richardi* FS Gitter (1995), 789 794: „Stück offengelassener Gesetzgebung“. Erstaunlich ist, daß selbst *Siebert*, Gesamtbetriebsrat, S. 51 vom unbestimmten Rechtsbegriff ausgeht, obwohl auch er die „Parallelvereinbarungstheorie“ ablehnt.

513 Siehe oben Fn. 496.

514 So ausdrücklich MünchArbR^2-*Joost* § 313 Rn. 50 (in Widerspruch zu Rn. 57: „weil die Betriebsräte dann die Regelung selbst **nicht** herbeiführen können“ [Hervorhebung v. Verf.]).

sonst zu dem absurden Ergebnis führte, daß es keine Zuständigkeit des Konzernbetriebsrates nach § 58 I BetrVG gäbe.

Dieser darum „argumentum quia absurdum“[515] genannte Gedanke schleppt sich bis zum heutigen Tage durch Literatur[516] und Rechtsprechung[517].

Die „Parallelvereinbarungstheorie“ birgt bei näherer Betrachtung aber zwei Aussagen in sich, die niemand bisher zu überprüfen für erforderlich hielt. Zum einen: Parallele Gesamtbetriebsvereinbarungen ersetzen eine Konzernbetriebsvereinbarung. Zum anderen: Die Gesamtbetriebsräte sind für den Abschluß paralleler Gesamtbetriebsvereinbarungen zuständig.

An beidem krankt das allseits befolgte „argumentum quia absurdum“.

[1] Ein Bündel von Gesamtbetriebsvereinbarungen macht noch keine Konzernbetriebsvereinbarung

Die „Parallelvereinbarungstheorie“ macht ja nichts anderes, als eine ursprünglich einheitliche Angelegenheit gedanklich zunächst in mehrere Teile zu zerstückeln, jedem Gesamtbetriebsrat ein Fragment zuzuteilen und zu fragen, ob die Gesamtbetriebsräte diese zerstückelten Teile ohne den Konzernbetriebsrat wieder zu einem Ganzen zusammensetzen können.[518] Weil diese Theorie behauptet, dies sei dadurch möglich, daß die Gesamtbetriebsräte einfach parallele Gesamtbetriebsvereinbarungen jeweils für ihre Teile abschließen, nimmt sie ein Immer-Regeln-Können der Gesamtbetriebsräte an.

Dies funktioniert aber nur, wenn die gedankliche Zwischenzerstückelung nichts am Ergebnis ändert. Herauskommen muß ein Ergebnis, das sich mit den Rechtsfolgen einer Konzernbetriebsrats-Regelung deckt. Die parallelen Gesamtbetriebsregelungen müssen austauschbar sein mit der Konzernbetriebsratsregelung.

Den Gesamtbetriebsräten sind parallele Einzelregelungen, die eine Konzernbetriebsratsregelung *ersetzen*, aber eben nicht „objektiv immer möglich“[519]. Daß diese Ersetzung einheitlichen Abschlusses auf der höheren Ebene durch viele

---

515 *Kittner*, Anmerkung, EzA § 50 BetrVG 1972 Nr. 1, S. 12.

516 Z.B. *Stege/Weinspach/Schiefer*[9] §§ 54-59a Rn. 10; *Richardi/Annuß*[8] § 58 Rn. 22; Däubler/Kittner/Klebe[8]-*Trittin* § 58 Rn. 24; MünchArbR[2]-*Joost* § 313 Rn. 50; GK/BetrVG[7]-*Kreutz* § 50 Rn. 27; *Säcker*, Anmerkung, SAE 1970, 269, 274; *Mayer-Maly* RdA 1969, 223, 226; *Galperin*, Anmerkung, SAE 1976, 100 f.; *Ehrich* ZfA 1993, 427, 437; *Mothes* AuR 1974, 325, 326; *Halberstadt* BB 1975, 843; *Keim* BB 1987, 962. *Körnig*, Anmerkung, SAE 1977, 42, 43 nimmt immerhin die „Unteilbarkeitsfälle“, insoweit *Kittner*, Anmerkung, EzA § 50 BetrVG 1972 Nr. 1, folgend, ausdrücklich von der „Wirksamkeit der Parallelvereinbarungstheorie“ aus.

517 Ausdrücklich erstmals BAG vom 23.9.1975 – 1 ABR 122/73 – AuR 1976, 188; BAG vom 6.4.1976 – 1 ABR 27/74 – SAE 1977, 41, 42.

518 *Kittner*, Anmerkung, EzA § 50 BetrVG 1972 Nr. 1, S. 16 unten.

519 So aber erstmals *Störmann*, Gesamtbetriebsrat, S. 54; *Meyer* AuR 1964, 362, 364; ihm folgend *Pleyer* SAE 1965, 195.

Abschlüsse der unteren Ebene auch auf Arbeitgeberseite nicht gelingt, ist oben[520] ausführlich begründet. Die gleichen Probleme, die der angeblich nicht vorhandene Konzernarbeitgeber bei Ausweichen auf die einzelnen Unternehmensleitungen bereitet, stellen sich auch beim Konzernbetriebsrat auf der Arbeitnehmerseite. Ob parallele Regelungen der verschiedenen Gesamtbetriebsräte überhaupt zustande kommen, ist die erste Unwägbarkeit.[521] Ob die Gesamtbetriebsräte zu den erforderlichen Parallelregelungen finden, ist vereinzelt auch schon bezweifelt worden.[522] Diese Bündelung gleichlautender Gesamtbetriebsvereinbarungen – so sie denn zustande gekommen ist – kann sich immer noch heterogen entwickeln,[523] indem sich einzelne Gesamtbetriebsratsregelungen z.B. durch Kündigung oder Ablösung aus dem Verbund lösen. Das Bündel bietet im Gegensatz zur Konzernbetriebsvereinbarung von Anfang an keine Garantie für die gleichlaufende Behandlung einer Angelegenheit.

Schwer wiegt auch der Vorwurf fehlender Legitimation auf seiten der Gesamtbetriebsräte,[524] denn diese sind eben nicht für die konzernweite Koordination zuständig; dies ist vielmehr die Funktion, die dem Konzernbetriebsrat auf den Leib geschrieben ist. Parallelregelungen abzuschließen, setzt eine „Ur"-Gesamtbetriebsvereinbarung voraus, der alle anderen folgen. Und diese erste Mustervereinbarung erfordert die Koordination der Interessen und Ziele der einzelnen Gesamtbetriebsräte. Ein konzernweites Treffen aller Gesamtbetriebsräte zur Koordination hat angesichts der Ausgestaltung des Konzernbetriebsrates aber keinen Sinn. Dazu kommt, daß die Gesamtbetriebsräte dazu nicht legitimiert sind: Ihre Gestaltungsmacht endet an der Unternehmensgrenze,[525] die ihre „Ur"-Gesamtbetriebsvereinbarung überschritte.

Außerdem ist gar nicht gesagt, daß die „parallelen Regelungen" der Gesamtbetriebsräte identisch, d.h.: wortgleich sein müssen. Unternehmensübergreifende Regelungen können auch uneinheitlich sein, solange sie nur aufeinander *abgestimmt* sind.[526] Schließlich müssen nicht alle Konzernunternehmen in gleicher Art und Umfang „betroffen" sein mit der Folge gleichen Regelungsbedarfs wie in den

520 S. 54 ff.

521 Zur Arbeitgeberseite oben S. 54 ff.

522 *Halberstadt* BB 1975, 843: „wenn die Betriebsräte dies nicht [...] blockieren"; *Grotkamp*, Gesamtbetriebsrat, S. 114: Gesamtbetriebsräte können nicht sinnvoll betriebsübergreifend regeln; *Fuchs*, Konzernbetriebsrat, S. 60: „möglichst einheitlich [...]".

523 Zur Arbeitgeberseite oben S. 54 ff.

524 *Kittner*, Anmerkung, EzA § 50 BetrVG 1972 Nr. 1, S. 16.

525 Gleiches gilt für die Konzernunternehmen auf Arbeitgeberseite, dazu oben S. 56.

526 Darauf weisen zu Recht bereits *Kassmann*, Gesamtbetriebsrat, S. 61 oben und *Halberstadt* BB 1975, 843, 844 hin; ähnlich *Rüthers/Bakker* ZfA 1990, 245, 325: Der Konzernbetriebsrat soll „divergierende[r] Entscheidungen" vermeiden; zutreffend auch *G. Müller* ZfA 1990, 607, 617: „umgreifende Lösung".

anderen betroffenen Konzernunternehmen.[527] Daher muß nicht jeder Teil einer Konzernbetriebsvereinbarung für alle Konzernunternehmen identische Regelungen treffen; die Regelungen müssen nur insgesamt unter allen betroffenen Konzernunternehmen abgestimmt sein. Völlig zu Recht weist auch *Bachner* darauf hin, daß die Einigungsstelle sogar verpflichtet ist, Differenzierungen zwischen den Konzernunternehmen vorzunehmen.[528] Eine solche Ausdifferenzierung steht aber schon aus pragmatischen Gründen dem Konzernbetriebsrat mit zwei Mitgliedern pro Konzernunternehmen besser als einer Gesamtbetriebsrats-Vollversammlung. Ganz natürlich davon zu schweigen, daß eine solche im BetrVG nicht vorgesehen, nicht mit Rechten und nicht mit Kompetenzen ausgestattet ist und für die es keine Einigungsstelle gibt.

Der Konzernbetriebsrat soll einen „Ausgleich kollidierender Betriebsrats-Interessen"[529] herbeiführen. Ihm kommt dabei eine doppelte Ausgleichsfunktion zu. Zuerst ist es seine Aufgabe, die Interessen der Gesamtbetriebsräte mit dem Ziel einer einheitlichen abgestimmten internen Verhandlungsvorgabe zu koordinieren. Mit dieser tritt er dann gegen den Arbeitgeber an. Nur für den Ausgleich zwischen Konzernbetriebsrat und Arbeitgeber muß der Konzernbetriebsrat „gebündelt und einheitlich"[530] auftreten. Innerhalb des Konzernbetriebsrates können dagegen durchaus große Interessengegensätze bestehen.

Zu guter Letzt darf die Änderung der Konzernbetriebsrats-Zuständigkeit in § 58 I S. 1, 2. Hs. nicht übersehen werden. Ein Konzernbetriebsrat schließt damit *alle* betriebsratslosen Einheiten seines Konzerns in seine Zuständigkeit ein.[531] Seine Regelung deckt damit den gesamten Konzern ab. Der Gesamtbetriebsrat dagegen ist in seiner Zuständigkeit auf betriebsratslose Betriebe seines Unternehmens beschränkt, § 50 I S. 2 BetrVG.[532] Kein Gesamtbetriebsrat kommt damit wie der Konzernbetriebsrat an Konzernunternehmen heran, die keinen Gesamt- bzw. nach § 54 II BetrVG Einzelbetriebsrat besitzen. Damit hat die Zuständigkeit des Konzernbetriebsrates andere Rechtsfolgen als die der Gesamtbetriebsräte, er kann Regelungen mit anderem Geltungsbereich herbeiführen. Eine Konzernbetriebsvereinbarung ist mit einem Bündel von Gesamtbetriebsvereinbarungen daher nicht vergleichbar.

---

527 Dies übersehen: BAG vom 17.2.1981 – 1 AZR 290/78 – NJW 1982, 69; vom 8.6.1999 – 1 AZR 831/98 – NZA 1999, 1168, 1171 rechte Spalte; *Keim* BB 1987, 962, der nur von wortgleichen Parallelregelungen ausgeht; *Röder/Gragert* DB 1996, 1674, 1676, die ebenfalls nur unternehmens*einheitliche* Regelungen im Blick haben; *Windbichler*, Arbeitsrecht im Konzern, S. 341 denkt genauso nur an inhaltliche Übereinstimmung.

528 *Bachner* NZA 1995, 256, 259.

529 BAG vom 16.8.1983 – 1 AZR 544/81 – SAE 1984, 334, 336 rechte Spalte oben.

530 BAG vom 16.8.1983 – 1 AZR 544/81 – SAE 1984, 334, 336 rechte Spalte oben.

531 Dazu unten S. 128.

532 GK/BetrVG^7-*Kreutz* § 50 Rn. 49.

Im Ergebnis ist eine Konzernbetriebsvereinbarung etwas anderes als die Summe einzelner Gesamt- oder Einzelbetriebsvereinbarungen, sie **kann nicht** durch Parallelvereinbarungen zwischen den einzelnen Einzel- oder Gesamtbetriebsräten und den Betriebsleitungen/Unternehmensleitungen ersetzt werden.[533]

Damit ist die erste konkludent in der „Parallelvereinbarungstheorie“ enthaltene These gestürzt.

[2] Parallele Gesamtbetriebsvereinbarungen brauchen zuständige Gesamtbetriebsräte

Während die Widerlegung der ersten These sich aus vielen Voraussetzungen ableitet, kann der behaupteten Abschlußzuständigkeit der Gesamtbetriebsräte für Parallelvereinbarungen kurzer Prozeß gemacht werden. Sie entlarvt sich als Zirkelschluß.

Denn sollen die Gesamtbetriebsräte Parallelvereinbarungen abschließen können, um den Konzernbetriebsrat außen vor zu halten, müssen sie erst einmal selbst zuständig sein. Daher kann die „Parallelvereinbarungstheorie“ nur funktionieren, wenn die Gesamtbetriebsräte unabhängig von einer bestehenden Konzernbetriebsratszuständigkeit für die Angelegenheit selbst zuständig bleiben.

Die Frage, ob dem Gesamtbetriebsrat neben einer originären Zuständigkeit des Konzernbetriebsrates nach § 58 I S. 1 BetrVG in derselben Angelegenheit eine eigene Zuständigkeit aus § 50 I S. 1 BetrVG verbleibt, verneint die herrschende Meinung zutreffend.[534] Im Gegensatz zum Tatbestand der Konzernbetriebsratszuständigkeit nimmt sie hier nämlich das „Nicht-Regeln-Können“ ernst und folgert daraus, daß der Gesamtbetriebsrat, da einer Regelung nicht fähig, grundsätzlich nicht zugleich mit dem Konzernbetriebsrat zuständig sein kann.

Kombiniert man nun diese Zuständigkeitsrennung mit der „Parallelvereinbarungstheorie“, führt der Gedankengang paralleler Gesamtbetriebsvereinbarungen elegant immer im Kreis herum. Am Anfang steht die Frage, ob der Konzernbetriebsrat gem. § 58 I S. 1 BetrVG originär zuständig ist. Prüft man das Nichtregelnkönnen nach § 58 I S. 1 BetrVG, kommt die Frage auf, ob die Gesamtbetriebsräte nicht immer regeln können, weil sie evtl. die konzernweite An-

533 Ebenso – allerdings nur für den Fall unteilbarer Angelegenheiten - *Kittner*, Anmerkung, EzA § 50 BetrVG 1972 Nr. 1, S. 16 f.

534 GK/BetrVG[7]-*Kreutz* § 50 Rn. 18 und § 58 Rn. 8; *Stege/Weinspach/Schiefer*[9] §§ 47-52 Rn. 10; *Fitting*[22] § 50 Rn. 10 (nur für notwendige Mitbestimmung); *Ehrich* ZfA 1993, 427, 431; *Brill* AuR 1983, 169, 170; *Keim* BB 1987, 962 964; ErfKomm[4]-*Eisemann* § 50 BetrVG Rn. 2; *Kunz* AiB 1990, 325; *Färber* FS Gaul (1992), S. 57, 61 oben; *Dross*, Sozialplan im Konzern, S. 79 f.; Hess/Schlochauer/Worzalla/*Glock*[6] § 58 Rn. 8a; *Martens* ZfA 1973, 297, 308 (für die „vertikale“ Konzernbetriebsvereinbarung); wohl auch *Meyer* AuR 1964, 362, 366: „ausschließliche Zuständigkeit des Gesamtbetriebsrats“. Ob die Gesamtbetriebsräte wieder zuständig werden, wenn der Konzernbetriebsrat untätig bleibt oder es keinen gibt, wird unten S. 144 ff. erläutert.

gelegenheit selbst – parallel – regeln könnten. Könnten sie es tatsächlich, schlösse das ein Nichtregelnkönnen und damit die originäre Zuständigkeit des Konzernbetriebsrates aus. Die Gesamtbetriebsräte müßten, um parallele Regelungen zu treffen, selbst zuständig sein, § 50 I S. 1 BetrVG. Sie sind es nach der Zuständigkeitstrennung nicht, wenn der Konzernbetriebsrat seinerseits originär nach § 58 I BetrVG zuständig ist. Also muß man die Zuständigkeit der Gesamtbetriebsräte so lange offen lassen, bis die Zuständigkeit des Konzernbetriebsrates nach § 58 I BetrVG geklärt ist; und um diese zu klären, muß man wissen, ob nicht die Gesamtbetriebsräte die Angelegenheit regeln können, indem sie Parallelvereinbarungen abschließen, was wiederum ihre Zuständigkeit voraussetzt, die § 58 I BetrVG ausschließt, den man vorrangig zu prüfen hat.

Die Urheber[535] der „Parallelvereinbarungstheorie" hatten hiermit keine Probleme, weil sie annahmen, daß die Einzelbetriebsräte notwendigerweise auch die über den Betriebsbereich hinausgehenden Fragen regeln müssen, wenn kein[536] Gesamtbetriebsrat vorhanden ist.[537]

Mit der zutreffenden Zuständigkeitstrennung läßt sich die „Parallelvereinbarungstheorie" aber nicht halten.

[3] Ergebnis

Das angebliche „argumentum quia absurdum"[538] ist selbst ad absurdum geführt. Die Parallelvereinbarungstheorie fußt auf Voraussetzungen, die nicht zutreffen. Mehr als ein Ausflug in die Rechtsgeschichte darf die „Parallelvereinbarungstheorie" nicht mehr sein.

Einer neuen, dem Wortlaut des § 58 I S. 1 BetrVG folgenden Bestimmung des Nichtregelnkönnens steht nichts mehr im Wege. Zur Entwicklung der Details werden aber auch die bisherigen Ausführungen in Rechtsprechung und Literatur zu § 58 I S. 1 BetrVG bzw. § 50 I S. 1 BetrVG nützlich sein, so daß die einzelnen Argumentationsstränge im folgenden auf ihre Tauglichkeit geprüft werden.

b) Eine Folge der „Parallelvereinbarungstheorie": Unmöglichkeit?

Obwohl die „Parallelvereinbarungstheorie" den Gesamtbetriebsräten, wie gesehen, eine Immer-Regelungs-Möglichkeit verordnet und damit ein Nichtregelnkönnen der Gesamtbetriebsräte im Sinne einer Unmöglichkeit ausschließt, hat sich die Unmöglichkeit auch unter den Vertretern dieser „Theorie" gehalten. Es gibt für die Zuständigkeit des Konzernbetriebsrates die beiden Fallgruppen ob-

535 *Störmann*, Gesamtbetriebsrat, S. 54; *Meyer* AuR 1964, 362, 363.

536 Damals war der Gesamtbetriebsrat noch fakultativ, § 46 S. 1 BetrVG 1952.

537 *Meyer* AuR 1964, 362, 364 (obwohl er dem Gesamtbetriebsrat auf S. 366 eine „ausschließliche Zuständigkeit" einräumt); *Störmann*, Gesamtbetriebsrat, S. 54; ebenso *Kassmann*, Gesamtbetriebsrat, S. 61; BAG vom 16.8.1983 – 1 AZR 544/81 – SAE 1984, 334, 336.

538 *Kittner*, Anmerkung, EzA § 50 BetrVG 1972 Nr. 1, S. 12.

jektive und subjektive Unmöglichkeit. Das BAG versucht sich auch immer wieder darin, den Sachverhalt jeweils unter objektive oder subjektive Unmöglichkeit zu subsumieren.[539]

aa) Objektive Unmöglichkeit?

Ohne „Parallelvereinbarungstheorie“ bleibt der Weg frei, Nichtregelnkönnen als Unmöglichkeit zu verstehen. Eine *objektive* Unmöglichkeit gibt es dennoch nicht.

Die „objektive Unmöglichkeit“ krankt nicht nur daran, daß es sie für diejenigen, die sie behaupten, nicht geben dürfte, sondern auch daran, daß sie stets nur im Sinne einer *subjektiven* Unmöglichkeit gemeint ist.

Zunächst darf, wer behauptet, objektive Unmöglichkeit könne es *nie geben*, weil ja die Gesamtbetriebsräte immer Parallelregelungen treffen könnten,[540] nicht gleichzeitig behaupten, es *gebe* Fälle der „objektiven Unmöglichkeit“[541]. Manche reservieren der objektiven Unmöglichkeit bei § 58 I BetrVG aber tatsächlich eine Fallgruppe: Angelegenheiten, die ihrer „Natur“ oder ihrem Gegenstand nach ausschließlich konzernbezogen sind und auch gedanklich nicht in Teilakte zerlegt werden können.[542] Schon an dem für objektive Unmöglichkeit genannten Beispiel der Errichtung konzernbezogener Sozialeinrichtungen[543] wird aber wieder Uneinigkeit deutlich, denn andere[544] sehen das als subjektive Unmöglichkeit an, obwohl sie auch die objektive Unmöglichkeit anerkennen.

Logische Konsequenz des Widerspruchs ist die Feststellung, daß objektive Unmöglichkeit – da sie nur in Einzelfällen vorliegen kann – nicht erforderlich ist, sie gleichwohl, wenn sie vorliegt, hinreicht. Daher bedeute Nichtregelnkönnen **„nicht nur“** [545] objektive Unmöglichkeit.[546]

Dieser Widerspruch ist auf eine Anmerkung *Kittners* zurückzuführen. Er erwähnt erstmals, daß bei einer unteilbar unternehmensbezogenen Angelegenheit die Ein-

---

539 BAG vom 18.10.1994 – 1 ABR 17/94 – NZA 1995, 390, 391; vom 11.2.1992 – 1 ABR 51/91 – NZA 1992, 702, 703.

540 Alle unter Fn. 506 und 508 Genannten.

541 So aber GK/BetrVG[7]-*Kreutz* § 508 Rn. 23; *Stege/Weinspach/Schiefer*[9] §§ 47-52 Rn. 10 am Ende; *Röder/Gragert* DB 1996, 1674; *Richardi* FS Gitter (1995), 789, 791 (nur ohne den „objektiven“ Zusatz).

542 Däubler/Kittner/Klebe[8]-*Trittin* § 58 Rn. 24; GK/BetrVG[7]-*Kreutz* § 58 Rn. 23; *Körnig*, Anmerkung, SAE 1977, 42, 43; *Kunz* AiB 1990, 325; *Richardi* FS Gitter (1995), 789, 791 (nur ohne den „objektiven“ Zusatz); *Dross*, Sozialplan im Konzern, S. 72 oben legt sich nur auf „objektiv oder subjektiv unmöglich“ fest.

543 GK/BetrVG[7]-*Kreutz* § 50 Rn. 28.

544 Däubler/Kittner/Klebe[8]-*Trittin* § 58 Rn. 25.

545 Diese Hervorhebung findet sich bei *Richardi/Annuß*[8] § 50 Rn. 27 und GK/BetrVG[7]-*Kreutz* § 50 Rn. 27.

546 BAG vom 6.12.1988 – 1 ABR 44/87 – NZA 1989, 479, 480; vom 12.11.1991 – 1 ABR 21/91 – NZA 1992, 657, 658; vom 11.2.1992 – 1 ABR 51/91 – NZA 1992, 702, 703; *Richardi/Annuß*[8] § 50 Rn. 27; GK/BetrVG[7]-*Kreutz* § 50 Rn. 27; *Kunz* AiB 1990, 325.

zelbetriebsräte keine Parallelvereinbarungen schließen können, da sie damit ihre jeweils auf ihren Betrieb beschränkte Regelungsbefugnis überschritten.[547] *Kittner* gelingt damit nicht die beabsichtigte Widerlegung der Parallelvereinbarungstheorie, da die Begründung dafür fehlt, daß *alle* Angelegenheiten nicht gedanklich in Parallelvereinbaurungen zerstückelt werden können. Unverständlich ist dennoch, daß die herrschende Meinung diese auf der Unteilbarkeit beruhende Unmöglichkeit einer Regelung durch die Gesamtbetriebsräte übernimmt (mitsamt dem dortigen[548] Beispiel: unternehmensbezogene Sozialeinrichtungen), es gleichzeitig aber zustande bringt, an der „Parallelvereinbarungstheorie" im übrigen festzuhalten.[549]

Der Begriff der „objektiven Unmöglichkeit" ist aber ohnehin von vornherein verfehlt. Objektive Unmöglichkeit kennt nur das Leistungsstörungsrecht des BGB, § 275 nF[550] BGB, §§ 275 II, 306 aF BGB.[551] Wenn auch die Trennung der objektiven von der subjektiven Unmöglichkeit mit der Schuldrechts-Reform ihre Bedeutung weitgehend verloren hat, weil für beide Formen gleiche Rechtsfolgen gelten,[552] bleibt man doch bei den zum alten Recht entwickelten Abgrenzungskriterien.[553] Danach ist es dem Schuldner objektiv unmöglich, seine geschuldete Leistung zu erbringen, wenn die Leistung auch *niemand* sonst erbringen kann – generelle Unerfüllbarkeit. Da kein anderes Rechtsgebiet daneben eine eigenständige abweichende Definition der objektiven Unmöglichkeit kennt und auch Definitionen für § 58 I S. 1 BetrVG nie versucht wurden,[554] kann auch für das BetrVG kein anderer Unmöglichkeitsbegriff gemeint sein.[555]

Für die originäre Zuständigkeit nach § 58 I S. 1 BetrVG geht es nun im Unterschied zum Leistungsstörungsrecht des BGB nicht um die Erfüllung einer geschuldeten Leistung; insofern kann man „Leistung" aber durchaus noch durch „Ermächtigung zur Regelung durch Regelungsabrede und Betriebsvereinbarung" ersetzen. Objektiv unmöglich wäre die Regelung mithin dann, wenn *kein* Betriebsratsgremium – gleich welcher Ebene – die Angelegenheit mittels Rege-

547 *Kittner*, Anmerkung, EzA § 50 BetrVG 1972 Nr. 1, S. 16 f.

548 *Kittner*, Anmerkung, EzA § 50 BetrVG 1972 Nr. 1, S. 21; ebenso *Löwisch/Mikosch*, Anmerkung, AP Nr. 2 zu § 50 BetrVG 1972.

549 So ganz ausdrücklich *Körnig*, Anmerkung, SAE 1977, 42, 43.

550 Nach dem Schuldrechtsmodernisierungsgesetz, BGBl. I/2001, S. 3138.

551 Kritisch daher auch *Ehrich* ZfA 1993, 427, 442: Heranziehung des Schuldrechtsbegriffs „wenig geeignet".

552 § 275 I schließt den Leistungsanspruch für beide Unmöglichkeitsformen gleich aus; § 311a kennt keine Nichtigkeit des Vertrags bei anfänglicher objektiver Unmöglichkeit mehr, sondern führt die Gleichstellung aus § 275 I fort.

553 Palandt[62]-*Heinrichs* § 275 Rn. 13 ff.

554 Lediglich eine Eingrenzung für die Verwendung der „objektiven Unmöglichkeit" auf eine *Fallgruppe* existiert, Däubler/Kittner/Klebe[8]-*Trittin* § 58 Rn. 24.

555 *Richardi* FS Gitter (1995), 789, 791 unten.

lungsabrede oder Betriebsvereinbarung regeln könnte. Ergebnis des Nichtregelnkönnens ist nach § 58 I S. 1 aber gerade, daß der Konzernbetriebsrat zuständig ist und damit regeln *kann.*[556]

Selbstverständlich ist *kein* Betriebsrat regelungsbefugt, wenn es bereits am Tatbestand des Mitbestimmungsrechts mangelt, so daß man dann durchaus von „objektiver Unmöglichkeit" sprechen könnte.[557] Die Crux ist aber, daß man stets erst dann nach der Zuständigkeit eines Konzernbetriebsrates nach § 58 I S. 1 BetrVG fragt, wenn feststeht, daß der Tatbestand eines Mitbestimmungsrechts erfüllt ist – und welcher. Denn weil die Zuständigkeit sich nach dem im Einzelfall einschlägigen Mitwirkungsrecht des Betriebsrates bestimmt,[558] geht die Bestimmung des tangierten Mitbestimmungsrechts der Bestimmung der Zuständigkeit stets logisch voraus.

Eine „objektive Unmöglichkeit" im Rahmen von § 58 I S. 1 BetrVG ist daher rechtlich stets eine subjektive.

Herkunft der „objektiven Unmöglichkeit" ist wahrscheinlich einfach die Zusammensetzung seiner zwei zunächst getrennt gebrauchten Bestandteile: So heißt es in früheren Texten stets „objektiv ausgeschlossen" und „(denkgesetzlich) unmöglich" für sich allein.[559] Irgendwann aber kreuzte man die Adjektive und Adverbien und erhielt „objektiv unmöglich" und „denkgesetzlich ausgeschlossen"[560].

Man sollte den verwirrenden falschen und noch dazu nichtssagenden[561] Begriff der „objektiven Unmöglichkeit" im Zusammenhang mit der Zuständigkeit der §§ 50 I S. 1, 58 I S. 1 BetrVG, der nichts weiter ist als ein „in die Irre" führender „Pappkamerad"[562], endlich einmal zu Grabe tragen.

---

556 Es sei denn, man nimmt einen Bereich zwischen den Ebenen Betrieb-Unternehmen-Konzern der Betriebsverfassung an, der mitbestimmungsfrei bliebe, was aber die Verwender der „objektiven Unmöglichkeit" nicht tun.

557 Wiederum aber, ohne dadurch Erkenntnisse in der Sache zu gewinnen.

558 BAG vom 26.1.1993 – 1 AZR 303/92 – NZA 1993, 714, 715; *Stege/Weinspach/Schiefer*[9] §§ 47-52 Rn. 8; *Windbichler*, Anmerkung, SAE 1997, 143, 144; GK/BetrVG[7]-*Kreutz* § 50 Rn. 37, 39; *Fitting*[22] § 50 Rn. 25.

559 Vgl. *Löwisch/Mikosch*, Anmerkung, AP Nr. 2 zu § 50 BetrVG 1972.

560 So exemplarisch *Röder/Gragert* DB 1996, 1674.

561 Zutreffend spricht *Ehrich* ZfA 1993, 427, 442 der „Unmöglichkeit" die Eignung ab, „zur Klärung [...] beizutragen". *Richardi* FS Gitter (1995), 789 791 stellt klar, daß es nicht „wie im Recht der Leistungsstörungen um eine Unterscheidung zwischen objektiver und subjektiver Unmöglichkeit" geht.

562 So bereits früh *Kittner*, Anmerkung, EzA § 50 BetrVG 1972 Nr. 1, S. 16 f.

bb) Subjektive Unmöglichkeit – wie Richtiges falsch wird

Der Begriff der subjektiven Unmöglichkeit vermeidet den Fehler der „Objektivierung“ und umschreibt zutreffend das gesetzliche Tatbestandsmerkmal Nichtregelnkönnen: Der Konzernbetriebsrat soll regeln, was der Gesamtbetriebsrat nicht regeln kann, d.h. einer kann etwas nicht, was ein anderer kann – das ist subjektive Unmöglichkeit.[563]

Allerdings gewinnt das Tatbestandsmerkmal „Nichtregelnkönnen durch die Gesamtbetriebsräte“ durch „subjektive Unmöglichkeit einer Regelung durch die Gesamtbetriebsräte“ keinen Boden.

Im Gegenteil wieder mißverständlich wird das Ganze, wenn die subjektive Unmöglichkeit einer einzigen Fallgruppe überlassen bleibt.[564] Als subjektive Unmöglichkeit gilt nur die mitbestimmungsfreie bindende Vorgabe eines konzernweiten/unternehmensübergreifenden Geltungsbereichs durch den Arbeitgeber.[565] Grund dafür ist wohl ein Verständnis der subjektiven Unmöglichkeit, das von der des Leistungsstörungsrechts „irreführend“[566] abweicht[567]: Entsprungen ist die „Subjektivität“ wohl daraus, daß man im Bereich freiwilliger Leistungen auf den („subjektiven“) Willen des Arbeitgebers abstellt.[568]

c) Folge der „Parallelvereinbarungstheorie“: Nichtregelnkönnen als zwingendes sachliches Erfordernis

Die „Erkenntnis“, daß es den Gesamtbetriebsräten nie unmöglich ist, mittels paralleler Gesamtbetriebsvereinbarungen die Zuständigkeit des Konzernbetriebsrates zu beschneiden, führte zunächst dazu, das Nichtregelnkönnen als unbestimmten –aber auch unbestimmbaren[569] – Rechtsbegriff zu begreifen[570].

Warum diese Kennzeichnung des § 58 I BetrVG als „unbestimmter Rechtsbegriff“ sein muß, stellt schon die Tatsache in Frage, daß die Definition des „unbestimmten“ Rechtsbegriffs so unbestimmbar ist wie er selbst. Jeder Rechtsbegriff ist einer Auslegung zugänglich, so daß ein „bestimmter“ Rechtsbegriff

---

563 Palandt[62]-*Heinrichs* § 275 Rn. 23.

564 So bei Däubler/Kittner/Klebe[8]-*Trittin* § 58 Rn. 25; *Kunz* AiB 1990, 325; *Röder/Gragert* DB 1996, 1674.

565 So Däubler/Kittner/Klebe[8]-*Trittin* § 58 Rn. 25; *Kunz* AiB 1990, 325; *Röder/Gragert* DB 1996, 1674.

566 Däubler/Kittner/Klebe[8]-*Trittin* § 50 Rn. 24.

567 Auch *Richardi* FS Gitter (1995), 789 791 stellt klar, daß es nicht „wie im Recht der Leistungsstörungen um eine Unterscheidung zwischen objektiver und subjektiver Unmöglichkeit“ geht.

568 So jedenfalls die – einzig auffindbare – Erklärung bei Däubler/Kittner/Klebe[8]-*Trittin* § 50 Rn. 24.

569 „Sibyllinisch“ nennen § 58 I BetrVG *Richardi* FS Gitter (1995), 789 und ihm folgend *Nick*, Konzernbetriebsrat, S. 140; Nachweise auch oben Fn. 497.

570 Nachweise oben Fn. 512.

sich vom „unbestimmten“ allenfalls graduell abgrenzen läßt.[571] Die Qualifizierung des Nichtregelnkönnens als unbestimmten Rechtsbegriff stellt daher dem Gesetzesanwender gerade keinen Freibrief für eine vom Gesetz losgelöste Auslegung aus.

Im zweiten Schritt versuchte man, das Nichtregelnkönnen durch ein anderes Tatbestandsmerkmal zu ersetzen. Ergebnis war ganz zu Beginn des Gesamtbetriebsrates nach dem BetrVG 1952 eine Entscheidung „nur“ nach der Zweckmäßigkeit –[572] der es aber an Vorhersagbarkeit vollkommen fehlt.[573] Inzwischen verlangen Rechtsprechung[574] und Literatur[575] geschlossen ein zwingendes sachliches Erfordernis für die Regelung auf Konzernebene. Diese Auslegung des Nichtregelnkönnens erscheint unreflektiert auch in Fundstellen, die die „Parallelvereinbarungstheorie“ nicht erwähnen und sogar von der Unmöglichkeit der Regelung durch die Gesamtbetriebsräte ausgehen.[576] Ausbrüche aus dieser fast allgemeinen Formel lassen sich an einer Hand abzählen: Neben denjenigen, die bereits die „Parallelvereinbarungstheorie“ ablehnen,[577] widersprechen auch wenige andere aus unterschiedlichen Gründen der Formel „zwingendes Erfordernis“.[578]

---

571 *Papier/Möller* VSSR 1996, 243, 246; *Schmidt-Aßmann* in: Maunz/Dürig, GG (42. Lieferung 2003) Art. 19 IV Rn. 183; dies übersieht *Grotkamp*, Gesamtbetriebsrat, S. 93, die den unbestimmten durch einen bestimmten Rechtsbegriff ersetzen will.

572 *Störmann*, Gesamtbetriebsrat, S. 54 ff.; *Kassmann*, Gesamtbetriebsrat, S. 70 ff.; so auch noch *Richardi*, Anmerkung, SAE 1972, 139, 141, der das Koordinierungsinteresse im besprochenen Fall „entscheidend“ findet; *Mothes* AuR 1974, 325 und Anmerkung AuR 1976, 190, 191 will im Einzelfall nach der Zweckmäßigkeit fragen, wenn auch nicht allein darauf abstellen.

573 So *Störmann*, Gesamtbetriebsrat, S. 55 oben selbst: „Die Zuständigkeit [...] ist höchstens eine wahrscheinliche“; kritisch daher *Grotkamp*, Gesamtbetriebsrat, S. 94, die aber die Zweckmäßigkeit „mitentscheidend“ findet.

574 BAG vom 23.9.1975 – 1 ABR 122/73 – AuR 1976, 188, 189; vom 17.2.1981 – 1 AZR 290/78 – NJW 1982, 69; vom 19.3.1981 - 3 ABR 38/80 – DB 1981, 2181; vom 6.12.1988 – 1 ABR 44/87 – NZA 1989, 479, 480; LAG Düsseldorf vom 4.3.1992 – 5 TaBV 116/91 – NZA 1992, 613.

575 Däubler/Kittner/Klebe[8]-*Trittin* § 58 Rn. 26; *Mothes*, Anmerkung, AuR 1976, 190, 192; ErfKomm[4]-*Eisemann* § 58 BetrVG Rn. 3; *Wellenhöfer-Klein*, DB 1997, 978, 980; *Dross*, Sozialplan im Konzern, S. 72; *Martens* ZfA 1973, 297, 306 („normative[r] Notwendigkeitsbegriff“); *Windbichler* SAE 1997, 143, 146; *Röder/Gragert* DB 1996, 1674; *Boewer* DB 1979, 1035, 1038; *Windbichler*, Arbeitsrecht im Konzern, S. 341.

576 *Röder/Gragert* DB 1996, 1674 und 1676.

577 Oben Fn. 507.

578 *Grotkamp*, Gesamtbetriebsrat, S. 118 rügt die Unbestimmtheit („noch unbestimmter“). Zweifel bei GK/BetrVG[7]-*Kreutz* § 50 Rn. 26: „Genaugenommen nur Fälle objektiver und subjektiver Unmöglichkeit“. *Rüthers/Bakker* ZfA 1990, 245, 325 verlangen zwar vordergründig Unmöglichkeit, stellen diese Auffassung aber nicht der herrschenden Meinung gegenüber und begründen die Unmöglichkeit nicht.

aa) Der Begriff „zwingendes sachliches Erfordernis" – so weit, so gut

Weil die Frage verbaut war, wann den Gesamtbetriebsräten die Regelung unmöglich ist, mußte man die gesetzliche Vorgabe umdrehen[579]: Das zwingende Erfordernis fragt daher nach Gründen *für* eine Regelung durch den *Konzernbetriebsrat* aus der dem Gesetzeswortlaut entgegengesetzten Richtung. Nicht die Regelung auf Unternehmensebene muß *unmöglich* sein, sondern die Regelung auf Konzernebene *notwendig*[580] bzw. eben sachlich *erforderlich.* Konsequent fragt z.B. *Mothes*[581] nicht, ob eine Regelung durch die einzelnen Betriebsräte ausgeschlossen ist, sondern, ob die Zuständigkeit des Gesamtbetriebsrates ausgeschlossen sei.

Der Ersetzung der „Unmöglichkeit" durch etwas anderes „Zwingendes" ist sprachlich zunächst neutral: Wenn das Regelungserfordernis auf Konzernebene *zwingend* oder *notwendig* zu bejahen ist, ist die Verneinung *unmöglich.*[582] Insoweit besagt das zwingende Erfordernis mit seiner positiven Umformulierung des § 58 I BetrVG noch nichts Falsches, ist aber ebensowenig eine „endgültige Lösung"[583] oder „abschließende Definition"[584]. Die positive Wendung verlangt allerdings bei unbefangener Betrachtung sogar mehr als die gesetzliche Vorgabe Nichtregelnkönnen: Reicht denn das Nichtregelnkönnen der Gesamtbetriebsräte aus, damit der Konzernbetriebsrat selbst regeln kann? Läßt sich die Zuständigkeit des Konzernbetriebsrates tatsächlich mit dieser Negativ-Abgrenzung nach unten zu den Gesamtbetriebsräten umfassend umschreiben, oder sind dem Konzernbetriebsrat nicht auch noch andere Grenzen gesetzt? Ist dies nicht der Fall,[585] paßt das zwingende Erfordernis als positive Festlegung der Zuständigkeit sprachlich besser als die bloße negative Abgrenzung nach unten. So hört sich die Umdrehung der Zuständigkeitsbestimmung in frühen Beiträgen[586] auch noch an. Für dieses dann richtige Verständnis einer zwingenden Erforderlichkeit muß man sie aber auch als enger sehen als die Unmöglichkeit: Sie erfordert die *Unmöglichkeit*

579 Kritisch *Kittner*, Anmerkung, EzA § 50 BetrVG 1972 Nr. 1, S. 16, da auch er Parallelvereinbarungen nicht für möglich hält.

580 *Mayer-Maly* RdA 1969, 223, 226; ihm folgend *Richardi*, Anmerkung, SAE 1389, 141, *Säcker*, Anmerkung, SAE 1970, 269, 274 und *Martens* ZfA 1973, 297, 306; *Ehrich* ZfA 1993, 427, 437 ff. spricht von „negativen" und „positiven Abgrenzungskriterien".

581 Anmerkung AuR 1976, 190, 191.

582 Richtig *Mayer-Maly* RdA 1969, 223, 226, der dennoch aus der „Unmöglichkeit" eine „Erforderlichkeit" macht; kritisch wie hier auch *Ehrich* ZfA 1993, 427, 442.

583 Ebenso *Mothes* AuR 1974, 325, 327.

584 Wie hier *Grotkamp*, Gesamtbetriebsrat, S. 91.

585 Dazu ausführlich noch unten, S. 106 ff.

586 *Mothes* AuR 1974, 325, 327; *Döring* DB 1980, 689, 690.

der Regelung durch die Gesamtbetriebsräte[587] *und* das *Regelungsvermögen* des Konzernbetriebsrates.

So versteht die herrschende Meinung das zwingende sachliche Erfordernis für § 58 I BetrVG aber nicht: Da es nämlich die qua paralleler Regelungen ausgeschaltete Unmöglichkeit umschiffen muß, kann es nur *weniger* als das Nichtregelnkönnen verlangen.

bb) Zwingendes Erfordernis als gesteigerte Zweckmäßigkeit

Sich dessen bewußt, daß das zwingende sachliche Erfordernis als Tatbestandsmerkmal weiter ist als das angeblich unbrauchbare Nichtregelnkönnen,[588] bemühte sich die herrschende Meinung gleich wieder um Eingrenzung. Denn sonst schlüge die nach der „Parallelvereinbarungstheorie" nie gegebene Zuständigkeit des Konzernbetriebsrates in eine ebenso wenig gewollte Allzuständigkeit um.[589]

Um einer ausufernden Konzernbetriebsratszuständigkeit nicht Tür und Tor zu öffnen, bekommt das sachliche Erfordernis eine Betonung auf seinem „zwingenden" Element.

Vor allem der Arbeitgeber soll nicht die freie Wahl haben, auf welcher Ebene er eine Regelung treffen möchte:[590] Daß ihm dies verwehrt sein muß, gibt in der Tat die Unabdingbarkeit der Zuständigkeitsverteilung[591] des BetrVG vor.

Vom zwingenden Erfordernis abzugrenzen sind daher reine Zweckmäßigkeitsgründe und das bloße Koordinationsinteresse des Arbeitgebers, die das Nichtregelnkönnen nie erfüllen können.[592]

---

587 Die auch *Döring* DB 1980, 689, 690 fordert: Kein „Regelungsvermögen der örtlichen Betriebsräte".

588 Däubler/Kittner/Klebe[8]-*Trittin* § 58 Rn. 26; *Döring* DB 1980, 689, 690; *Kittner*, Anmerkung, EzA § 50 BetrVG 1972 Nr. 1, S. 12; *Windbichler* SAE 1997, 143, 146; *Dross*, Sozialplan im Konzern, S. 72.

589 Sehr plastisch *Halberstadt* BB 1975, 843. Eine „Allzuständigkeit" des Konzernbetriebsrates propagiert seit neuestem dagegen *Nick*, Konzernbetriebsrat, S. 147 unten, 148 oben.

590 LAG Düsseldorf vom 4.3.1992 – 5 TaBV 116/91 – NZA 1992, 613, 614; Däubler/Kittner/Klebe[8]-*Trittin* § 58 Rn. 26; *Röder/Gragert* DB 1996, 1674.

591 BAG vom 23.9.1975 – 1 ABR 122/73 – AuR 1976, 188, 189; LAG Düsseldorf vom 4.3.1992 – 5 TaBV 116/91 – NZA 1992, 613, 614; *Röder/Gragert* DB 1996, 1674, 1675; *Richardi* FS Gitter (1995), 789 f.

592 BAG vom 23.9.1975 – 1 ABR 122/73 – AuR 1976, 188, 189; vom 6.12.1988 – 1 ABR 44/87 – NZA 1989, 479, 480;*Fitting*[22] § 50 Rn. 23; *Stege/Weinspach/Schiefer*[9] §§ 54-59a Rn. 10; *Körnig*, Anmerkung, SAE 1977, 42, 44; *Ehrich* ZfA 1993, 427, 437, 443; ErfKomm[4]-*Eisemann* § 58 BetrVG Rn. 3; *Halberstadt* BB 1975, 843; *Döring* DB 1980, 690 f; *Windbichler* SAE 1997, 143, 146; *Röder/Gragert* DB 1996, 1674; *Rüthers/Bakker* ZfA 1990, 245, 326; *Richardi* FS Gitter (1995), 789, 791; *Dross*, Sozialplan im Konzern, S. 71.

Das Koordinierungsinteresse will das BAG dafür aber in der Voraussetzung des Betroffenseins berücksichtigen.[593]

Zwingendes Erfordernis meint also nach oben hin nicht Unmöglichkeit, nach unten nicht bloße Zweckmäßigkeit. Neben dieser negativen Eingrenzung ist eine positive Bestimmung weitaus umstrittener, als die fast einmütige Verwendung des Begriffes vermuten läßt.[594]

Schon die Begriffe zwingendes Erfordernis – als eben nicht zwingend verstanden – auf der einen und Zweckmäßigkeit auf der anderen Seite lassen erahnen, daß die Zuordnung zum einen oder anderen im Einzelfall zu einem Balanceakt mit unabsehbaren Folgen gerät. Fälle aus Rechtsprechung und Literatur bestätigen diese Befürchtung.

So befürwortet das BAG die Zuständigkeit des Gesamtbetriebsrates der finanziellen und steuerlichen Bedeutung einer Versorgungsleistung für das Gesamtunternehmen wegen.[595] Finanzielle und steuerliche Bedeutung sind aber nichts andere als finanzielle Interessen des Unternehmens, die zu seinem Interesse an der für – es zweckmäßigeren – Regelung auf Unternehmensebene führen. Und dieses Interesse ist eben das als nicht ausreichend postulierte Koordinierungsinteresse.[596]

Eine Interessenabwägung aus dem Gebot der vertrauensvollen Zusammenarbeit des § 2 I BetrVG, die wiederum zur Zuständigkeit des Gesamtbetriebsrates führen soll, nimmt das BAG[597] an, wenn ohne sie wegen der Verknüpfung der Betriebe unangemessene betriebliche oder wirtschaftliche Auswirkungen drohten. Die unangemessenen Auswirkungen entlarven sich auch hier als nur graduell gesteigerte Zweckmäßigkeitsgründe und Koordinationsinteresse des Arbeitgebers.[598] Darüber hinaus ist die Bestimmung des „Angemessenen" nun kein Deut genauer als ein „zwingendes Erfordernis", sondern führt zu einer Bestimmung der Gesamtbetriebsratszuständigkeit via Abwägung des Für und Wider.[599] Sich von dem angeblichen unbestimmten Rechtsbegriff Nichtregelnkönnen über den un-

---

593 BAG vom 23.9.1975 – 1 ABR 122/73 – AuR 1976, 188, 189 unten.

594 Vgl. *Fitting/Kaiser/Heither/Engels/Schmidt*[21] § 50 Rn. 25 mit einem Vergleich der unterschiedlichen Auslegungen; dem „zwingenden sachlichen Erfordernis" aus diesem Grunde kritisch gegenüber steht auch *Ehrich* ZfA 1993, 427, 442.

595 So BAG vom 30.1.1970 – 3 AZR 44/68 – SAE 1970, 262, 268 (zum Gesamtbetriebsrat des alten BetrVG 1952) mit insoweit zustimmender Anmerkung *Säcker* SAE 1970, 269, 274; zustimmend auch *Kemper/Küpper*, Anmerkung, AP Nr. 14 zu § 80 BetrVG 1972, die allerdings völlig übersehen, daß die „steuerl. Konsequenzen" allein, d.h. auch bei Betroffenheit nur „eines einzelnen Betriebes", nicht ausreichen, um die Zuständigkeit des Gesamtbetriebsrates herbeizuführen.

596 Oder „Interesse an einer Harmonisierung", *Säcker*, Anmerkung, SAE 1970, 269, 274.

597 BAG vom 23.9.1975 – 1 ABR 122/73 – AuR 1976, 188, 192.

598 Zutreffend *Kittner*, Anmerkung, EzA § 50 BetrVG 1972 Nr. 1, S. 13.

599 Eine Interessenabwägung favorisiert *Meyer* AuR 1964, 362, 366.

bestimmten Rechtsbegriff „Natur der Sache“ zum unbestimmten Rechtsbegriff „unangemessen“ zu hangeln, ist sicher keine bemerkenswerte Kunst.

Zwingende sachliche Notwendigkeit und bloße Zweckmäßigkeit lassen sich im Ergebnis nicht sicher trennen. Auch *Windbichler* vermißt in der Differenzierung zwischen „Sachnotwendigkeit und ‚bloßer' Zweckmäßigkeit“ die „Stringenz“,[600] *Richardi* spricht der Auslegung durch das BAG die Eignung ab, „im Einzelfall zweifelsfrei festzulegen, ob der Gesamt- oder der Einzelbetriebsrat zuständig ist“,[601] und *Kittner* sieht den Unterschied allein „in einer graduellen Abstufung“.[602] Am besten zu einer solchen interessenbetonten Abgrenzung paßt noch eine Abwägung[603], mit der neuestens *Grotkamp* sympathisiert.[604]

Ehrlich ist auch *Ehrich*, wenn er feststellt, daß das „zwingende Erfordernis“ kein Erkenntnisgewinn ist und er deshalb ohne „Hilfsformeln“ gleich auf die Bildung von Fallgruppen zusteuert.[605] Freilich sollte dies dem – hier zu widerlegenden – Fall vorbehalten werden, daß eine andere Handhabung des Nichtregelnkönnens ausscheidet.[606]

Daß die Grenzen des sachlichen Erfordernisses zwischen Zwang und der bloßen Zweckmäßigkeitsgründen sich nicht fassen lassen, ist ganz natürlich. Denn sie bezeichnen nur verschiedene Grade des Besser-Regeln-Könnens, nicht etwas anderes. Es geht in der Sache nur darum, *wieviel* Zweckmäßigkeit oder Koordinationsinteresse ausreicht, nicht darum, es abzugrenzen.[607] Wie man einem – angeblich – unbestimmten Rechtsbegriff zu einer Auslegung verhilft, die ausufernde Rechtsunsicherheit für die Praxis bringt, läßt sich kaum besser zeigen. Weil man meint, kein *Nicht*-Regeln-*Können* verlangen zu dürfen, ist das statt dessen verlangte zwingende Erfordernis daher entgegen seiner sprachlichen Bedeutung weiter als das Nichtregelnkönnen: Es meint tatsächlich ein *Besser*-Regeln-Können des Konzernbetriebsrates.

cc) Zwingendes Erfordernis wider Reform 1972

Gegen die Auslegung des Nichtregelnkönnens im Sinne des gebräuchlichen zwingenden Erfordernisses spricht die Historie des § 50 BetrVG. In den Beratungen zur Reform 1972 schlug die CDU/CSU-Fraktion genau die Regelung für § 50

600 SAE 1997, 143, 146.

601 FS Gitter (1995), 789, 794.

602 *Kittner*, Anmerkung, EzA § 50 BetrVG 1972 Nr. 1, S. 13.

603 Vorgeschlagen von *Meyer* AuR 1964, 362, 366. Für eine Interessenabwägung auch *Körnig*, Anmerkung, SAE 1977, 42, 44 ff. Für Entscheidung anhand der Interessenlage auch *Mayer-Maly* RdA 1969, 223, 227 und *Halberstadt* BB 1975, 843, 844.

604 Gesamtbetriebsrat, S. 97, 102.

605 *Ehrich* ZfA 1993, 427, 442 ff.

606 Aus diesem Grunde kritisch auch *Grotkamp*, Gesamtbetriebsrat, S. 116.

607 Kritisch aus diesem Grunde auch *Döring* DB 1980, 690 f., der darum das „zwingend“ durch „notwendigerweise“ ersetzt.

BetrVG 1972 vor, die das zwingende Erfordernis ihm via Auslegung inzwischen verpaßt hat: Der Gesamtbetriebsrat sollte zuständig sein, wenn „eine einheitliche Regelung im Interesse der Arbeitnehmer des Unternehmens oder des Unternehmens selbst erforderlich ist“[608]. Eben diesen Antrag lehnte die Ausschußmehrheit aber ab – zugunsten des, obwohl damals schon als problematisch erkannten,[609] Wortlauts des alten § 48 BetrVG 1952 -, um eine „zu starke Zuständigkeitsverlagerung zu Lasten der einzelnen Betriebsräte“ zu verhindern. Eine „an den Interessen des Unternehmens und nicht an die seiner Arbeitnehmer anknüpfende Zuständigkeit des Gesamtbetriebsrates“ sei „nicht sachgerecht“[610].

dd) Bloße Zweckmäßigkeit– und sie reicht doch: Subjektive Unmöglichkeit

Das Koordinationsinteresse des Arbeitgebers läßt die herrschende Meinung, wie gesagt, nicht als zwingendes Erfordernis genügen. Das Ziel, das der Arbeitgeber mit der Regelung verfolgt, soll dagegen sehr wohl eine konzerneinheitliche Regelung erforderlich machen.[611]

Damit spielt das Koordinationsinteresse des Arbeitgebers eben doch eine Rolle, nicht selten sogar die entscheidende Hauptrolle.[612]

Denn daß der Arbeitgeber im Rahmen freiwilliger Leistungen Vorgaben machen kann, die auch den Geltungsbereich der Maßnahme und damit die Zuständigkeitsebene des Betriebsrats festlegen, ist zum Allgemeinplatz geworden.[613]

Um damit nicht die Formel des zwingenden Erfordernisses zu gefährden, sind eben diese Fälle der oben bereits erwähnten eigenen Fallgruppe „subjektive Unmöglichkeit“ zugewiesen:[614] In dieser Fallgruppe stecken alle Angelegenheiten, in denen das Mitbestimmungsrecht erst auf die Vorgaben des Arbeitgebers reagiert und deswegen der Arbeitgeber auch den Bereich vorschreiben kann, den seine Regelung einbeziehen soll. So entscheidet der Arbeitgeber bei § 87 I Nr. 10

608 BT-Drs. VI/2729, S. 26 oben.

609 Z.B. *Neumann-Duerberg* DB 1962, 1009, 1012; *Strasser* FS Schnorr von Carolsfeld (1973), 483, 492.

610 BT-Drs. VI/2729, S. 26 oben.

611 Däubler/Kittner/Klebe[8]-*Trittin* § 58 Rn. 26; *Stege/Weinspach/Schiefer*[9] §§ 54-59a Rn. 10; ErfKomm[4]-*Eisemann* § 58 BetrVG Rn. 3.

612 Zutreffend *Fitting/Kaiser/Heither/Engels/Schmidt*[21] § 50 Rn. 23; *Richardi* jedenfalls für die Konstellation der besprochenen BAG-Entscheidung, Anmerkung, SAE 1972, 139, 141.

613 Den Grundstein legte das BAG bereits zum Gesamtbetriebsrat des BetrVG 1952: BAG vom 30.1.1970 – 3 AZR 44/68 – SAE 1970, 262; vom 25.3.1971 – 2 AZR 185/70 – SAE 1977, 132. Zum BetrVG 1972 übernahm das BAG diese Rechtsprechung: BAG vom 5.5.1977 – 3 ABR 24/76 – DB 1977, 1610; vom 6.12.1988 – 1 ABR 44/87 – NZA 1989, 479, 480. Aus der umfangreichen Literatur: *Kittner*, Anmerkung, EzA § 50 BetrVG 1972 Nr. 1, S. 21; *Körnig*, Anmerkung, SAE 1977, 42, 46; *Buchner* FS Zöllner (1998), 697, 709; *Richardi* FS Gitter (1995), 789, 791 ff.

614 BAG vom 6.12.1988 – 1 ABR 44/87 – NZA 1989, 479, 480; Däubler/Kittner/Klebe[8]-*Trittin* § 58 Rn. 25.

BetrVG für seine freiwilligen Leistungen allein, ob, aus welchen Mitteln, mit welchem Zweck und für welchen abstrakten Personenkreis er leisten will.[615] Den Betriebsrat darf erst die Verteilung dieses „Dotierungsrahmens“ [616] interessieren.[617] Besonders verwirrt *Buchner*[618], der eben im Bereich des § 87 I Nr. 10 BetrVG meint, man *könne* (!) zugunsten der Notwendigkeit einer konzerneinheitlichen Regelung *gegebenenfalls* noch Sachgründe anführen.

Nur, indem die angesprochenen Mitbestimmungstatbestände mit mitbestimmungsfreier Vorgabe des Arbeitgebers in eine eigene Fallgruppe „subjektive Unmöglichkeit“ sortiert werden, läßt sich daran festhalten, bloßes Koordinationsinteresse des Arbeitgebers für das zwingende Erfordernis nicht genügen zu lassen.[619]

ee) Ergänzung des zwingenden Erfordernisses durch andere unbestimmte Rechtsbegriffe

Das zwingende sachliche Erfordernis um eine fehlende Rechtfertigung für eine unterschiedliche Regelung der Angelegenheit zu bereichern,[620] bringt in der Sache nicht weiter.[621] Auch hier geht es erstens letztlich nur darum, ob sich das eine besser als das andere hören läßt und ein „*Wieviel* Besser“ die unterschiedliche Behandlung rechtfertigt. Außerdem regelt die Konzernbetriebsvereinbarung nicht zwangsläufig die Angelegenheit für alle betroffenen Konzernunternehmen gleich: Eine unternehmensübergreifende Angelegenheit kann statt einer Einheitlichkeit auch nur nach Abstimmung verlangen. Ergebnis der Abstimmung sind nicht zwangsläufig inhaltlich gleiche Regelungen.[622] Daher müßte man also fragen, ob es gerechtfertigt ist, eine Abstimmung durch den Konzernbetriebsrat zu umgehen. Das ist es nicht, wenn die Abstimmung dem Konzernbetriebsrat gesetzlich zugewiesen ist, weil die Gesamtbetriebsräte sie nicht leisten können. Dann wird die Frage nach einer Rechtsfertigung zwar richtig, ist aber nur ein Umweg.

---

615 BAG vom 14.6.1994 – 1 ABR 63/93 – NZA 1995, 543, 544; *Fitting*[22] § 87 Rn. 447.

616 *Fitting*[22] § 87 Rn. 445.

617 BAG vom 14.6.1994 – 1 ABR 63/93 – NZA 1995, 543, 544.

618 FS Zöllner (1998), S. 709, 711.

619 Löbliche Ausnahme: *Fitting/Kaiser/Heither/Engels/Schmidt*[21] § 50 Rn. 23, der klarstellt, daß hier das Koordinierungsinteresse des Arbeitgebers ausreicht (anders die aktuelle Auflage).

620 *Fuchs*, Konzernbetriebsrat, S. 83; *Fitting/Kaiser/Heither/Engels/Schmidt*[21] § 50 Rn. 23; *Kunz* AiB 1990, 325; *Röder/Gragert* DB 1996, 1674; *Dross*, Sozialplan im Konzern, S. 72; ähnlich auch *Grotkamp*, Gesamtbetriebsrat, S. 95 oben: einzelbetriebliche Regelung muß „unangemessen“ sein.

621 Das gibt *Fuchs*, Konzernbetriebsrat, S. 83 unten selbst zu.

622 Dazu oben Fn. 526.

Auch die Ergänzung, die Notwendigkeit einer Regelung auf Konzernebene folge der „Natur der Sache“,[623] befriedigt nicht. Zwar gibt schon der Gesetzgeber die Beschränkung des Gesamtbetriebsrates auf „solche Angelegenheiten, die über den *natürlichen*[624] Zuständigkeitsbereich eines Betriebsrats hinausgehen“,[625] vor. Daß die Natur der Sache aber selbst unbestimmter Rechtsbegriff – genau genommen ja nicht einmal das, weil das Gesetz diesen Begriff nicht kennt – ist und daher bei der Auslegung des Nichtregelnkönnens nur Zwischenschritt sein kann, hat der Erste Senat selbst erkannt.[626] Dabei trifft die Kritik *Galperins*, der einen zweiten unbestimmten Rechtsbegriff nur zwecks „jedenfalls [...] nennenswerte[r] Einengung der Grauzone des zu erklärenden ersten Begriffs“ zuläßt.[627] Zum Glück hat das BAG die „Natur“ inzwischen mangels „Konkretisierungsgewinn[s]“ aus seiner Rechtsprechung verbannt.[628]

ff) Zähmung widerspenstiger Gesamtbetriebsräte als zwingendes Erfordernis?

Die Zuständigkeit des Konzernbetriebsrates soll außerdem verhindern, daß dem Arbeitgeber unterschiedliche Regelungen durch divergierende Abstimmungen in den Gesamtbetriebsräten bzw. den Einigungsstellen aufgedrängt werden.[629]

Damit ist nichts anderes gesagt, als daß die Idee mit den Parallelvereinbarungen doch nicht funktionieren kann. Sie scheitert stets, wenn auch nur *ein* Gesamtbetriebsrat – zu welchem Zeitpunkt auch immer – sich gegen die arbeitgeberseitig gewünschte Regelung sperrt.[630]

Wenn dagegen schon das Verhandeln der Konzernleitung mit den einzelnen Gesamtbetriebsräten eine Belastung „bis zur völligen Undurchführbarkeit“ bedeutet und daher in Konzernen mit vielen Konzernunternehmen der Konzernbetriebsrat für alle Entscheidungen zuständig sein soll, die die Konzernspitze trifft,[631] ist das Koordinationsinteresse in Reinkultur.

Daraus darf man aber weder folgern, daß der Konzernbetriebsrat Instrument zur Zähmung widerspenstiger Gesamtbetriebsräte sei, noch, daß divergierende Inter-

623 BAG vom 23.9.1975 – 1 ABR 122/73 – AuR 1976, 188, 189; vom 6.4.1976 – 1 ABR 27/74 – SAE 1977, 41, 42; *Richardi*, Anmerkung, SAE 1389, 141; *Störmann*, Gesamtbetriebsrat, S. 55 f.; *Kassmann*, Gesamtbetriebsrat, S. 71 oben; so auch noch *Buchner* FS Zöllner (1998), 697, 711; *Kunz* AiB 1990, 325.

624 Hervorhebung von Verf.

625 BT-Drs. I/1546, S. 49.

626 BAG vom 23.9.1975 – 1 ABR 122/73 – AuR 1976, 188, 189.

627 *Galperin*, Anmerkung, SAE 1976, 100, 101; kritisch auch *Ehrich* ZfA 1993, 427, 442 f. und *Grotkamp*, Gesamtbetriebsrat, S. 93.

628 BAG vom 6.12.1988 – 1 ABR 44/87 – NZA 1989, 479, 480 rechte Spalte oben.

629 *Stege/Weinspach/Schiefer*[9] §§ 47-52 Rn. 8; *Ehrich* ZfA 1993, 427, 431; *Röder/Gragert* DB 1996, 1674, 1675; *Grotkamp*, Gesamtbetriebsrat, S. 118 f.

630 Dazu ausführlich oben S. 81 f.

631 So *Störmann*, Gesamtbetriebsrat, S. 56 für den Gesamtbetriebsrat in „Großunternehmen“ mit vielen einzelnen Betrieben.

essen der einzelnen Gesamtbetriebsräte zur Voraussetzung der Konzernbetriebsratszuständigkeit zur erheben seien. Letzteres führte dazu, daß man in Verhandlungen mit den Gesamtbetriebsräten Divergenz der Interessen feststellen und genau auszuloten müßte, ob die Gesamtbetriebsräte unterschiedliche Vereinbarungen abschlössen, bevor man die Zuständigkeit des Konzernbetriebsrates bejahen könnte.[632] Ersteres kann nicht sein, weil ja ein bloßes Koordinierungsinteresse des Arbeitgebers nicht ausreichen darf –[633] dem Arbeitgeber dürfen also unterschiedliche Regelungen durchaus aufgedrängt werden.

gg) Primärzuständigkeit des Einzelbetriebsrates

Die herrschende Meinung ist bei der Prüfung des Tatbestandes des § 58 I BetrVG von dem Gedanken bestimmt, die Zuständigkeit des Konzernbetriebsrates nur ja nicht zu weit auszudehnen. Ob man die Zuständigkeit des Konzernbetriebsrates nur auf „Ausnahmefälle" begrenzt,[634] „streng auslegt",[635] „strenge Maßstäbe" anlegt[636] oder den Zuständigkeitsbereich „nicht über Gebühr auszudehnen"[637] beabsichtigt – die Bestrebungen, den Zuständigkeitsbereich des Konzern- bzw. Gesamtbetriebsrates möglichst klein zu halten, sind nicht zu übersehen[638].

Man folgert dies daraus, daß der Konzernbetriebsrat ein – freilich nur auf Arbeitnehmerseite! – freiwilliges Gremium ist[639] und daraus, daß der Konzernbetriebsrat die Grenzen der rechtlich selbständigen Unternehmen sprengt.[640]

Obendrein krankt die Diskussion um die Konzernbetriebsratszuständigkeit fast durchweg an einem Mangel: Der Konzernbetriebsrat wird meist als dem Arbeitgeber günstiges Instrument betrachtet, als diene der Konzernbetriebsrat nur der Durchsetzung seines Koordinationsinteresses. Zugunsten der Arbeitnehmer schränkt man daher die Zuständigkeit des Konzernbetriebsrates ein. Besonders deutlich springt die Befürchtung, der Gesamtbetriebsrat könnte den Einzelbetriebsräten und den Arbeitnehmern etwas wegnehmen, in der BAG-Entscheidung vom 5.2.1965 ins Auge: Man darf nicht „zugunsten des Gesamtbetriebsrates die Zuständigkeit der einzelnen Betriebsräte [...] beschneiden"[641].

---

632 So aber wohl *Ehrich* ZfA 1993, 427, 443, der nach „im Einzelfall [..] divergierende[n] Interessen" fragt.

633 Oben, S. 92 f.

634 *Fitting/Kaiser/Heither/Engels/Schmidt*[21] § 58 Rn. 8.

635 *Galperin*, Anmerkung, SAE 1976, 100.

636 Däubler/Kittner/Klebe[8]-*Trittin* § 58 Rn. 26.

637 *Stege/Weinspach/Schiefer*[9] §§ 47-52 Rn. 7.

638 Für enge Auslegung auch Hess/Schlochauer/Worzalla/*Glock*[6] § 58 Rn. 8.

639 Z.B. *Fitting/Kaiser/Heither/Engels/Schmidt*[21] § 58 Rn. 8.

640 Für viele *Fitting/Kaiser/Heither/Engels/Schmidt*[21] § 58 Rn. 8.

641 BAG vom 5.2.1965 - 1 ABR 14/64 - SAE 1965, 192, 193.

Dabei ist natürlich nicht der Einzelbetriebsrat als Organ schutzbedürftig, sondern die von ihm vertretenen Arbeitnehmer.[642]

Die Gründe für diese Versuche einer Einschränkung liegen auf der Hand und sind bekannt aus der Diskussion um die Subsidiarität des Konzernbetriebsrates:[643] Die niederen Gremien sind erstens sachnäher.[644] Einzelheiten und Details, die auf dem Weg „nach oben" an Bedeutung verlieren und zugunsten einer großen Linie in den Hintergrund treten, sind nur dem Einzelbetriebsrat bekannt. Unternehmensspezifische Besonderheiten kennt der Gesamtbetriebsrat besser als der Konzernbetriebsrat, der die einzelnen Unternehmen nicht aus dem Blickwinkel der Unterschiede, sondern der Vereinheitlichung sieht. Der andere Grund für das Zurücknehmen des Konzernbetriebsrates ist seine viel geringere Legitimation: Die Beteiligung aller Gesamtbetriebsräte führt dazu, daß der Konzernbetriebsrat zwar für den gesamten Konzernbereich legitimiert ist,[645] die einzelnen Unternehmen/Betriebe jeweils für sich genommen aber nur schwach repräsentiert sind. Ein Konzernbetriebsrat ist daher nur auf dem Papier ein einheitliches Gremium; tatsächlich divergieren die Interessen der einzelnen Mitglieder von Einzel- zu Konzernbetriebsrat immer mehr. Dies verleiht in der Tat dem Einzelbetriebsrat eine „Primärzuständigkeit"[646]: Seine Zuständigkeit muß man nicht positiv begründen, sondern nur negativ nach oben zur Zuständigkeit von Gesamtbetriebsrat und Konzernbetriebsrat abgrenzen.

Ebenso betont man immer nur, daß Zweckmäßigkeitsgründe und Koordinierungsinteresse auf Arbeitgeberseite den Konzernbetriebsrat nicht zum Zuge lassen kommen dürfen. Aber wer sagt denn, daß nicht auch die Arbeitnehmer, einzelnen Unternehmen/Betriebe einmal Interesse an einer konzerneinheitlichen Regelung[647] haben?[648] Evident ist auch der Widerspruch zu dem Argument, das die Notwendigkeit eines Konzernbetriebsrates immer hervorhebt: Die Arbeitnehmer müßten auch an Entscheidungen der Konzernleitung direkt beteiligt werden. Man wollte darum den Konzernbetriebsrat unbedingt haben. Wie soll das aber funktionieren, wenn die Zuständigkeit dermaßen eingeengt wird?

---

642 Zutreffend *Strasser* FS Schnorr zu Carolsfeld (1973), 483, 493.

643 Dazu S.136 ff.

644 *Henssler* FS Kraft (1998), S. 219, 239.

645 Zur Erfassung der betriebsratslosen Einheiten siehe S. 128 f.

646 BAG vom 23.9.1975 – 1 ABR 122/73 – AuR 1976, 188, 189; vom 18.10.1994 – 1 ABR 17/94 – NZA 1995, 390, 392.

647 So im Fall BAG vom 23.9.1975 – 1 ABR 122/73 – AuR 1976, 188: die Mehrzahl der Betriebe im Unternehmen wollte hier eine Zuständigkeit und einen Beschluß des Gesamtbetriebsrates; dies interessierte den Ersten Senat aber nur für die Zuständigkeit nach § 50 II BetrVG.

648 Auch *Oetker* ZfA 1986, 177, 194 oben sieht die originären Zuständigkeit des Konzernbetriebsrates primär „im Interesse der Konzernobergesellschaft" an.

Die Primärzuständigkeit des Betriebsrats ist daher nicht nur mit Vorsicht zu genießen, sondern sie besagt für sich allein vor allem nicht, *inwieweit* sie – wenn überhaupt – die Zuständigkeit des Konzernbetriebsrates einschränkt.[649] Als Argument gegen die Konzernbetriebsratszuständigkeit ließe sie sich von vornherein, wenn überhaupt, dann nur als Zweifels- oder Beweislastregel in die Waagschale werfen.[650]

hh) Konzernbetriebsratszuständigkeit zur Ablösung überforderter Gesamtbetriebsräte?

Sind die Gesamt- bzw. Einzelbetriebsräte nicht mehr fähig, die zentral gelenkte Entscheidung zu durchschauen, zu beurteilen und zu beeinflussen, ersetzt man sie auch schon einmal durch den Konzernbetriebsrat.[651] Sehr richtig klingt in der Entscheidung des Ersten Senats[652] an, daß der Betriebsrat die Interessen der von ihm *repräsentierten* Arbeitnehmer ordnungsgemäß vertritt. Leider legt der Erste Senat sein Augenmerk nicht auf die Repräsentationsfrage, sondern darauf, ob der Betriebsrat zur *ordnungsgemäßen* Wahrnehmung seiner Rechte imstande ist. Daran soll es bei entsprechendem „Machtgefälle“ zwischen Betrieb und Unternehmensleitung fehlen; man befürchtet einen „schwindenden Einfluß“ des Konzernbetriebsrates.[653]

Daß ein Machtgefälle zwischen einem Betriebsrat und seinem Verhandlungspartner auf Arbeitgeberseite nicht ausreichen kann, zeigt schon das erste Tatbestandsmerkmal des § 58 I BetrVG: Dort ist neben einem solchen auch die Konzerndimensionalität gefragt.[654]

Außerdem kann die mangelnde Fähigkeit oder Information eines Organs nie zum Verlust seiner Zuständigkeit führen.[655] Wäre dies anders, könnte auch der Konzernbetriebsrat als unfähig betrachtet werden – wenn er nämlich zur Behandlung der Angelegenheit Unternehmensinterna, also unternehmensspezifische, persönliche und soziale Verhältnisses eines einzelnen Konzernunternehmens, benötigte.[656] Dem Konzernbetriebsrat aufzugeben, dann eben Rat und Informa-

---

649 *Buchner* FS Zöllner (1998), 697, 699.

650 Dazu unten, S. 141 ff.

651 BAG vom 23.9.1975 – 1 ABR 122/73 – AuR 1976, 188, 189; insoweit zustimmend *Galperin*, Anmerkung, SAE 1976, 100, 101; *Wetzling*, Konzernbetriebsrat, S. 90 ff; *Fuchs*, Konzernbetriebsrat, S. 66 f.; heute immer noch *Stege/Weinspach/Schiefer*[9] §§ 47-52 Rn. 10.

652 BAG vom 23.9.1975 – 1 ABR 122/73 – AuR 1976, 188, 189.

653 *Fuchs*, Konzernbetriebsrat, S. 66.

654 Ebenso *Mothes*, Anmerkung, AuR 1976, 190, 192; *Wetzling*, Konzernbetriebsrat, S. 102 ff. übersieht dies, indem er die Betroffenheit contra legem als Voraussetzung ignoriert.

655 *Kittner*, Anmerkung, EzA § 50 BetrVG 1972 Nr. 1, S. 14; ebenso für das Kompetenzverhältnis der EU und ihrer Mitgliedstaaten *Grimm* KritV 1994, 6, 10.

656 Sehr gute Idee von *Wetzling*, Konzernbetriebsrat, S. 99, der aber noch unmittelbar davor (S. 90 ff.) die unzureichende Kenntnis und Einschätzungsfähigkeit der Materie auf seiten

tionen des Gesamtbetriebsrates einzuholen,[657] muß für den Einzelbetriebsrat ebenso gelten.

Fraglich ist auch, ob es wirklich zu einem Machtgefälle zwischen Betriebsrat und Unternehmensleitung kommt, wenn das Unternehmen zentralistisch geführt wird, und warum dann der Gesamtbetriebsrat mehr ausrichten soll als der Einzelbetriebsrat. Zwar trägt § 58 II BetrVG, der dem Gesamtbetriebsrat nach seinem Wunsch den Konzernbetriebsrat zur Verfügung stellt, in der Tat dem Umstand Rechnung, daß ein Betriebsrat sich überfordert fühlt und seine Interessen durch den Konzernbetriebsrat besser gewahrt sieht; ein größerer Einfluß des Konzernbetriebsrates besteht dagegen nicht pauschal.[658]

Wenn sich aber einem Gesamtbetriebsrat, der sich „überfordert" fühlt, mit der Beauftragungsmöglichkeit des § 58 II BetrVG geholfen ist, kann nicht auch noch die originäre Zuständigkeit daran anknüpfen.[659]

Zudem ist fraglich, wer denn konkret während oder kurz vor der Verhandlung von Arbeitgeber und Betriebsrat diese „Überforderung" feststellen darf. Die Feststellung durch den Arbeitgeber wird sich der Betriebsrat verbitten. Kann aber der Betriebsrat mit seiner einfachen Behauptung – geschickt untermauert durch ausgewählte Tatsachen – seine eigene Zuständigkeit ablegen, hat jetzt er es in der Hand, die originäre Zuständigkeit des Konzernbetriebsrates einseitig zu begründen. Im Grunde ist das nichts anderes als eine konkludente Beauftragung des Konzernbetriebsrates nach § 58 II BetrVG.

Ein Wahres ist aber auch an der gewollten Ablösung des überforderten Gremiums dran: Daß der Konzernbetriebsrat an Stelle der Gesamtbetriebsräte zuständig ist, kann auch zugunsten der Arbeitnehmer wirken. Die Konzernbetriebsratszuständigkeit ist also kein ausschließlicher (Konzern-)Arbeitgeber-Vorteil.[660] Im Gegenteil dient der Konzernbetriebsrat gerade dazu, die von der Konzernunternehmens- auf die Konzernebene abgewanderten Entscheidungsbefugnisse zu kompensieren.[661]

---

der Gesamtbetriebsräte für die Erforderlichkeit der Konzernbetriebsratszuständigkeit ins Feld führt.

657 *Wetzling*, Konzernbetriebsrat, S. 99.

658 So auch *Kittner*, Anmerkung, EzA § 50 BetrVG 1972 Nr. 1, S. 15.

659 *Löwisch/Mikosch*, Anmerkung, AP Nr. 2 zu § 50 BetrVG 1972; *Dross*, Sozialplan im Konzern, S. 75 oben; *Windbichler*, Arbeitsrecht im Konzern, S. 341.

660 So auch *Radke* AuR 1956, 333, 335.

661 *Wetzling*, Konzernbetriebsrat, S. 61 unten; *Fuchs*, Konzernbetriebsrat, S. 66.

ii) Abstimmungsbedarf: Unternehmens- und damit auch gesamtbetriebsratsübergreifende Aspekte

Immer wieder bezeichnet man den Konzernbetriebsrat als Koordinationsorgan[662] oder erklärt ihn für zuständig, wenn eine Regelung einer Angelegenheit durch einen Gesamtbetriebsrat die Regelung in anderen Konzernunternehmen präjudizierte.[663]

Dabei darf man die frühe Auffassung vom Gesamtbetriebsrat als Koordinierungsorgan des BetrVG 1952 getrost als überwunden ansehen; damals nahm man noch eine Koordinierungsfunktion des Gesamtbetriebsrates – nur – *neben* seiner originären Zuständigkeit an: Der Gesamtbetriebsrat sollte – ohne Druck auf die einzelnen Betriebsräte auszuüben – sich um eine Koordinierung der Tätigkeiten der Einzelbetriebsräte bemühen können[664]. Diese freiwillige Aufgabe des Gesamt- bzw. Konzernbetriebsrates kennt man auch heute noch, stellt sie aber nicht mehr in Zusammenhang mit seiner originären Zuständigkeit.[665]

Seltsam mutet es an, dem Einzelbetriebsrat die Berücksichtung „zwingende[r] Gründe für eine Koordinierung" aufzugeben und dem Arbeitgeber zur Erreichung der Koordinierung nur die Einigungsstelle an die Hand zu geben, die schon „allen berechtigten Belangen Rechnung" tragen wird.[666] Diese Konstruktion übersieht: Der Einzelbetriebsrat kann vielleicht Koordinierungsgründe erkennen und auch berücksichtigen. Die Koordination zwischen Interessen der einzelnen Konzernunternehmen aber kann weder er noch die Einigungsstelle, die ja auch nur für den einzelnen Betrieb entscheidet, für den sie eingerichtet wurde, *allein* erreichen[667].

Oft weist man ihm auch noch die Koordination der unternehmensübergreifenden Angelegenheiten zu. Daß aber *nur* ihm die Koordination obliegt, weil die Koordination den Bereich des einzelnen Unternehmens *und* damit gleichzeitig auch der Legitimationsbereich der einzelnen Gesamtbetriebsräte überschreitet, blieb lange meist[668] unerkannt und in Rechtsprechung und der Kommentarliteratur völlig unbeachtet. Denn das BAG stellt zwar bereits in seiner Entscheidung vom 16.8.1983 fest, daß „die Einrichtung des Gesamtbetriebsrates allein dem Aus-

---

662 BAG vom 16.8.1983 – 1 AZR 544/81 – SAE 1984, 334, 336; *Halberstadt* BB 1975, 843; *Richardi* FS Gitter (1995), 789, 794; § 50 I trägt „dem überbetrieblichen Koordinationsbedarf Rechnung"; *Fuchs*, Konzernbetriebsrat, S. 76 unten: „Ausgleichsinstrument"; auch *Wellenhöfer-Klein*, DB 1997, 978, 980 unterstellt dem Konzernbetriebsrat die Abstimmung zwischen Betrieben.

663 *Windbichler*, Arbeitsrecht im Konzern, S. 341.

664 BT-Drs. I/1546, S. 49; *Nasserke* AuR 1966, 140, 142.

665 Z.B. GK/BetrVG⁷-*Kreutz* § 50 Rn. 13; ausführlich *Grotkamp*, Gesamtbetriebsrat, S. 32 ff.

666 So *Nasserke* AuR 1966, 140, 142.

667 Ebenso *Blomeyer* DB 1967, 2221, 2224 oben.

668 Herauszuhebende Ausnahme: *Mothes* AuR 1974, 325, 327, der bereits eine aktive Legitimation des Gesamtbetriebsrates fordert.

gleich kollidierender Interessen mehrerer Betriebsräte [...] dienen soll"[669]. Es begründete seine Ansicht aber aus der Zuständigkeit der Einzelbetriebsräte auch für betriebsübergreifende Angelegenheiten, solange ihnen dabei keine anderen Einzelbetriebsräte „in die Quere kommen".

Das BAG zieht zur Begründung der Gesamtbetriebsratszuständigkeit immer wieder einen zwischen Interessen der einzelnen Belegschaften oder Arbeitnehmer bestehenden Koordinationsbedarf heran: „Notwendigkeit der zeitlichen Koordination",[670] „koordinierte Regelung"[671], „Ausgleich kollidierender Betriebsrats-Interessen"[672] „koordiniert"[673]; „Abstimmungsbedarf"[674]. Nie jedoch erhob das BAG dien Koordinationsbedarf zum Tatbestandsmerkmal – was angesichts seiner offensichtlichen Entscheidungserheblichkeit doch nahe gelegen hätte.

Schon 1967 stellte das BAG zur Begründung der Gesamtbetriebsratszuständigkeit auf eine sonst – aufgrund der unterschiedlichen Behandlung der Arbeitnehmer in den einzelnen Betrieben des Unternehmens – zu befürchtende Störung des Betriebsfriedens ab,[675] darauf folgte eine Entscheidung, die den Gleichbehandlungsgrundsatz heranzieht;[676] in einer späteren Entscheidung will der Dritte Senat „soziale Spannungen" vermeiden,[677] und auch die „Lohngerechtigkeit" wird bemüht.[678] Bei Weiterführung dieser Begründungen stellt sich heraus, daß den Einzelbetriebsräten deshalb die Wahrung des Betriebsfriedens nicht überlassen werden darf, weil sie die dazu erforderliche Einheitlichkeit nicht garantieren können – auch nicht durch Parallelregelungen.

Ungewöhnlich ausführlich legt der Erste Senat dar, daß auch der Betriebsrat aus § 75 I BetrVG zur Einhaltung des Gleichbehandlungsgrundsatzes verpflichtet ist und dieser Pflicht nur mittels einer unternehmenseinheitlichen Regelung, die als einzige eine unterschiedliche Handhabung in den einzelnen Betrieben effektiv verhindert, nachkommen kann. Konzernweit spielt der Gleichbehandlungsgrundsatz zwar keine Rolle, da er – bestenfalls – unternehmensweit[679] gilt. Aber der Aspekt, auf den der Erste Senat zielstrebig zusteuert und den er doch noch verpaßt, ist der, daß die Einzelbetriebsräte diese unternehmenseinheitliche Regelung

---

669 1 AZR 544/81 – SAE 1984, 334, 336 rechte Spalte unten, 337 linke Spalte oben.
670 BAG vom 24.1.1996 – 1 AZR 542/95 – NZA 1996, 1107, 1109.
671 BAG vom 17.2.1981 – 1 AZR 290/78 – NJW 1982, 69.
672 BAG vom 16.8.1983 – 1 AZR 544/81 – SAE 1984, 334, 336.
673 BAG vom 12.11.1991 – 1 ABR 21/91 – NZA 1992, 657, 659 linke Spalte oben.
674 BAG vom 11.2.1992 – 1 ABR 51/91 – NZA 1992, 702, 703 rechte Spalten oben.
675 BAG vom 16.11.1967 – 5 AZR 157/67 – SAE 1968, 121; ähnlich *Halberstadt* BB 1975, 843, 844, der den Betriebsfrieden als „tragende[s] Prinzip des BetrVG" berücksichtigt.
676 BAG vom 6.4.1976 – 1 ABR 27/74 – SAE 1977, 41, 42.
677 BAG vom 19.3.1981 - 3 ABR 38/80 – DB 1981, 2181.
678 BAG vom 6.12.19881 ABR 44/87 – NZA 1989, 479, 480.
679 Zum Streitstand der Reichweite des Gleichbehandlungsgrundsatzes vgl. *Richardi* FS Gitter (1995), 789, 792.

nicht erreichen können, auch nicht parallel, weil doch die Gefahr besteht, daß parallele Regelungen nicht zustande kommen. Erstaunlicherweise erkennt auch *Döring* nicht, daß die unternehmensweite Beachtung des Gleichbehandlungsgrundsatzes das Regelungsvermögen der Einzelbetriebsräte übersteigt, und trennt daher in die zwei Fallgruppen Gleichbehandlungsgebot und fehlendes Regelungsvermögen der Einzelbetriebsräte.[680]

Ebenfalls nicht den Kern trifft die Entscheidung des Ersten Senats vom 23.9.1975: Er nimmt richtig an, daß der Gesamtbetriebsrat gem. § 50 I S. 1 BetrVG zuständig sein kann, wenn Betriebe produktionstechnisch eng miteinander verbunden sind, weil dann eine Interessenabwägung ansteht.[681] Falsch ist der weitere Weg über die vertrauensvolle Zusammenarbeit nach § 2 I BetrVG. Denn der verpflichtet immer nur ein Betriebsrats-Organ auf der einen und ein Organ oder einen Vertreter des Arbeitgebers auf der anderen Seite,[682] nie aber regelt er das Verhältnis zwischen einzelnen Betriebsräten.[683] Die Frage, *welchen* Betriebsrat § 2 I BetrVG in der betreffenden Angelegenheit verpflichtet, ist Zuständigkeitsfrage und § 2 I BetrVG vorgelagert.[684] Der Einzelbetriebsrat kann also nicht deshalb unzuständig sein, weil die Behandlung einer Angelegenheit durch ihn pflichtwidrig i.S.d. § 2 I BetrVG wäre.[685]

Der Gesamtbetriebsrat ist nicht zuständig, weil § 2 I BetrVG eine Interessenabwägung vorschreibt, die nur er leisten kann, sondern weil die produktionstechnische Verknüpfung der Betriebe eine Interessenabwägung zwischen den einzelnen Betrieben erforderlich macht, die im Rahmen des Gesamtbetriebsrates erfolgt.[686]

Daß der Konzernbetriebsrat zuständig sein soll, weil „ein sachgerechtes Ergebnis nicht anders als durch eine koordinierte Regelung erreicht werden" kann, führte das BAG in der Entscheidung vom 17.2.1981[687] für die Konzernbetriebsratszuständigkeit in punkto Interessenausgleich und Soziaplan an. In seiner Entscheidung vom 12.11.1991 bejahte das BAG insofern untypisch die Zuständigkeit des Gesamtbetriebsrates, als es nicht auf das zwingende Erfordernis zurückgriff, sondern die „subjektive Unmöglichkeit" annahm, weil „die Interessen der einzelnen Arbeitnehmer [...] koordiniert werden müssen"[688]. Noch

---

680 *Döring* DB 1980, 689, 690.
681 BAG vom 23.9.1975 – 1 ABR 122/73 – AuR 1976, 188, 189.
682 GK/BetrVG^7-*Kraft* § 2 Rn. 9.
683 *Blomeyer* DB 1967, 2221, 2223.
684 *Kittner*, Anmerkung, EzA § 50 BetrVG 1972 Nr. 1, S. 17; falsch daher auch die Überlegungen bei *Galperin*, Anmerkung, SAE 1976, 100, 101 f.
685 So aber *Galperin*, Anmerkung, SAE 1976, 100, 102.
686 Im Ergebnis genau so bereits *Mothes*, Anmerkung, AuR 1976, 190, 192.
687 BAG vom 17.2.1981 – 1 AZR 290/78 – NJW 1982, 69, rechte Spalte.
688 BAG vom 12.11.1991 – 1 ABR 21/91 – NZA 1992, 657, 659 linke Spalte oben.

deutlicher in der Entscheidung vom 11.2.1992: Der „Abstimmungsbedarf zwischen den Interessen der Einzelbelegschaften“ schließt „die sachgerechte Ausübung des Mitbestimmungsrechts auf einzelbetrieblicher Ebene aus“[689]. Auch in der Entscheidung vom 8.6.1999[690] legt das BAG „die Gefahr von Interessenkonflikten“ mit Hilfe des Gesamtbetriebsrates bei.

Auch wenn der Koordinierungsbedarf damit immer nur dazu dient, die Leerformel des zwingenden Erfordernisses auszufüllen, kommt er zu sachgerechten Ergebnissen – und damit für die Weiterentwicklung des Tatbestands des § 58 I BetrVG in Frage.

jj) Ergebnis: Allein der Abstimmungsbedarf überzeugt

Von allen Aspekten, mit denen die herrschende Meinung ihr Tatbestandsmerkmal des zwingenden sachlichen Erfordernisses konkretisiert, ist allein der Abstimmungsbedarf geeignet, einen Beitrag zur Begründung der originären Zuständigkeit zu leisten. Warum, in welcher Form und an welcher Stelle, ist die Aufgabe, die sich nun stellt.

4. Entwicklung der wahren Tatbestandsmerkmale des § 58 I BetrVG

Ohne „Parallelvereinbarungstheorie“ ist der Weg zu einer Untersuchung des Nichtregelnkönnens wieder frei. Fragt man sich, was „Nicht-Regeln-Können“ bedeutet, ist der Ausgangspunkt klar: Der Wortlaut will zunächst ernst genommen zu werden; erst, wenn das nicht funktioniert, kann man ausweichen. Vor einer Abwägung mit Hilfsbegriffen wie „zwingende sachliche Notwendigkeit“ und „Koordinationsinteresse“ steht die Frage, ob ein Unterschied des „Regeln-Könnens“ bei Einzel-, Gesamt- und Konzernbetriebsrat besteht.

Dabei geht es darum, was einerseits die Gesamtbetriebsräte nicht können, andererseits der Konzernbetriebsrat darüber hinaus kann. Hier steckt das oben[691] angesprochene Körnchen Wahrheit bei der positiven Umformulierung des § 58 I BetrVG weg von dem, was der Gesamtbetriebsrat nicht kann, hin zu dem, was der Konzernbetriebsrat kann.

Daß beide Unterschiedliches leisten, ergibt sich dagegen wieder aus der klaren negativen Formulierung des Nichtregelnkönnens. Die Zuständigkeit des Konzernbetriebsrates ist daher sein Regeln-Können, das ein Nicht-Regeln-Können der Gesamtbetriebsräte voraussetzt, möglicherweise aber noch mehr.

Erster Ansatzpunkt muß daher ein Vergleich der Möglichkeiten von Gesamt- und Konzernbetriebsrat sein. Es geht also erst einmal darum zu untersuchen, was der Konzernbetriebsrat kann, der Gesamtbetriebsrat aber nicht.

689 BAG vom 11.2.1992 – 1 ABR 51/91 – NZA 1992, 702, 703 rechte Spalte oben.
690 BAG vom 8.6.1999 – 1 AZR 831/98 – NZA 1999, 1168, 1171 rechte Spalte.
691 S. 91 f.

a) Nichtregelnkönnen des Gesamtbetriebsrates: Verhandlungspartner Konzernleitung

Größter Unterschied zwischen dem, was Einzel- und Gesamtbetriebsrat einerseits, der Konzernbetriebsrat andererseits erreichen können, ist der Verhandlungspartner. An die Konzernspitze als Initiator kann nur der Konzernbetriebsrat herankommen.[692] Die oft formulierte Begründung für die Einführung des Konzernbetriebsrates im BetrVG 1972 trifft insoweit zu: Entscheidungen, die die Konzernleitung trifft, waren vorher nicht mit Instrumenten der Betriebsverfassung greifbar.[693]

Das ergibt sich aus den Ausführungen zur Konzernleitung als betriebsverfassungsrechtlichem Arbeitgeber: Der Gesamtbetriebsrat ist für seinen Bereich des Unternehmens zuständig, Gleiches muß für seinen Verhandlungspartner und damit betriebsverfassungsrechtlichen Arbeitgeber gelten. Für das Unternehmen ist aber immer, auch im Konzern, die Unternehmensleitung zuständig. Die Konzernleitung kann das Unternehmen nur anweisen und veranlassen, nicht direkt leiten.[694] Damit ist aber erstens nicht gesagt, daß die Konzernleitung Leitungsmacht auf das Unternehmen im Einzelfall ausüben kann. Zweitens verbleibt es für die unternehmensinternen Angelegenheiten dabei, daß sie bei Umsetzung auf der Ausführungsebene des Unternehmens, auch wenn intern durch die Konzernleitung motiviert, ebenso mitbestimmt wie bei konzernfreien Unternehmen.

Schließlich gibt es keine Veranlassung, einen Durchgriff der Konzernleitung herzustellen, wenn für den Bereich, den dieser Durchgriff treffen soll, bereits ein rechtlich kompetentes Leitungsorgan auf Arbeitgeberseite existiert. Mit dem Argument, dieser sei in seinen Entscheidungen nicht frei, läßt sich dieser Durchgriff aber nicht rechtfertigen – ebenso wenig wie bei anderen Motivationen, die auch die Entscheidungsfreiheit der Unternehmensleitung ebenso entscheidend einschränken können. Das ist aber immer im Endergebnis mit dem Gesamtbetriebsrat zu verhandeln, und die Unternehmensleitung trifft für die Umsetzung der konzernveranlaßten Maßnahme die volle Verhandlungslast, so daß auch eine Aushöhlung der Mitbestimmung gar nicht zu befürchten ist.

Daß nicht nur die Kompetenz des Betriebsrats, sondern auch die des Arbeitgebers auf seiner Gegenseite Vorraussetzung für die Konzernbetriebsratszuständigkeit sein muß, war schon in der frühen Rechtsprechung[695] und Literatur[696] zum neuen

---

692 *Fuchs*, Konzernbetriebsrat, S. 77; *Wellenhöfer-Klein*, DB 1997, 978, 980; *Martens* ZfA 1973, 297, 303, 305. Anders *Wetzling*, Konzernbetriebsrat, S.89 unten, der es der Konzernleitung überläßt, sich den Regelungspartner auszusuchen.

693 *Biedenkopf* Liber amicorum P. Sanders, S. 1 f.; Vorschläge des DGB zur Änderung des BetrVG, RdA 1970, 243, Begründung zu Entwurf § 46 III BetrVG.

694 Oben, S.22.

695 SO nimmt BAG vom 23.9.1975 – 1 ABR 122/73 – AuR 1976, 188, 189 eine Zuständigkeit des Gesamtbetriebsrates desto eher an, je zentralistischer das Unternehmen geführt wird.

BetrVG 1972 Thema. Besonders *Radke* bemerkte, daß mit dem Wechsel der Betriebsratsebene auch ein Wechsel auf Arbeitgeberebene einhergehen muß. Daher prüft er für die Zuständigkeit bereits, bei welcher Stelle die arbeitgeberischen Funktionen liegen.[697] Ihm folgte *Störmann*, die immerhin bei „Großunternehmen" die Gesamtbetriebsratszuständigkeit „vermuten" will, wenn die Unternehmensleitung die Entscheidung trifft.[698] Auch *Halberstadt* will die Zuständigkeit des Gesamtbetriebsrates – wie im Personalvertretungsrecht – der Zuständigkeit des Arbeitgebers folgen lassen und beschränkt den Einzelbetriebsrat ausdrücklich auf Verhandlungen mit der Betriebsleitung.[699] Genauso endet für *Mothes* die Aktivlegitimation des Einzelbetriebsrates, wenn die Unternehmensleitung die maßgebliche Entscheidung trifft.[700] Immerhin „eine Rolle spielen" für das Nichtregelnkönnen läßt auch *Windbichler* die Zuständigkeit auf Arbeitgeberseite.[701]

Über das Ziel hinaus schießt *Wetzling*, der für die Zuständigkeit des Konzernbetriebsrates *nur* verlangt, daß die Konzernleitung Entscheidungsträger ist.[702] Seine Nichtbeachtung des weiteren Tatbestandsmerkmals Konzerndimensionalität muß er daher dann dadurch ausgleichen, daß er dem Konzernbetriebsrat nur eine „Verhandlungszuständigkeit" gibt und den Gesamtbetriebsräten die „Unterschriftszuständigkeit" und damit letztendliche Entscheidung als „autonome[n] Prüfungsbereich"[703] beläßt.

Die Konzernleitung muß daher ebenso kompetent zur Regelung der Angelegenheit sein wie auf der anderen Seite der Konzernbetriebsrat. Nur diese beiden Verhandlungspartner decken den Konzernbereich ab. Da aber der Konzernbetriebsrat nur auf der Konzernebene tätig sein kann, kann er auch nur mit der Konzernleitung verhandeln.[704]

Für die originäre Zuständigkeit des Konzernbetriebsrates reicht die Arbeitgeberkompetenz der Konzernleitung jedoch nicht aus, eine Entscheidung der Konzernspitze für sich begründet noch nicht die Zuständigkeit des Konzernbetriebsrates.[705] Denn der Tatbestand des § 58 I BetrVG fordert auch das Betroffensein des Konzerns oder mehrerer Konzernunternehmen.[706]

---

696 *Mothes*, Anmerkung, AuR 1976, 190, 191 f. fragt konkret nach einem kompetenten Verhandlungspartner des Betriebsrats.

697 *Radke* AuR 1956, 333, 334.

698 *Störmann*, Gesamtbetriebsrat, S. 56 f.

699 *Halberstadt* BB 1975, 843 f.

700 *Mothes* AuR 1974, 325, 327.

701 *Windbichler* Arbeitsrecht im Konzern, S. 340.

702 *Wetzling*, Konzernbetriebsrat, S. 61 ff. Kritisch auch *Dross*, Sozialplan im Konzern, S. 71, Fn. 33.

703 *Wetzling*, Konzernbetriebsrat, S. 104 oben.

704 *Fuchs*, Konzernbetriebsrat, S. 55 unten.

705 Siehe oben S. 77; *Mothes* AuR 1974, 325, 327; *Kunz* AiB 1990, 325; *Dross*, Sozialplan im Konzern, S. 75. Daher richtig der Gegenschluß des BAG vom 18.10.1994 – 1 ABR 17/94 –

b) Ergänzung des Tatbestands um das Betroffensein

Das Betroffensein mehrer Konzernunternehmen ist wichtigeres Tatbestandsmerkmal als bisher angenommen.

Dieses Tatbestandsmerkmal steckt den potentiellen Wirkungs- und Tätigkeitsbereich des Konzernbetriebsrates ab,[707] stellt aber darüber hinaus auch sicher, daß der Konzernbetriebsrat überhaupt erst regeln darf, wenn mehr als nur ein Konzernunternehmen betroffen ist. Damit ist das erste Tatbestandsmerkmal genau so maßgeblich für die Konzernbetriebsratszuständigkeit wie das zweite des Nichtregelnkönnens. Die Konzerndimensionalität „nur" den äußeren Zuständigkeitsbereich bzw. potentiellen Tätigkeitsbereich des Konzernbetriebsrates abstecken zu lassen und im Nichtregelnkönnen das „maßgebliche" Kriterium zu sehen,[708] wird ihrer Bedeutung nicht gerecht.

Es steckt zunächst einmal den Zuständigkeitsbereich des Konzernbetriebsrates nicht lediglich nach unten zu Gesamt- und Einzelbetriebsräten ab, sondern setzt dem Konzernbetriebsrat eine andere Grenze. Diese Grenze lautet: Unternehmensinterne Angelegenheiten gehen den Konzernbetriebsrat nichts an,[709] auch wenn die Konzernspitze die Entscheidung getroffen hat. Ebensowenig wie der Gesamtbetriebsrat bei Entscheidungen, die die Unternehmensleitung für *einen* Betrieb trifft, mitbestimmen kann, ist der Konzernbetriebsrat zu beteiligen, wenn das Augenmerk der Konzernleitung auf nur *einem* Unternehmen liegt.[710]

Der Konzernbetriebsrat kann erst eingreifen, wenn die Angelegenheit mehrere Konzernunternehmen betrifft – somit folgt nicht bereits aus der Kompetenz der Konzernleitung, aus ihrer Weisung (selbst mit Folgepflicht) an ein Konzernunternehmen, die Zuständigkeit des Konzernbetriebsrates.[711] Teilweise kritisiert wurde daran, daß die Mitbestimmung in den einzelnen Konzernunternehmen bei der Umsetzung weniger Sinn hat.[712] Der nur eine Konzernweisung umsetzenden Unternehmensleitung soll es an Entscheidungsmacht und -freiheit fehlen, da sie

NZA 1995, 390, 391: Die Konzentration der Entscheidungskompetenz bei der Unternehmensleitung macht den Einzelbetriebsrat nicht unzuständig.

706 Ebenso *Dross*, Sozialplan im Konzern, S. 71 Fn. 33.

707 GK/BetrVG[7]-*Kreutz* § 58 Rn. 21; *Kunz* AiB 1990, 325; *Dross*, Sozialplan im Konzern, S. 70.

708 So *Dross*, Sozialplan im Konzern, S. 71; GK/BetrVG[7]-*Kreutz* § 58 Rn. 21; *Grotkamp*, Gesamtbetriebsrat, S. 70 f., die aber auf S. 68 zugibt, daß die Zuständigkeit daran hängt, daß mehrere Betriebe betroffen sind.

709 *Richardi* FS Gitter (1995), 789, 790.

710 ErfKomm[4]-*Eisemann* § 58 BetrVG Rn. 3; *Kunz* AiB 1990, 325; *Röder/Gragert* DB 1996, 1674; für den Gesamtbetriebsrat BAG vom 6.12.1988 – 1 ABR 44/87 – NZA 1989, 479, 480.

711 Anders nur *Wetzling*, Konzernbetriebsrat, S. 61 ff. und *Nick*, Konzernbetriebsrat, S. 150 f.

712 *Wetzling*, Konzernbetriebsrat, S. 79 ff.; *Fuchs*, Konzernbetriebsrat, S. 68 unten; *Kassmann*, Gesamtbetriebsrat, S. 71; *Martens* ZfA 1973, 297, 303.

unter der „Direktivgewalt eines anderen Unternehmens“[713], des herrschenden, steht.[714] Dies übersieht das LAG Düsseldorf[715], wenn es den Unternehmensleitungen „entsprechende Kompetenzen“ unterstellt, auch wenn die Konzernleitung ihre Leitungsmacht ausübt.[716] Außerdem befindet man die Mitbestimmung in einem möglichst frühen Stadium als effektiver, sog. „präventive Einflußnahme“[717]; die Mitbestimmung soll da stattfinden, wo auch die Entscheidungen fallen[718].

Falsch ist aber, daß die Mitbestimmung des Gesamtbetriebsrates bei der Umsetzung einer von der Konzernleitung vorgegebenen Maßnahme innerhalb eines Konzernunternehmens eine andere Qualität hat als in einem konzernfreien Unternehmen.[719] Der Gesamtbetriebsrat kann hier ebenso die Umsetzung der Maßnahme verhindern, die Einigungsstelle anrufen etc. wie bei Entscheidungen, die die Unternehmensleitung selbst getroffen hat. Völlig zu Recht behandelt das BAG im Einigungsstellenverfahren interne Vorgaben des herrschenden Konzernunternehmens als diejenigen des Konzernunternehmens[720].

Eine möglichst frühzeitige Beteiligung ist für den Betriebsrat dagegen durchaus vorteilhaft, weil er rein faktisch und psychologisch die Pläne des Arbeitgebers desto mehr beeinflussen kann, je grober diese erst skizziert sind. Da aber sein Mitbestimmungsrecht wie gesagt nicht dadurch ausgehöhlt wird, daß er auf die Umsetzung der Konzernweisung warten muß, rechtfertigt dieser leichte – in der Praxis sicher sowieso selten spürbare –[721] Vorteil sicher nicht, ein ausdrückliches Tatbestandsmerkmal zu ignorieren.[722]

Vielmehr dient die originäre Zuständigkeit nicht im Vordergrund der Kompensation eines Beteiligungsdefizits durch die Leitungsmacht der Konzernleitung, sie korreliert nicht mit dem Autonomieverlust der abhängigen Unternehmen.[723]

Es müssen mindestens zwei Unternehmen betroffen sein – wobei natürlich auch denkbar ist, daß sogar nur zwei *Betriebe* betroffen sind, die verschiedenen Kon-

---

713 *Martens* ZfA 1973, 297, 303.

714 *Martens* ZfA 1973, 297, 303.

715 Vom 4.3.1992 – 5 TaBV 116/91 – NZA 1992, 613, 615 linke Spalte.

716 Auch *Dross*, Sozialplan im Konzern, S. 74 sieht den Arbeitgeber bei Einflußnahme der Konzernleitung nicht mehr als „Herr seiner Entscheidungen“.

717 *Wetzling*, Konzernbetriebsrat, S. 81 unten.

718 *Martens* ZfA 1973, 297, 302; *Fuchs*, Konzernbetriebsrat, S. 66.

719 *Fuchs*, Konzernbetriebsrat, S. 68 unten bezeichnet die Mitbestimmung in diesem Bereich dagegen als „nur formal“; *Martens* ZfA 1973, 297, 303: „rechtsformal“. Wie hier *Dross*, Sozialplan im Konzern, S. 74 unten; *Oetker* ZfA 1986, 177, 190.

720 BAG vom 12.11.1997 – 7 ABR 78/96 – NZA 1998, 497, 498.

721 Daß der Arbeitgeber mit einer derartig unfertigen Planung an den Konzernbetriebsrat herantritt, entspricht nicht der gängigen Art der Konzernführung.

722 So aber *Wetzling*, Konzernbetriebsrat, S. 104 oben.

723 Zutreffend *Oetker* ZfA 1986, 177, 191.

zernunternehmen angehören,[724] was auch der dem § 58 I S. 1 BetrVG neu angefügte zweite Halbsatz bestätigt, der die Zuständigkeit des Konzernbetriebsrates auch auf *Betriebe* der Konzernunternehmen ohne Betriebsrat erstreckt.

Aus dieser deutlichen Vorgabe des Gesetzgebers[725] folgt eine weitere Forderung an den Bereich, den sich der Konzernbetriebsrat reservieren darf: Nicht allein, *wer* die Entscheidung trifft (oder im Falle des Initiativrechts des Betriebsrats: treffen müßte), ist ausschlaggebend – sondern auch, *wen* sie trifft.

Zur Einordnung der Betroffenheit in den Tatbestand des § 58 I BetrVG ist nun noch zu prüfen, ob es weitere Voraussetzungen für die originäre Zuständigkeit gibt.

c) Betroffenheit mehrer Konzernunternehmen und Entscheidung der Konzernleitung – warum sie noch nicht ausreichen

Als Tatbestandsmerkmale haben sich soweit herauskristallisiert: Die Konzernleitung entscheidet die Angelegenheit, die mehrere Konzernunternehmen betrifft.

Ob das Nichtregelnkönnen der Gesamtbetriebsräte damit ausreichend wiedergegeben ist, ist zweifelhaft. Und das von beiden Seiten, des Gesamtbetriebsrates und des Konzernbetriebsrates aus: Der Gesamtbetriebsrat ist unstreitig auf den *Unternehmensbereich* beschränkt, da er nur dafür legitimiert ist – für den gesamten Konzern oder mehrere Konzernunternehmen ist nur der Konzernbetriebsrat legitimiert.[726] Der Konzernbetriebsrat darf nur regeln, wenn der *Unternehmensbereich* überschritten ist. Diese Überschreitung ist nicht identisch mit der Konzerndimensionalität nach der bisherigen Definition[727]. Denn diese hat mit der Legitimation des Gesamtbetriebsrates nichts zu tun.

Alles, was den Bereich eines Unternehmens überschreitet, verläßt auch den Regelungsbereich des Gesamtbetriebsrates.

Dazu sind Überlegungen erforderlich, was der Konzernbetriebsrat genau ist, wie er sich zusammensetzt, wie er arbeitet und was infolgedessen den Unterschied zum Gesamtbetriebsrat ausmacht. Dabei ist klar: Im Konzernbetriebsrat sitzen aus jedem Konzernunternehmen, das einen Gesamt- oder Einzelbetriebsrat (§ 54 II BetrVG) besitzt, zwei Vertreter. Diese beiden werden jeweils besonders die Interessen *ihres* Unternehmens im Auge haben. Die Interessen innerhalb des Konzernbetriebsrates divergieren daher zwangsläufig in der Regel noch mehr als im Einzel- oder Gesamtbetriebsrat. Schon im Einzelbetriebsrat kann es Abweichungen geben. Der Betrieb ist nur für die Betriebsverfassung die kleinste Einheit; Interessen können aber schon von Abteilung zu Abteilung, ja einzelnem Arbeit-

---

724 Völlig zutreffend *Richardi/Annuß*[8] § 58 Rn. 6.

725 Die bis auf die Meinung *Wetzlings*, Konzernbetriebsrat, S. 102 ff. unstreitig ist!

726 *Fuchs*, Konzernbetriebsrat, S. 54; für den Gesamtbetriebsrat *Mothes* AuR 1974, 325, 327 und *Kittner*, Anmerkung, EzA § 50 BetrVG 1972 Nr. 1, S. 16.

727 Dazu oben S. 77 f.

nehmer zu einzelnem Arbeitnehmer divergieren, was sich auch bei den Betriebsratsmitgliedern fortsetzen kann. Im Konzernbetriebsrat laufen die Interessen aber am weitesten auseinander. Dies auch, weil er rechtlich und oft meist auch wirtschaftlich selbständige Unternehmen vertritt, die aufgrund dieser Selbständigkeit auch weniger gemeinsam haben. Ein Unternehmensinteresse – übergeordnet denen des jeweils „eigenen" Betriebes -, können die Mitglieder eines Gesamtbetriebsrates bei ihren Entscheidungen vielleicht noch ganz gut berücksichtigen: Geht es dem Unternehmen schlecht, geht es auch meinem Betrieb schlecht.

Ganz anders beim Konzern: Die oft betonte „Vielheit"[728], die man der Einheit Unternehmen gerne gegenüberstellt, wirkt sich auch im Konzernbetriebsrat selbst aus, nicht nur auf der Gegenseite beim „Arbeitgeber Konzern". Was dem einen Konzernunternehmen eminent wichtig ist, berührt andere wirklich gar nicht mehr. Ein übergeordnetes gemeinsames Konzerninteresse ist schon deshalb sehr eingeschränkt, weil auch der Arbeitgeber hier keine einheitliche, den ganzen Konzern überspannende Leitungsmacht hat wie der Unternehmer in seinem einzelnen konzernfreien Unternehmen.

Da § 58 I BetrVG zweifelsfrei vorgibt, daß bereits die Betroffenheit zweier Konzernunternehmen ausreichen kann, stelle man sich die Situation plastisch vor: Ein Konzernbetriebsrat, bestehend aus zwanzig Mitgliedern, von denen nur vier den Unternehmen angehören, bei denen es „um etwas geht". Diese vier sind im gesamten Konzernbetriebsrat in der Diskussion und Verhandlung in der Minderheit. Auch bei der Abstimmung können sie in der Minderheit sein: Ihre Konzernbetriebsratsmitglieder haben zusammen so viel Stimmgewicht, wie der sie entsendende Gesamtbetriebsrat Arbeitnehmer repräsentiert, § 55 III BetrVG. Die Mehrheit aber entscheidet über die Minderheit, einen Minderheitenschutz gibt es nicht. Die Konzernbetriebsratsvertreter, die überhaupt nichts mit der Angelegenheit zu tun – nichts zu gewinnen, nichts zu befürchten – haben, können diejenigen, die sich in die Angelegenheit schon aus Eigeninteresse vertieft und sorgfältig ein Ergebnis erarbeitet haben, überstimmen. Wenn einmal das „Konzerninteresse" dem „Unternehmensinteresse" – im Konzernbetriebsrat, nicht auf Arbeitgeberseite – diametral gegenübersteht, haben die Unternehmen im Konzernbetriebsrat, die in der Stimmenminderheit sind, keine Chance.

Dies sind genügend Argumente, die die Stimmen stützen, „vorsichtig" mit dem Konzernbetriebsrat zu sein und seine Zuständigkeit eng auszulegen.

Der Konzernbetriebsrat faßt seinen Beschluß, nachdem die Mitglieder ihre unterschiedlichen Interessen, die aus den Eigenheiten der Unternehmen folgen, diskutiert haben. Mehr noch als Gesamt- und Einzelbetriebsrat benötigt der Konzernbetriebsrat, wie oben schon festgestellt, diese „Zusammenschlußphase", um erst einmal Ergebnisse zu erzielen, mit denen er anschließend in die Verhandlungen

728 *Dross*, Sozialplan im Konzern, S. 73; oben, S. 41.

mit dem Arbeitgeber geht. Er ist kein homogenes Gebilde, will und soll aber als solches dem Arbeitgeber gegenübertreten. Die Homogenität muß er daher erst einmal durch Abstimmung und Ausgleich der einzelnen Interessen herstellen. Der vielköpfige Konzernbetriebsrat spricht erst dann mit einer Zunge.[729]

Während die Risiken des Konzernbetriebsrates klar sind, sollten auch Vorteile dieser Institution zu finden sein. Man schreibt dem Konzernbetriebsrat einen größeren Überblick zu, traut gar *nur* ihm zu, die von der Konzernleitung initiierte Angelegenheit zu „durchschauen".[730] Auch aufgrund dessen soll der Konzernbetriebsrat einen größeren Einfluß auf die Konzernleitung haben; außerdem verhandelt *nur er* mit der Konzernleitung, was deswegen effektiver sein soll, weil ja nur sie Entscheidungsmacht besitzt. Daß der Konzernbetriebsrat kompetenter sein soll, folgt vielleicht auch daraus, daß die Gesamt- und Einzelbetriebsräte nicht ihre schlechtesten Mitglieder in den Konzernbetriebsrat entsenden werden. Meist sind sie freigestellt, auch noch im Aufsichtsrat tätig, und widmen sich voll und ganz dem Arbeitnehmerinteresse im Konzern.

Faßt man zusammen, was der Konzernbetriebsrat soll und was nicht, ist klar: Sein Auftreten dem Arbeitgeber gegenüber ist anders. Nicht nur, weil der Arbeitgeber ein anderer ist, sondern auch, weil in der Tat der Konzernbetriebsrat der Konzernleitung gegenüber mehr dem Konzerninteresse, weniger den speziellen Eigenarten einzelner Unternehmen folgen wird, seine Sichtweise größeren Dimensionen entspricht. Das heißt nicht, daß er sich die „Sachnähe", die viele nur dem Einzelbetriebsrat zutrauen, nicht auch verschaffen könnte – immerhin sitzen ja Mitglieder im Konzernbetriebsrat, die irgendeinem Betrieb angehören und von dort sachnah alles mitbekommen. Dafür kann der Konzernbetriebsrat die divergierenden Interessen der einzelnen Konzernunternehmen austarieren und unter einen Hut bringen.

Sollen Chancen und Risiken des Konzernbetriebsrates einigermaßen ausgewogen sein, ist wichtig, daß seine Zuständigkeit auf seine Stärken setzt: die Abstimmung zwischen den einzelnen Unternehmensinteressen. Seine Schwäche ist, daß das Interesse des einzelnen Konzernunternehmens im Konzert aller einzelnen Vorstellungen der Unternehmervertreter überhört und auch überstimmt werden kann.

Betrachtet man nun den Gesamtbetriebsrat, fällt sofort auf, was dieser nicht kann: Ein Konzerninteresse muß dem Gesamtbetriebsrat nicht zwangsläufig ferner liegen, schon gar nicht unbekannter sein, als dem Konzernbetriebsrat. Der Gesamtbetriebsrat kann sogar Kenntnis der Belange anderer ebenfalls betroffener Konzernunternehmen haben, und nichts hindert ihn daran, diese zu berücksichtigen. Aber: Zwingen kann diesen Gesamtbetriebsrat und auch die anderen Gesamtbetriebsräte dazu eben keiner. Sicher wird der Gesamtbetriebsrat im Gegenteil die

---

729 Dazu oben S. 83.

730 So *Nick*, Konzernbetriebsrat, S. 143 ff, Zitat S. 148.

Interessen *seines* Unternehmens über die des Gesamtkonzerns und erst recht über die – womöglich konkurrierenden – anderen betroffenen Konzernunternehmen stellen. Was der Gesamtbetriebsrat aber nun gar nicht kann, ist, neben einer *Berücksichtigung* unternehmensfremder Aspekte diese auch aufeinander *abzustimmen* und zu *koordinieren*. Dazu fehlt ihm mangels Einflusses auf das herrschende und die Mit-Konzernunternehmen schon die faktische Möglichkeit. Selbst, wenn es dem Gesamtbetriebsrat gelänge, eine Lösung zu entwerfen, die alle auch über seinen Unternehmensbereich hinausreichenden Gesichtspunkte berücksichtigte, wäre dies nicht die *eine*, sondern nur eine von mehreren Lösungen. Mit anderen aber paßt sie nicht zusammen, da jeder seine eigenen Schwerpunkte setzt – selbst bei größtmöglicher Objektivität, die es in praxi natürlich nicht gibt.

Darin liegt der Fehler der Behauptung, eine konzern*einheitliche* Lösung mache die Zuständigkeit des Konzernbetriebsrates zwingend erforderlich.[731] Wie schon gesagt, ist Ergebnis der konzernbetriebsratsinternen Koordination der Unternehmensinteressen nicht *nur* eine Lösung, die alle Konzernunternehmen gleich betrifft. Kann auch nicht sein, wenn doch nicht alle überhaupt betroffen sein müssen. Der Gedanke einer konzerneinheitlichen Regelung paßt von vornherein nur auf Angelegenheiten, die den Konzern in seiner Gesamtheit betreffen. Nur hier hat die Idee der Parallelvereinbarungen etwas Richtiges. Sie scheitert aber sofort, wenn nur zwei oder drei Konzernunternehmen betroffen sind und für die restlichen gar nichts zu regeln ist. Eine für alle gleich geltende Vereinbarung mag im Einzelfall das Ergebnis sein[732], sie darf aber nicht als einziges Ziel und Ergebnis der Konzernbetriebsratstätigkeit verlangt werden.

Der Konzernbetriebsrat ist nach alledem wirklich der Platz, innerhalb dessen ein Abstimmungsbedarf zwischen den einzelnen Konzernunternehmen gestillt wird. Die Diskussion mit dem Arbeitgeber findet erst im Anschluß daran statt. Der große Fehler der Einheitlichkeit zeigt sich darin, daß es die Zustimmung des Konzernbetriebsrates zerstören müßte – und das wird auch behauptet -, wenn spezifische Eigenheiten in Unternehmen oder seinen Betrieben berücksichtigt werden müssen. Gleichzeitig aber soll der Konzernbetriebsrat den Ausgleich zwischen den unterschiedlichen Vorstellungen der Unternehmen herbeiführen, die gerade auf deren Eigenheiten beruhen. Der Konzernbetriebsrat ist kein Gleichbehandlungsinstrument.[733] Sondern Koordinationsorgan.

Das parallele Problem findet sich schon auf Betriebsebene: im gemeinsamen Betrieb.[734] Im gemeinsamen Betrieb steht dem gemeinsamen Betriebsrat

---

731 Dazu oben S. 82 f.

732 Das behauptet das BAG vom 8.6.1999 – 1 AZR 831/98 – NZA 1999, 1168, 1171 rechte Spalte nicht überzeugend; kritisch insoweit auch *Löwisch*, Anmerkung, SAE 2000, 175, 177.

733 Genau so aber *Kemper/Küpper*, Anmerkung, AP Nr. 14 zu § 80 BetrVG 1972.

734 Dazu oben S. 50 ff.

grundsätzlich aufgrund der Führungsvereinbarung nur ein Arbeitgeber gegenüber.[735] Die betriebsverfassungsrechtliche Arbeitgeberfunktion kann aber aufgespalten sein. Denn zur Begründung der einheitlichen Leitung genügt, daß mehrere Unternehmen die Arbeitgeberfunktionen nur im Bereich der sozialen und personellen, nicht aber der wirtschaftlichen Angelegenheiten der gemeinsamen Leitung unterstellen.[736] Dann ist in sozialen und wirtschaftlichen Angelegenheiten Arbeitgeber die vereinbarte gemeinsame Leitung, für die wirtschaftlichen Angelegenheiten steht der Betriebsrat den einzelnen Unternehmensleitungen gegenüber.[737] Die Arbeitgeberstellung folgt der Führungsvereinbarung.[738] Die Entscheidungsbefugnis hängt darüber hinaus davon ab, ob die anderen an der gemeinsamen Führung beteiligten Unternehmen mitwirken müssen. Das ist der Fall, wenn ein Abstimmungsbedarf da ist, der zur Ermöglichung der gemeinsamen Arbeit gedeckt werden muß.[739]

Der Konzernbetriebsrat ist nur dann zuständig, wenn er als *Koordinations*organ gebraucht wird, also ein Abstimmungsbedarf besteht. Er ist damit im Verhältnis zum Gesamtbetriebsrat nur subsidiär zuständig, der Gesamtbetriebsrat ebenso im Verhältnis zum Einzelbetriebsrat, der Einzelbetriebsrat also insgesamt primär zuständig. Das liegt daran, daß es dem Betrieb bzw. Unternehmen nur dann entzogen ist, *selbst* ohne fremde Einmischung und allein seinen Interessen gemäß zu entscheiden, wenn gegenläufige Interessen anderer Einheiten seiner Ebene überhaupt bestehen.[740] Das ist genau das Subsidiaritätsprinzip, wie es Papst Pius XI. in Artikel 79 der Sozialenzyklika Quadragesimo Anno (1931) formulierte: „Dasjenige, was der Einzelnmensch aus eigener Initiative und mit seinen eigenen Kräften leisten kann, [darf] ihm nicht entzogen[...] werden.“[741]. Über den Ausgleich zwischen diesen kann – wenn nicht die Einheiten selbst eine „Abstimmungsinstanz“ einrichten, was aber das BetrVG nicht vorsieht – nur eine räumlich übergeordnete Instanz entscheiden, die beide Einheiten in sich vereint und vertritt.

Nichts anderes meint *Siebert* mit seinem „Prinzip der arbeitnehmernahen Mitbestimmung“[742], ohne aber zu erkennen, daß dieses nichts anderes ist als

735 MünchArbR²-*v. Hoyningen-Huene* § 299 Rn. 11; *Rieble* FS Wiese (1998), 453, 456.

736 BAG vom 29.1.1987 – 6 ABR 23/85 – NZA 1987, 707, 708; vom 14.9.1988 – 7 ABR 10/87 – AP Nr. 9 zu § 1 BetrVG 1972; vom 18.1.1989 – 7 ABR 62/87 – AP Nr. 2 zu § 14 AÜG; *Wiese* FS Gaul (1992), 553, 566 f.

737 *Rieble* FS Wiese (1998), 453, 456 f.; *Wiese* FS Gaul (1992), 553, 567.

738 *Rieble* FS Wiese (1998), 453, 457.

739 *Rieble* FS Wiese (1998), 453, 457.

740 Das übersieht das LAG Düsseldorf vom 4.3.1992 – 5 TaBV 116/91 – NZA 1992, 613, 614, wenn es der Primärzuständigkeit des Betriebsrats seine gesetzliche Grundlage abspricht.

741 Zitiert nach *Glombik* VR 2001, 269 linke Spalte und *Schasching* FS Schambeck (1994), S. 107, 108.

742 Gesamtbetriebsrat, S. 66 ff.

Subsidiarität – wobei er letztere ablehnt,[743] weil sie angeblich eine Zuständigkeitskonkurrenz voraussetzt, die er – insoweit wieder zutreffend – für die Zuständigkeit von Einzel- und Gesamtbetriebsrat ablehnt.

d) Zusätzliches Tatbestandsmerkmal: Koordinationsbedarf zwischen den betroffenen Konzernunternehmen

Als Ergebnis der Tatbestandsmerkmale des § 58 I BetrVG steht daher fest: Zusätzlich zum Betroffensein mehrerer Konzernunternehmen muß auch ein Koordinationsbedarf bestehen.

Ist der Einzelbetriebsrat dazu da, die zwischen einzelnen[744] Arbeitnehmern divergierenden Interessen zum Ausgleich zu bringen, so kommt beim Gesamtbetriebsrat schon der Ausgleich zwischen verschiedenen Betrieben – die jeweils gleichlaufende Interessen gebündelt haben – hinzu, beim Konzernbetriebsrat sind alle Unternehmen mit dabei. Nur, wenn über den Bereich des Gesamtbetriebsrates hinaus Ausgleichsbedarf besteht, kann der Konzernbetriebsrat wirken.

Dieser unternehmensübergreifende Koordinationsbedarf löst die originäre Zuständigkeit aus.

Daß nur ein Koordinationsbedarf zwischen Konzernunternehmen die Zuständigkeit begründen kann, erkennt grundsätzlich auch *Mothes*, wenn er einen „Interessenausgleich" zwischen einzelnen Betrieben untereinander dem Gesamtbetriebsrat zuweist:[745] Dieses Ausgleichs bedarf aber nur ein Koordinationsbedarf, der dadurch entsteht, daß eine Angelegenheit über den einzelbetrieblichen Bereich hinausgeht.[746]

Auch mit der häufiger zu findenden „Präjudizierung" ist nichts anderes gemeint, als daß ein Gesamtbetriebsrat nur Angelegenheiten regeln darf, deren Wirkung sich nicht auf andere Konzernunternehmen erstreckt, weil er nicht für alle Beteiligten zuständig ist.[747]

Daß der Konzernbetriebsrat jedenfalls *auch* als Koordinationsorgan dient, wurde wie gesagt auch bisher schon vertreten.[748] Dieser Abstimmungsbedarf führt aber zum Nichtregelnkönnen der Gesamtbetriebsräte und füllt daher diese „unbestimmte" Tatbestandsvoraussetzung endlich mit Greifbarem auf.

Was aber den unternehmensinternen Bereich verläßt, verläßt den Bereich, für den der Gesamtbetriebsrat errichtet und legitimiert ist. Daran ändert der neue zweite Halbsatz des § 50 I S. 1 nichts, der die Legitimation des Gesamtbetriebsrates nur aufweicht, sie aber nicht insgesamt entbehrlich macht. Eine Angelegenheit, die

743 Gesamtbetriebsrat, S. 51 ff., 62.
744 Voraussetzung ist natürlich ein kollektiver Tatbestand.
745 *Mothes*, Anmerkung, AuR 1976, 190, 191 f.
746 *Mothes*, Anmerkung, AuR 1976, 190, 192.
747 So zutreffend *Löwisch/Mikosch*, Anmerkung, AP Nr. 2 zu § 50 BetrVG 1972.
748 Siehe schon oben S. 102 ff.

den Unternehmensbereich überschreitet, verläßt damit auch den Zuständigkeitsbereich des Gesamtbetriebsrates. Eine Konzernbetriebsvereinbarung, die der Konzernbetriebsrat als Koordinationsorgan abschließt, *kann* der Gesamtbetriebsrat damit *nicht* abschließen.[749]

Großen Wert legt auch das BAG auf das demokratische Legitimationsprinzip im Rahmen des § 50 BetrVG – allerdings nur bei der Frage, ob die Zuständigkeit des Gesamtbetriebsrates auch betriebsratslose Betriebe erfaßt, die es eben wegen fehlender Legitimation verneinte.[750] Das ist soweit argumentativ stichhaltig, das BAG fährt aber widersprüchlich fort: Es beschränkt die Zuständigkeit des Betriebsrates konsequent auf „seinen Betrieb“[751]. Dann aber soll trotzdem der Einzelbetriebsrat in Unternehmen mit mehreren Betrieben, aber nur einem Betriebsrat die betriebsratslosen Betriebe doch für diese mitentscheiden dürfen: Der Einzelbetriebsrat soll auch „Angelegenheiten [...], die *nicht nur*[752] den eigenen Betrieb, sondern auch andere Betriebe des Unternehmens betreffen“[753], regeln können. Da das BAG der Auffassung zum alten BetrVG 1952 beitritt, ein nicht gebildeter Gesamtbetriebsrat führe dazu, daß die Mitbestimmungsrechte „notwendigerweise bei den Einzelbetriebsräten“ blieben[754], ist dieser Widerspruch noch nachvollziehbar. Anders sieht es in der Anmerkung *Dütz* '[755] zu dieser Entscheidung aus: Er spricht dem Gesamtbetriebsrat die Zuständigkeit für betriebsratslose Betriebe wie das BAG mangels Repräsentation ab.[756] Gleichzeitig will er dem einzigen Betriebsrat in einem Unternehmen mit mehreren Betrieben aufgeben, wie ein Gesamtbetriebsrat zu handeln, als schlösse er also „Parallelregelungen in den einzelnen Betrieben“ ab[757].Die „Parallelregelungen“ in den betriebsratslosen Betrieben soll alsdann der Arbeitgeber „beteiligungsfrei“ übernehmen. Wenn der Gesamtbetriebsrat aber nicht dazu legitimiert ist, für die anderen Betriebe zu handeln, darf er auch nicht mittels solcher Vorgaben die anderen Betriebe mit in seine Angelegenheiten einbeziehen.

Falsch ist daher die Behauptung des BAG, die Zuständigkeit des Konzernbetriebsrates müsse eine der Seiten anstreben.[758] Sie setzt unabhängig vom Streben des Konzernbetriebsrates oder der Konzernleitung voraus, daß der Legitimationsbereich des Gesamtbetriebsrates überschritten ist. Dazu führt ein durch die Angelegenheit ausgelöster Koordinationsbedarf.

---

749 Dazu oben S. 80 ff.
750 BAG vom 16.8.1983 – 1 AZR 544/81 – SAE 1984, 334.
751 BAG vom 16.8.1983 – 1 AZR 544/81 – SAE 1984, 334, 336.
752 Hervorhebung von Verf.
753 BAG vom 16.8.1983 – 1 AZR 544/81 – SAE 1984, 334, 336.
754 BAG vom 16.8.1983 – 1 AZR 544/81 – SAE 1984, 334, 336.
755 SAE 1984, 337.
756 *Dütz* SAE 1984, 337 rechte Spalte oben.
757 *Dütz* SAE 1984, 337, 338 rechte Spalte oben.
758 BAG vom 19.3.1981 - 3 ABR 38/80 – DB 1981, 2181, 2182 oben.

e) Verhältnis der Betroffenheit und des Nichtregelnkönnens

Nach dem Gesagten setzt das Nichtregelnkönnen bereits voraus, daß mehrere Konzernunternehmen betroffen sind – nur dann entsteht ein Koordinationsbedarf, den der Konzernbetriebsrat stillen muß. Das Tatbestandsmerkmal der „Konzerndimensionalität" ist daher bereits im Nichtregelnkönnen enthalten. Und es bedeutet nicht, daß ein Konzernunternehmen nach dem Willen des Initiators vom Geltungsbereich der Maßnahme umfaßt sein muß. Es bedeutet, daß das Konzernunternehmen am Abstimmungsbedarf partizipiert, es also bei der Entscheidung präjudiziert wird.

Der Tatbestand des § 58 I BetrVG besteht nicht kumulativ aus der Konzerndimensionalität und Nichtregelnkönnen, da ersteres in letzterem enthalten ist.

f) Ergebnis: Kompetenz des Konzernbetriebsrates und Kompetenz der Konzernspitze als kumulative Tatbestandsvoraussetzungen

Damit sind die Tatbestandsmerkmale des § 58 I BetrVG die Kompetenz des Konzernbetriebsrates auf der einen und der Konzernleitung auf der anderen Seite. Der Konzernbetriebsrat übernimmt die Abstimmung des Koordinationsbedarfs zwischen mehreren Konzernunternehmen. Die Konzernleitung muß für diese Konzernunternehmen oder wenigstens einen Teil, nämlich mehr als eines dieser Konzernunternehmen, ebenso kompetent sein, d.h.: Konzernleitungsmacht ausüben können.

5. Prüfung der Tatbestandsmerkmale im einzelnen

a) Angelegenheit

Die „Angelegenheit" des § 58 I BetrVG muß Ausgangspunkt für die Zuständigkeit des Konzernbetriebsrates sein. Denn irgendwo muß man die folgenden Prüfungspunkte festmachen. Auch BAG[759] und Literatur[760] bestimmen die Zuständigkeit stets anhand des in Frage stehenden Mitbestimmungsrechts. Wie dieses aber konkret in § 58 I BetrVG verankert sein soll, ist dabei offen geblieben. Die „Angelegenheit" bietet sich dafür mehr als an: Ihre große Rolle spielt sie in der Rechtsfolge des § 58 I BetrVG – dem Zuständigkeitsbereich -, und dazu muß sie schon vorher berücksichtigt werden.

Darüber hinaus hängt jede Prüfung von Betroffenheit und Nichtregelnkönnen gleich welcher Art in der Luft, wenn nicht die konkrete Angelegenheit Grundlage ist.[761]

Angelegenheit kann dabei nicht der „einheitliche Plan"[762] sein, der einer Maßnahme zugrunde liegt. Käme es darauf an, läge es in der Hand des Initiators,

759 Ständige Rechtsprechung, z.B. BAG vom 16.6.1998 – 1 ABR 68/97 – NZA 1999, 49, 51; vom 26.1.1993 – 1 AZR 303/92 – NZA 1993, 714, 715;.

760 *Windbichler*, Anmerkung, SAE 1997, 143, 144 unten; *Richardi* FS Gitter (1995), 789, 791.

761 *Richardi* FS Gitter (1995), 789, 791.

Maßnahmen beliebig zusammenzufassen und damit den sachlichen Geltungsbereich vorzugeben. Es ist auch kein Grund ersichtlich, die hier zu weite Auslegung später anhand des Tatbestandsmerkmals des Nichtregelnkönnens wieder zu korrigieren.[763]

Zudem ist „Maßnahme“ kein Gesetzesbegriff, mit dem etwas anzufangen wäre. Hier müßte man wieder eine Auslegung versuchen.

Windbichler[764] versteht unter der Angelegenheit des § 58 I BetrVG „in erster Linie“ die sachlichen Inhalte der betriebverfassungsrechtlichen Beteiligung.

Die „Angelegenheit“ versteht sich viel selbstverständlicher als der Tatbestand, der dem Mitbestimmungs- oder Mitwirkungsrecht des Betriebsrats zugrunde liegt. Unstreitig muß ja für die Zuständigkeit des Konzernbetriebsrates erst einmal die Zuständigkeit „eines“ Betriebsrats „an sich“ gegeben sein[765]. Auch dies folgt daraus, daß „Angelegenheit“ eben dieses Mitwirkungsrecht meint.

Angelegenheit ist daher das Mitwirkungsrecht, konkretisiert im Einzelfall durch seinen vom Sachverhalt vorgegebenen Tatbestand.

b) Kompetenz des Konzernbetriebsrates

aa) Koordinationsbedarf

Ob ein Koordinationsbedarf besteht, gibt die Angelegenheit vor. Angelegenheit ist der Tatbestand, der das Mitbestimmungsrecht auslöst. Der unternehmensübergreifende Koordinationsbedarf folgt aus dem Sinn und Zweck des Mitbestimmungsrechts, das in Frage steht.[766]

[1] Konkretisierung des Koordinationsbedarfs

Der Abstimmungsbedarf ist ja in der Rechtsprechung häufig entscheidungserheblich geworden.[767] Konkretisiert hat ihn das BAG aber nicht.

Im Unternehmen kann der Gleichbehandlungsgrundsatz den Abstimmungsbedarf auslösen: Gilt im Einzelfall der Gleichbehandlungsgrundsatz unternehmensweit und regelt ein Betrieb eine Angelegenheit, die die Gleichbehandlung beachten muß, so gibt er damit für die anderen Betriebe vor, wie sie die Angelegenheit regeln müssen.[768]

---

762 So aber *Blomeyer* DB 1967, 2221; ebenso *Richardi* FS Gitter (1995), 789, 792, der die „Ordnungsvorstellung des Arbeitgebers“ zugrunde legt.

763 So aber die Konstruktion *Richardis* FS Gitter (1995), 789, 792.

764 Arbeitsrecht im Konzern, S. 340.

765 *Windbichler*, Anmerkung, SAE 1997, 143, 145.

766 Richtig: BAG vom 26.1.1993 – 1 AZR 303/92 – NZA 1993, 714, 715; *Stege/Weinspach/Schiefer*[9] §§ 47-52 Rn. 8; *Windbichler*, Anmerkung, SAE 1997, 143, 144; GK/BetrVG[7]-*Kreutz* § 50 Rn. 37, 39; *Fitting*[22] § 50 Rn. 25.

767 Siehe oben S. 102 ff.

768 *Löwisch/Mikosch*, Anmerkung, AP Nr. 2 zu § 50 BetrVG 1972.

Es geht darum, ob die Angelegenheit Auswirkungen auf andere Konzernunternehmen hat, die eines Ausgleichs durch den Konzernbetriebsrat bedürfen. Nicht sämtliche locker zusammenhängenden Auswirkungen sind ausreichend; sehr gut charakterisieren einige den Abstimmungsbedarf: Er liegt vor, wenn die Entscheidung der Angelegenheit Präjudiz für andere Unternehmen ist.[769]

Die Konkretisierung des Koordinationsbedarfes, die *Blomeyer* anbietet, überzeugt nicht: Er will zwischen natürlicher und notwendiger Einheit der Maßnahme unterscheiden,[770] arbeitet aber nicht heraus, wodurch genau der Abstimmungsbedarf entsteht und wie er beschaffen sein muß. Daß eine andere Lösung als die Koordinierung „nur schwierig möglich ist“[771], kommt als Abgrenzungskriterium nicht in Frage.

Da ja schon der Einzelbetriebsrat auch der Abstimmung von Interessengegensetzen zwischen einzelnen Arbeitnehmern dient,[772] können die für diesen Abstimmungsbedarf entwickelten Grundsätze auch hier sinngemäß herangezogen werden. Dafür paßt der kollektive Tatbestand, den § 87 I BetrVG verlangt. Er liegt vor, wenn einer Individualmaßahme präjudizielle Bedeutung für andere Arbeitsverhältnisse zukommt.[773] Ebenso läßt sich der Konzernbezug herstellen. Es muß hier also nichts Neues erfunden, sondern nur an eine andere Stelle übertragen werden.

Ob ein Abstimmungsbedarf vorliegt, ist daher aufgrund des einzelnen in Frage stehenden Mitbestimmungsrechts danach zu entscheiden, ob die Regelung in einem Konzernunternehmen die Regelung in anderen Konzernunternehmen präjudiziert. Dies ist immer der Fall, wenn die anderen Konzernunternehmen, sobald sie das gleiche Mitbestimmungsrecht ausüben wollen oder an den gleichen Sachverhalt anknüpfend eine Regelung wollen, die Vorgaben des anderen Konzernunternehmens beachten müssen.

[2] Maßgeblicher Zeitpunkt

Das BAG mißt die Zuständigkeit am ursprünglichen Konzept der Konzernspitze.[774] Völlig unabhängig von den Verhandlungsergebnissen bleibt es dann immer bei der Zuständigkeit des Konzernbetriebsrates.

Vorteil dieser Bindung an die ursprüngliche Planung ist die Rechtssicherheit: Ist die Zuständigkeit des Konzernbetriebsrates einmal entschieden, wissen Gesamtbetriebsrat und Einzelbetriebsrat, daß sie sich herauszuhalten haben. Die Betriebsräte können sich nicht gegenseitig die Zuständigkeit zuschieben. Die Un-

---

769 *Windbichler*, Arbeitsrecht im Konzern, S. 341; *Siebert*, Zuständigkeit, S. 48 ff.

770 *Blomeyer* DB 1967, 2221, 2224 f.

771 *Blomeyer* DB 1967, 2221, 2224 rechte Spalte unten.

772 Dazu oben S. 113 f.

773 GK/BetrVG^7-*Wiese* § 87 Rn. 20; kritisch *Wank* FS Wiese, 617, 622 f.

774 BAG vom 24.1.1996 – 1 AZR 542/95 – NZA 1996, 1107, 1108 rechte Spalte oben.

stimmigkeiten und Nachteile der Bindungswirkung des ursprünglichen Plans überwiegen aber.

Zum einen kann sich während der Verhandlungen zwischen Konzernbetriebsrat und Konzernleitung als Zwischenresultat auch ergeben, daß das ursprünglich konzernweite Konzept gar nicht mehr aufrecht erhalten wird. Einigen diese beiden sich darauf, nur noch ein Konzernunternehmen oder einen Betrieb mit der Durchführung der Maßnahme zu überziehen, fehlt ab diesem Zeitpunkt die Kompetenz des Konzernbetriebsrates. Keine der beiden erforderlichen Komponenten liegt noch vor: Betroffen ist nur ein Konzernunternehmen, und ein Abstimmungsbedarf ist auch nicht mehr vorhanden, weil schon erledigt. Für den Konzernbetriebsrat endet damit seine spezifische Aufgabe. Mit der weiteren Ausführung *können* sich der Gesamtbetriebsrat und die Unternehmensleitung des betroffenen Konzernunternehmens beschäftigen.

Kleine Schwächen dieser „Zurückverweisung" der Angelegenheiten an den Gesamtbetriebsrat und seinen Arbeitgeber liegen zunächst im erhöhten Aufwand, denn nun müssen sich noch einmal diese beiden einarbeiten. Des weiteren dürfen Gesamtbetriebsrat und Unternehmensleitung nicht wieder auf die Idee kommen, auf die ursprüngliche konzernweite Konzeption zu bestehen und die Sache wieder an den Konzernbetriebsrat zu leiten.

Letzteres ist nicht zu befürchten, da die Konzernleitung ihre Planung aufgibt und damit im dann noch verbleibenden einzigen Konzernunternehmen durchsetzen wird. Der Gesamtbetriebsrat kommt dann erst bei der konkreten Durchführung zum Zug, wo der Konzernbetriebsrat, wie bereits gesagt, nichts zu suchen hat.

Die Meinung des BAG hat aber zur Folge, daß der Arbeitgeber allein mit einer geschickten Anfangsplanung die Zuständigkeit des Konzernbetriebsrates erreichen und sich für die gesamte Durchführung sichern kann. Eine solche Scheinplanung dürfte dem Arbeitgeber kaum schwer fallen. Er hätte es damit in der Hand, einseitig die Zuständigkeit des Konzernbetriebsrates herbeizuführen und seinem Koordinationsinteresse, das die herrschende Meinung sonst ja ignoriert, Berücksichtigung zu verschaffen. Besonders interessant wäre die Zuständigkeit des Konzernbetriebsrates, wenn kein Gesamtbetriebsrat in dem Konzernunternehmen vorhanden ist, das die Konzernleitung im Auge hat. Denn auch für sie ist der Konzernbetriebsrat seit der Novelle zuständig, § 58 I S. 2 BetrVG. Der Arbeitgeber könnte mit der Schützenhilfe des BAG wunderbar den Konzernbetriebsrat als Ersatzbetriebsrat nutzen.

Maßgebend für die Beurteilung der Kompetenz des Konzernbetriebsrates ist somit nicht der Beginn der Verhandlung und damit die ursprüngliche Planung. Eine Einigung zwischen Konzernbetriebsrat und Konzernleitung auf Abkehr von unternehmensübergreifenden Angelegenheiten ist quasi „Erfüllung" der Konzernbetriebsratszuständigkeit und beendet diese.

bb) Betroffenheit mehrerer Konzernunternehmen

Die Betroffenheit mehrerer Konzernunternehmen ist, das sei der herrschenden Meinung zugegeben, einfach zu beantworten: Betroffenheit liegt vor, wenn der Koordinationsbedarf sich auf mehrere Konzernunternehmen erstreckt.

Betroffenheit meint nicht Betroffenheit der Konzerninteressen aus Sicht der Konzernleitung.[775] Dieses Verständnis verkürzt den Tatbestand ohne Grund um eine ausdrückliche Voraussetzung.[776]

Der *Geltungsbereich* einer Konzernbetriebsvereinbarung beschränkt sich jedoch nicht automatisch auf die betroffenen Konzernunternehmen.[777]

[1] Ersatzzuständigkeit des Konzernbetriebsrates für betriebsratslose Einheiten?

Große Bedeutung kommt diesem Merkmal seit der Novelle wegen der Einbeziehung betriebsratsloser Einheiten in die Zuständigkeit des Konzernbetriebsrates zu (§ 58 I S.1, 2.Hs BetrVG).[778] Die Erstreckung der Zuständigkeit des Konzernbetriebsrates auf betriebsratslose Einheiten darf nicht zu einer Ersatzzuständigkeit für die fehlenden Arbeitnehmervertretungen werden.[779] Dies leuchtet unmittelbar ein, bedarf aber doch näherer Ausführungen.

Das „Risiko" der Ersatzzuständigkeit setzt erstens voraus, daß der Arbeitgeber oder der Konzernbetriebsrat selbst Interesse daran haben, Angelegenheiten für betriebsratslose Einheiten zu regeln. Das Interesse des Arbeitgebers folgt daraus, daß die Betriebsvereinbarung das für ihn günstigste Regelungsinstrument sein kann. Zwar ersetzt die Betriebsvereinbarung nicht für alle Angelegenheiten eine Änderungskündigung: Oft schiebt das Günstigkeitsprinzip einen Riegel vor[780]. Jedenfalls im Bereich der notwendigen Mitbestimmung in § 87 BetrVG aber steht dem Arbeitgeber die Betriebsvereinbarung auch als verschlechterndes Instrument zur Verfügung[781]. Dem Konzernbetriebsrat könnte daran gelegen sein, von seiner

---

775 So aber *Wetzling*, Konzernbetriebsrat, S. 103 ff. mit abenteuerlichen Begründungen und Rechtsfolgen (Konzernbetriebsrat nur für die Verhandlung zuständig, unterschreiben muß der Gesamtbetriebsrat).

776 Was *Wetzling*, Konzernbetriebsrat, S. 104 oben selbst eingesteht (sobald der Gesamtbetriebsrat nicht regeln kann, muß der Konzernbetriebsrat eingreifen).

777 *Halberstadt* BB 1975, 843 stellt nur die Frage nach der Begrenzung der Konzernbetriebsvereinbarung.

778 *Fischer* AiB 2001, 565, 568; dieses Problem behandelt auch *Fitting*[22] § 50 Rn. 29 ff.

779 *Richardi/Annuß*[8] § 58 Rn. 22; ErfKomm[4]-*Eisemann* § 50 BetrVG Rn. 2; BT-Drs. 14/5741 S. 43; *Kort* ZfA 2000, 329, 336.

780 Für die Anwendbarkeit des Günstigkeitsprinzips im Verhältnis Betriebsvereinbarung – Arbeitsvertrag BAG (Großer Senat) vom 16.9.1986 - GS 1/82 - NZA 1987, 168; aus der umfangreichen Lit. *Mues* ArbRB 2003, 57 f.; *Fitting*[22] § 77 Rn. 196; GK/BetrVG[7]-*Kreutz* § 77 Rn. 234 ff. jeweils m.w.N.

781 *Gutzeit* AR-Blattei SD Betriebsverfassung XIV B (530.14.2) Rn. 85; *Wiese* ZfA 2000, 117, 138 ff.; a.A. BAG (Großer Senat) vom 16.9.1986 - GS 1/82 - NZA 1987, 168; offen gelassen dagegen bei BAG (Großer Senat) vom 3.12.1991 – GS 2/90 – NZA 1992, 749.

Zuständigkeit für die betriebsratslosen Einheiten Gebrauch zu machen, um den betriebsratslosen Zustand zu beseitigen.

Einen anderen Filter, um die Ersatzzuständigkeit zu vermeiden, gibt es auch nicht. Zwar könnte man daran denken, die Aufgabe des Konzernbetriebsrates, Interessengegensätze der einzelnen Gesamtbetriebsräte zu koordinieren, auf die Konzernunternehmen zu beschränken, die auch im Konzernbetriebsrat vertreten sind und daher an der Koordination aktiv beteiligt sind. Daß dies aber nicht (mehr) Voraussetzung ist, hat der Gesetzgeber nun in § 58 I S. 1, 2. Hs. BetrVG entschieden.

Besonders wegen der Geltung der Konzernbetriebsvereinbarung auch für betriebsratslose Einheiten fragt es sich, ob der Geltungsbereich einer Konzernbetriebsvereinbarung mit den betroffenen Unternehmen identisch sein muß. Genügt die Betroffenheit zweier Konzernunternehmen, um für alle, u.U. sehr viele Konzernunternehmen eine gemeinsame Regelung zu treffen und damit in die einzelnen Arbeitsverhältnisse aller Arbeitnehmer eingreifen zu können?

Für die Frage, ob mehrere – und welche – Konzernunternehmen betroffen sind, soll allgemein der räumliche in Verbindung mit dem persönlichen oder sachlichen Geltungsbereich einer geplanten Maßnahme entscheidend sein.[782] Dieser wiederum hängt vom Willen des jeweiligen Initiators[783] ab.[784]

Die Betroffenheit ist aber nicht vom freien Willen eines Initiators abhängig. Vielmehr gibt die räumliche Ausdehnung des Tatbestands des gesetzlichen Mitbestimmungsrechts die Betroffenheit vor.

Der Unterschied zeigt sich deutlich in einer mißglückten Entscheidung des BAG: Mit der Feststellung, der Arbeitgeber bestreite bereits das Vorliegen eines mitbestimmungspflichtigen Tatbestandes und wolle damit gar keine Regelung, damit zwangsläufig auch nicht auf Unternehmensebene, verneinte der Erste Senat die Zuständigkeit des Gesamtbetriebsrates.[785] Seit wann aber der hier in Frage stehende Tatbestand des § 87 I Nr. 10 BetrVG davon abhängt, ob der Arbeitgeber die Mitbestimmung haben will oder nicht, bleibt das BAG schuldig. Richtig ist nur, daß der Arbeitgeber in seiner Entscheidung frei ist, ob und in welchem Bereich er eine übertarifliche Vergütung vornimmt. Hat er diese Entscheidung aber getroffen, was sich in der tatsächlichen Handhabung zeigt, darf der Betriebsrat mitreden. Das BAG aber hielt es nicht einmal für nötig aufzuklären, in welchem Bereich (Betrieb/Unternehmen) der Arbeitgeber übertariflich bezahlt hatte.[786]

---

782 GK/BetrVG[7]-*Kreutz* § 58 Rn. 19.

783 Zum Initiativrecht des Konzernbetriebsrates sogleich, S. 123 f.

784 GK/BetrVG[7]-*Kreutz* § 58 Rn. 19.

785 BAG vom 18.10.1994 – 1 ABR 17/94 – NZA 1995, 390, 392.

786 BAG vom 18.10.1994 – 1 ABR 17/94 – NZA 1995, 390 (Sachverhalt).

Die Betroffenheit richtet sich daher nach dem Tatbestand, an den das Mitwirkungsrecht des Konzernbetriebsrates anknüpft. Der Arbeitgeber kann nicht willkürlich davon losgelöst den Konzernbetriebsrat als Ersatz für nicht vorhandene Gesamt- der Einzelbetriebsräte einsetzen. Soweit er aber den Tatbestand insoweit vorgeben darf, als er den Bereich der Maßnahme entscheidet, kann niemand ihn hindern, den Konzernbetriebsrat auch mit der Motivation seiner Ersatzzuständigkeit einzusetzen.

[2] Initiativrecht des Konzernbetriebsrates?

Die Betroffenheit mehrer Konzernunternehmen beruht in der Regel auf der Initiative des Arbeitgebers: Er schreitet im Bereich der meisten Mitwirkungsrechte voran und gibt den Tatbestand vor. Ob auch der Konzernbetriebsrat einmal initiativberechtigt sein kann, ist umstritten. Für die Gesamtbetriebsratsebene sieht *Siebert* bei Maßnahmen, die nicht schon aus der Natur der Sache heraus überbetrieblich sind, nur den Arbeitgeber als Initiator.[787] Denn der Gesamtbetriebsrat braucht ein Initiativrecht, damit sein Wille zur überbetrieblichen Regelung Berücksichtigung findet; und dieses Initiativrecht steht nur dann ihm und nicht den Einzelbetriebsräten zu, wenn der Geltungsbereich schon aus der Natur der Sache unternehmensbezogen ist.[788]

Diese einseitige Bestimmung der Betroffenheit durch den Arbeitgeber hält *Siebert* deshalb für unbedenklich, weil das Erfordernis der konzerneinheitlichen Regelung auf der zweiten Prüfungsstufe die Fälle der originären Zuständigkeit herausfiltert.[789]

Richtig stellt *Konzen* fest, daß ein Initiativrecht des Konzernbetriebsrates zwei Voraussetzungen erfüllen muß.[790] Zum einen muß das Mitbestimmungsrecht, das der Konzernbetriebsrat geltend machen will, dem Betriebsrat überhaupt ein Initiativrecht einräumen.[791] Zum anderen muß dieses dem Konzernbetriebsrat, nicht dem Gesamtbetriebsrat oder Einzelbetriebsrat, zustehen. Das setzt voraus, daß nicht erst der Wunsch des Konzernbetriebsrates die Konzerndimensionalität herbeiführt, sondern diese unabhängig davon besteht.

Ein Initiativrecht des Konzernbetriebsrates ist damit nicht ausgeschlossen. Der Konzernbetriebsrat kann sich aber nicht selbst dadurch zuständig machen, daß er eine konzernweite Regelung wünscht. Für als Initiativrechte ausgestaltete Mitbestimmungsrechte kann der Konzernbetriebsrat solche Angelegenheiten zum

787 *Siebert*, Gesamtbetriebsrat, S. 26.
788 *Siebert*, Gesamtbetriebsrat, S. 25 f.
789 *Siebert*, Gesamtbetriebsrat, S. 27 oben.
790 *Konzen* RdA 1984, 65, 216.
791 Wie insbesondere § 87 I BetrVG, siehe GK/BetrVG[7]-*Wiese* § 87 Rn. 135 ff. Umfassend zum Initiativrecht *Wiese*, Das Initiativrecht nach dem Betriebsverfassungsgesetz (1977).

Thema des Mitbestimmungsverfahrens machen, deren Sachverhalt unternehmensübergreifend ist.

c) Entscheidungskompetenz des Konzernarbeitgebers: Ausgeübte Konzernleitungsmacht

Wie oben festgestellt, muß der Konzernbetriebsrat bei Ausübung seiner originären Zuständigkeit mit der Konzernleitung als Arbeitgeber vorlieb nehmen.[792]

Bereits *Fuchs* stellt – wenn auch seltsamerweise innerhalb des Betroffenseins mehrer Konzernunternehmen – fest, daß die Konzernleitung Leitungsmacht aufgrund Vertrags oder faktischer Gegebenheiten benötigt,[793] um eine einheitliche Regelung herbeiführen zu können.

Auch *Buchner* verlangt eine Entscheidungskompetenz der Konzernobergesellschaft.[794] Ganz richtig zeigt er, daß diese – anders als die Unternehmenskompetenz – einer besonderen Begründung bedarf, nämlich entweder aus Beherrschungsverträgen oder aus der faktischen Beherrschung ergründet werden muß. Leider verzichtet er – wohl auch, da auf § 87 I Nr. 10 BetrVG beschränkt – komplett darauf, die Legitimation des Konzernbetriebsrates abzufragen;[795] daß aber die vorhandene Entscheidungskompetenz der Konzernobergesellschaft die Zuständigkeit des Konzernbetriebsrates nicht allein auslöst, zeigt die weitere Tatbestandsvoraussetzung der Konzerndimensionalität.

Ob die Konzernleitung im Einzelfall Arbeitgeberin ist, hängt von ihrer Möglichkeit, ihre Leitungsmacht durchzusetzen, ab.[796] Diese Arbeitgeber-Kompetenz ist im Rahmen des § 58 I BetrVG zu prüfen.

Während damit die Kompetenz der Konzernleitung entscheidend ist, kommt es auf ihre *Bereitschaft* zur Regelung nicht an:[797] Das durchsetzbare Mitbestimmungs*recht* des Betriebsrats macht diese Bereitschaft gerade entbehrlich. Wer die fehlende Bereitschaft wie feststellen soll, ist unlösbares Folgeproblem, vor allem, da sich die Bereitschaft ja immer auch am Auftreten des Verhandlungsgegners orientiert. Warum auch nur die Arbeitgeberseite, nicht aber die Betriebsräte willig sein müssen, ist weiter nicht einzusehen: Den Betriebsräten ein größeres Interesse an erfolgreichen Verhandlungen zu unterstellen, kehrt die Wirklichkeit in ihr Gegenteil um.

---

792 S. 106 ff.

793 So S. 80; widersprüchlich behauptet er allerdings auf S. 78, die Konzernleitung habe ein „nahezu unbeschränkte[s] Weisungsrecht".

794 *Buchner* FS Zöllner (1998), 697,709.

795 *Buchner* FS Zöllner (1998), 697, 711.

796 Im einzelnen S. 70 ff.

797 So aber *Halberstadt* BB 1975, 843, 844, der – freilich nur auf Arbeitgeberseite! – beides fordert.

Zu guter Letzt führte dies aber gerade wieder zur Dispositionsmöglichkeit des Arbeitgebers über die Mitbestimmungsebene: Die Unlust der Unternehmensleitung führte – auch berechnend einsetzbar – zur Zuständigkeit des Konzernbetriebsrates und seinen Verhandlungen mit der Konzernleitung. Die Bereitschaft der Unternehmensleitung dagegen soll immer die Zuständigkeit des Gesamtbetriebsrates erhalten.[798] Was passiert, wenn beide verhandlungsunwillig sind, entbehrt eines vernünftigen Auswegs; konsequent spricht *Halberstadt*[799] dieses Problem erst gar nicht an.

6. Ausblick: Die Konzernbetriebsratszuständigkeit bei einzelnen Mitbestimmungsrechten

a) Personelle Einzelmaßnahmen, § 99 BetrVG

Einstellung und Versetzung sind tatsächliche Vorgänge. Ihr Tatbestand ist bei tatsächlicher Eingliederung in den Betrieb erfüllt. Da man auch bei Ketten- und Ringversetzungen immer unterscheidet zwischen der Einstellung in den aufnehmenden und der Versetzung aus dem abgebenden Betrieb,[800] ist der Tatbestand des Mitbestimmungsrechts und damit Angelegenheit i.S.d. § 58 I BetrVG immer nur die einzelne Einstellung/Versetzung.

Diesen Tatbestand auslösen kann nur die Betriebsleitung, in deren Betrieb eingegliedert wird.

Aus diesem Grunde – und nur deshalb – fehlt es personellen Einzelmaßnahmen auf seiten des Konzernarbeitgebers an der Konzerndimensionalität. In dem Moment, in dem die Betriebsleitung einen Arbeitnehmer tatsächlich einsetzt, kommt allein der Einzelbetriebsrat zum Zuge. Mangels Interessenkonflikten gibt es keinen Grund, den Konzernbetriebsrat einzusetzen, der ggf. sogar gegen die Stimmen der beiden einzigen betroffenen Konzernunternehmen die Versetzung durchsetzen könnte.[801] Daß der Arbeitgeber[802] damit zwei voneinander unabhängigen Mitbestimmungsverfahren und ggf. auch zwei Beschlußverfahren ausgesetzt sein könnte, läßt sich nicht per Konzernbetriebsratszuständigkeit überspielen, sondern ist Konsequenz der Trennung in zwei Mitbestimmungsrechte.[803]

---

798 *Halberstadt* BB 1975, 843, 844.

799 BB 1975, 843, 844.

800 BAG vom 16.12.1986 – 1 ABR 52/85 – NZA 1987, 424; *Rieble/Schwald* in: Praxishandbuch Arbeitsrecht, Teil 9 Kap. 4.5, S. 10 m.w.N.; a.A. *Boewer* DB 1979, 1035, 1038 f.: Nur der Betriebsrat des aufnehmenden Betriebs ist zu beteiligen, muß aber auch die Nachteile der Versetzung für den Arbeitnehmer prüfen.

801 Diese Bedenken teilt *Boewer* DB 1979, 1035, 1038.

802 Im betriebsverfassungsrechtlichen Sinn, dazu oben S. 46 ff.

803 Die *Boewer* DB 1979, 1035, 1038 f. daher lösen will, indem er dem Betriebsrat des aufnehmenden Betriebs die Prüfung auch der Nachteile für den versetzten Arbeitnehmer aufbürdet.

Ein- und Umgruppierung sind deklaratorische Akte und nichts anderes als die tatsächliche Anwendung eines Entgeltsystems.[804] Die Entlohnung wiederum ist Sache des individualrechtlichen Arbeitgebers, sprich: des Betriebs oder Unternehmens. Der Konzernarbeitgeber ist wiederum außen vor.

b) Freiwillige Leistungen

In diese Fallgruppe gehören alle Mitbestimmungstatbestände, die dem Arbeitgeber eine Vorentscheidung über das „Ob" und mitbestimmungsfrei belassen. Kann der Arbeitgeber aber über das „Ob" entscheiden, soll er auch den Bereich vorgeben dürfen, für den er die freiwillige Leistung gewähren will.[805]

Meist wird die Zuständigkeit von Gesamt- bzw. Konzernbetriebsrat unter dem Stichwort „subjektive Unmöglichkeit" behandelt und generell dem Willen des Arbeitgebers, dem von ihm gewünschten Geltungsbereich, unterstellt.[806]

Jedoch: Diese Bereichsvorgabe ist nichts weiter als die Festlegung, welche räumliche Dimension der Mitbestimmungstatbestand umfassen soll. Damit ist nichts weiter als eine Voraussetzung der Konzernbetriebsrats-Zuständigkeit erfüllt, nämlich die Betroffenheit mehrerer Konzernunternehmen. Der darüber hinaus erforderliche Abstimmungsbedarf ist damit noch nicht beantwortet.

Für § 87 I Nr. 10 BetrVG gilt: Es hängt nicht vom freien Willen des Arbeitgebers ab, Betroffenheit und damit Konzernbetriebsratszuständigkeit vorzugeben. Verfährt der Arbeitgeber in einem anderen Betrieb nach dem gleichen Lohnsystem, kann ihn die Einwendung, er habe gar keine kollektive Regelung angestrebt, nicht vor der Gesamtbetriebsrats–Zuständigkeit schützen. Denn den Tatbestand des § 87 I Nr. 10 BetrVG erfüllt die tatsächliche Anwendung des Lohnsystems. Daher hätte das BAG[807] nicht offen lassen dürfen, ob der Arbeitgeber tatsächlich in anderen Betrieben das gleiche Lohnsystem anwandte. Nicht erst das Herantreten des Arbeitgebers macht den Gesamtbetriebsrat zuständig. Darauf, „für die Arbeitnehmerseite klar erkennbar" ist, daß die „Zuständigkeitsregel", nach der der Einzelbetriebsrat primär zuständig sei, „durchbrochen" werden soll, kommt es nicht an.

Der Abstimmungsbedarf liegt bei konzerndimensionalen Lohnsystemen nach § 87 I Nr. 10 BetrVG vor. Denn hat der Arbeitgeber das Lohnsystem erst einmal überbetrieblich definiert, können nicht mehr die einzelnen Betriebsräte das „Wie", insbesondere: die Verteilung regeln. Insoweit entsteht ein Abstimmungsbedarf über die Betriebsgrenzen hinaus, den die Einzelbetriebsräte nicht (sachgerecht) erfüllen können:[808] Sie müßten erst den Gesamtbetrag in „Betriebshappen"

804 BAG vom 03.05.1994 - 1 ABR 58/93 - AP Nr. 2 zu § 99 BetrVG 1972 Eingruppierung.
805 Dazu ausführlich *Richardi* FS Gitter (1995), 789, 792 ff.
806 Siehe oben S. 89 f. und S. 95 f.
807 BAG vom 18.10.1994 – 1 ABR 17/94 – NZA 1995, 390.
808 So aber BAG vom 11.2.1992 – 1 ABR 51/91 – NZA 1992, 702, 703.

aufteilen, wie groß die einzelnen Happen aber sein dürfen, läßt sich erst aus einer Summenbildung erkennen – die einzelnen Teile sind daher streng logisch mit einander verknüpft, ein Teil kann nicht ohne den anderen Teil geregelt werden. Den „anderen" Teil – außerhalb ihres Betriebs – können aber die Einzelbetriebsräte nicht regeln, weil ihnen dazu sowohl der Verhandlungspartner als auch die Legitimation fehlen.

Will der Arbeitgeber also eine freiwillige übertarifliche Leistung unternehmensweit gewähren oder gewährt er sie tatsächlich, ist der Gesamtbetriebsrat zuständig;[809] strebt er eine konzernweite Regelung an oder übt er sie bereits aus, bestimmt der Konzernbetriebsrat mit.

II. Rechtsfolgen der originären Zuständigkeit

1. Innerhalb des Zuständigkeitsbereichs: Konzernbetriebsrat wie Einzelbetriebsrat

Inzwischen geklärt ist, daß der Konzernbetriebsrat im Rahmen seiner Zuständigkeit dieselben Rechte und Handlungsmöglichkeiten wie der Einzelbetriebsrat innerhalb seiner Zuständigkeit hat.[810] § 76 I S. 1 BetrVG läßt auch keine andere Deutung zu, denn er stellt dem Arbeitgeber auf der einen Seite[811] den Betriebsrat, Gesamtbetriebsrat und Konzernbetriebsrat auf der anderen Seite ohne Unterschied gegenüber.

2. Zuständigkeitsbereich

a) Sachlich: Angelegenheit

Die Zuständigkeit des Konzernbetriebsrates bestimmt man nicht nur *anhand*[812], sondern auch *für* die Angelegenheit i.S.d. § 58 I S. 1 BetrVG. Die Zuständigkeit ist für jede Angelegenheit für sich festzustellen und beschränkt sich dann auf diese.

Der Zuständigkeitsbereich des Konzernbetriebsrates erstreckt sich sachlich daher auf die oben[813] definierte Angelegenheit.

---

809 So BAG vom 11.2.1992 – 1 ABR 51/91 – NZA 1992, 702, 703; vom 6.12.1988 – 1 ABR 44/87 – NZA 1989, 479, 480.

810 ErfKomm[4]-*Eisemann* § 50 BetrVG Rn. 1; *Kunz* AiB 1990, 325; *Fitting*[22] § 58 Rn. 4; *Windbichler*, Arbeitsrecht im Konzern, S. 340.

811 Wobei das Gesetz hier insofern schlampert, als es ebenso wie unterschiedliche Betriebsratsebenen auch unterschiedliche Arbeitgeberebenen gibt.

812 BAG vom 16.6.1998 – 1 ABR 68/97 – NZA 1999, 49, 51; vom 26.1.1993 – 1 AZR 303/92 – NZA 1993, 714, 715.

813 S. 117 f.

b) Nach der BetrVG-Novelle: Erfassung betriebsratsloser Einheiten

Jedenfalls muß man sorgfältiger bei der Prüfung der originären Zuständigkeit vorgehen, weil sich daraus weitaus unterschiedlichere Rechtsfolgen als bisher ergeben.[814]

Das BetrVG öffnet in § 58 I S. 1, 2. Hs. auch betriebsratslose Einheiten der Zuständigkeit des Konzernbetriebsrates. Vor dieser Einfügung durch die Reform war die Erstreckung der Konzernbetriebsratszuständigkeit auf Unternehmen ohne Gesamtbetriebsrat und Betriebe ohne Einzelbetriebsrat bzw. die Zuständigkeit des Gesamtbetriebsrates für betriebsratslose Betriebe heftig umstritten.[815]

Rechtsfolge der originären Zuständigkeit des Konzernbetriebsrates ist gem. § 58 I S. 1, 2. Hs., daß er Regelungen auch auf betriebsratslose Einheiten erstrecken kann.

Unternehmen haben dann keinen Gesamtbetriebsrat, wenn sie nur aus einem Betrieb bestehen.[816] Allerdings ist das nicht der Fall, den § 58 I S. 1, 2. Hs. BetrVG meint: In Konzernunternehmen mit nur einem Betriebsrat und *deshalb* fehlendem Gesamtbetriebsrat tritt der Einzelbetriebsrat an die Stelle des Gesamtbetriebsrates, § 54 II BetrVG.

Interessant sind vielmehr die Konzernunternehmen, die einen Gesamtbetriebsrat entgegen seinem Errichtungszwang nicht gebildet haben. Auch sie kann der Konzernbetriebsrat nun mit vertreten.

Betriebe können ohne Betriebsrat sein, weil sie auf eine Wahl verzichtet haben.[817] Sie sind aber auch dann ohne Betriebsrat, wenn sie nicht in der Regel die fünf wahlberechtigten und drei wählbaren Arbeitnehmer nach § 1 I BetrVG erreichen. Es fragt sich daher, ob § 58 I S. 1, 2. Hs. auch die betriebsratsunfähigen Betriebe umfaßt.

Dafür, betriebsratsunfähige Betriebe aus dem Geltungsbereich auszunehmen, spricht, daß diese sich nie wehren können, d.h. nie eine Gelegenheit auf Beeinflussung des Konzernbetriebsrates haben. Denn auch die Möglichkeit, einen Betriebsrat nachträglich zu wählen und damit die Repräsentation bis hin zum Konzernbetriebsrat herzustellen, fehlt ihnen.

Sie sind daher nicht vom Zuständigkeitsbereich des Konzernbetriebsrates und Geltungsbereich seiner Regelungen umfaßt.[818]

---

814 Dazu *Däubler* DB 2001, 1669, 1670.

815 BAG vom 16.8.1983 – 1 AZR 544/81 – NJW 1984, 2966; GK/BetrVG[6](1997)-*Kreutz* § 50 Rn. 41 ff., 67; *Ehrich* ZfA 1993, 427, 432 ff.; a.A. *Richardi*[7] (1998) § 50 Rn. 35 je m.w.N. für die Literatur.

816 Zu der Möglichkeit, auch dann einen Gesamtbetriebsrat zu errichten, siehe S. 26 f.

817 Wogegen jetzt der Gesamtbetriebsrat kraft „Mentorenprinzips“ des § 17 I BetrVG Abhilfe schaffen kann, dazu S. 28 f.

818 ErfKomm[4]-*Eisemann* § 50 BetrVG Rn. 2; *Löwisch* BB 2001, 1734, 1746.

B. Auftragszuständigkeit, § 58 II BetrVG

Gem. § 58 II BetrVG kann ein Gesamt- bzw. Einzelbetriebsrat den Konzernbetriebsrat beauftragen, eine Angelegenheit für ihn zu behandeln.

I. Tatbestand

1. Beauftragender: Gesamtbetriebsrat oder Einzelbetriebsrat

Nur der Gesamtbetriebsrat kann nach dem Wortlaut des § 58 II BetrVG den Konzernbetriebsrat beauftragen. Einem Einzelbetriebsrat bleibt diese Möglichkeit daher verwehrt und auf die Beauftragung des Gesamtbetriebsrates (§ 50 II BetrVG) beschränkt, es sei denn, er nimmt gem. § 54 II BetrVG die Aufgaben des Gesamtbetriebsrates wahr.[819]

2. Zuständigkeit des Beauftragenden

Ein Gesamt- bzw. Einzelbetriebsrat kann den Konzernbetriebsrat gem. § 58 II BetrVG nur mit der Behandlung einer solchen Angelegenheit beauftragen, für die er selbst zuständig ist.[820]

a) Originär zuständiger Gesamtbetriebsrat

Der originär zuständige Gesamtbetriebsrat macht keine Probleme: Jede Angelegenheit, für die der Gesamtbetriebsrat originär gem. § 50 I BetrVG zuständig ist, kann er an den Konzernbetriebsrat delegieren. Nur eine kraft Gesetzes dem Gesamtbetriebsrat besonders zugewiesene Zuständigkeit (z.B. Errichtung des Konzernbetriebsrates, § 54 I BetrVG) ist von § 58 II BetrVG ausgeschlossen.

b) Beauftragter Gesamtbetriebsrat

Der beauftragungswillige Gesamtbetriebsrat kann selbst beauftragt worden sein: von einem Einzelbetriebsrat gem. § 50 II BetrVG. Als Grundsatz ist dabei anerkannt, daß auch ein aufgrund Beauftragung zuständiger Gesamtbetriebsrat diese Zuständigkeit an den Konzernbetriebsrat weiterdelegieren kann.[821] Daran ist festzuhalten. Wie das BAG ganz richtig meint, ist § 58 II BetrVG die erforderliche gesetzliche Grundlage zur Beauftragung eines Betriebsverfassungsorgans durch ein anderes: Ohne diese ausdrückliche gesetzliche Ermächtigung stände dem entgegen, daß jedem Betriebsrat eine eigenständige ausschließliche Zuständigkeit

---

819 *Richardi/Annuß*[8] § 58 Rn. 31; *Löwisch/Kaiser*[5] § 58 Rn. 4; Däubler/Kittner/Klebe[8]-*Trittin* § 58 Rn. 50.

820 Unstreitig; siehe nur BAG vom 12.11.1997 – 7 ABR 78/96 – NZA 1998, 497, 498; GK/BetrVG[7]-*Kreutz* § 58 Rn. 40; *Richardi/Annuß*[8] § 58 Rn. 24; Hess/Schlochauer/Worzalla/*Glock*[6] § 58 Rn. 19; daran scheiterte auch der Antrag des Gesamtbetriebsrates in BAG vom 6.4.1976 – 1 ABR 27/74 – SAE 1977, 41, auch wenn das BAG dies nicht erkannte.

821 *Windbichler*, Arbeitsrecht im Konzern, S. 343; jetzt auch Hess/Schlochauer/Worzalla/*Glock*[6] § 58 Rn. 21 (anders noch Hess/Schlochauer/*Glaubitz*[4] 3§ 58 Rn. 21).

zur eigenhändigen Erledigung zugewiesen ist.[822] Diese gesetzliche Beauftragungsgrundlage unterscheidet aber nicht nach der Art der Gesamtbetriebsratszuständigkeit. Es gibt auch keinen Grund, dies zu verlangen, da der Gesamtbetriebsrat über die Beauftragung ebenso wie bei der originären Zuständigkeit selbst entscheidet und sie nicht dem Einzelbetriebsrat überläßt. Und nur letzterem stände in der Tat § 58 II BetrVG entgegen.

Streitig wird es, wenn der Gesamtbetriebsrat seine Auftragszuständigkeit an den Konzernbetriebsrat weiterdelegieren will, der ihn beautragende Einzelbetriebsrat aber keine Zustimmung dazu erteilt hat. Die Literatur spricht sich dagegen aus,[823] aus der Rechtsprechung ist kein Fall bekannt. Es dürfte diesem Problem dafür auch an praktischer Relevanz fehlen. Immerhin denkbar ist, daß der Gesamtbetriebsrat seiner teilweise angenommen Behandlungspflicht durch die Weiterleitung ledig werden möchte; und der Konzernbetriebsrat mit seiner Behandlungspflicht hätte dann stets den „schwarzen Peter".

Man muß aber unterscheiden: Wozu hat der Einzelbetriebsrat den Gesamtbetriebsrat mit seinem Auftrag gem. § 50 II BetrVG ermächtigt? Mit der „Behandlung" der Angelegenheit, wobei er sich die Entscheidungsbefugnis vorbehalten kann. Ob diese Behandlung aber immer auch die Weiterdelegation einschließt, ist doch sehr fraglich.

3. Form

Die Beauftragung muß der Gesamtbetriebsrat mit absoluter Stimmenmehrheit beschließen, § 58 II S. 1, und schriftlichen niederlegen, § 58 II S. 3 iVm § 27 II S. 3 BetrVG.

4. Angelegenheit

Nur eine konkrete Angelegenheit[824] kann Gegenstand der Beauftragung sein; ganze Sachbereiche oder Gruppen von Angelegenheiten kann der Gesamtbetriebsrat dem Konzernbetriebsrat nicht überlassen.[825]

II. Rechtsfolge der Beauftragung

1. Behandlungspflicht?

Die Streitfrage, ob die Beauftragung des Konzernbetriebsrates eine Behandlungspflicht des Konzernbetriebsrates zur Rechtsfolge hat,[826] ist praktisch wenig

822 BAG vom 12.11.1997 – 7 ABR 78/96 – NZA 1998, 497, 498.

823 So *Fitting*[22] § 58 Rn. 25; Däubler/Kittner/Klebe[8]-*Trittin* § 58 Rn. 50; GK/BetrVG[7]-*Kreutz* § 58 Rn. 44; Hess/Schlochauer/Worzalla/*Glock*[6] § 58 Rn. 21; *Richardi/Annuß*[8] § 58 Rn. 31 (a.A. noch die Vorauflage Rn. 30).

824 Zum Begriff der Angelegenheit siehe oben Seite 117 f.

825 Unstreitig; LAG Köln vom 20.12.1983 – 1 Sa 1143/83 – DB 1984, 937, 938; *Windbichler*, Arbeitsrecht im Konzern, S. 344 oben; *Richardi/Annuß*[8] § 50 Rn. 54; *Löwisch/Kaiser*[5] § 50 Rn. 17.

interessant: Gibt der Konzernbetriebsrat dem Gesamtbetriebsrat zu verstehen, daß er die Angelegenheit nicht übernehmen will, wird das den positiven Effekt, den der Gesamtbetriebsrat mit der Beauftragung erreichen wollte, immer zunichte machen, so daß er die Angelegenheit sicher lieber doch selbst in die Hand nehmen wird (was ihm qua Widerruf der Beauftragung jederzeit möglich ist, § 58 II S. 3 iVm § 27 II S. 4 BetrVG). Der Streit ist daher zu unergiebig, um hier entschieden zu werden.

2. Tätigwerden des Konzernbetriebsrates im Rahmen der Auftragszuständigkeit

a) Austausch des zuständigen Organs auf Seiten der Arbeitnehmervertretung

§ 58 II BetrVG gibt den Betriebsräten die Möglichkeit, in einer Angelegenheit ein an sich unzuständiges Organ via Beauftragung zum Zug zu bringen.

Der Konzernbetriebsrat macht als Folge der Beauftragung nach § 58 II BetrVG Mitbestimmungsrechte des Gesamtbetriebsrates mit Wirkung für dessen Konzernunternehmen im eigenen Namen geltend.[827] Anderes läßt sich damit, daß das Gesetz von einer Zuständigkeit des Konzernbetriebsrates selbst und eben nicht einer Wahrnehmung der Zuständigkeit eines anderen spricht, nicht vereinbaren. Der Gesamtbetriebsrat kann ihm auch die Prozeßführungsbefugnis übertragen, so daß der Konzernbetriebsrat im Prozeß im eigenen Namen Rechte des Gesamtbetriebsrates geltend macht.[828]

Beauftragen alle Gesamtbetriebsräte eines Konzerns den Konzernbetriebsrat[829], ist allerdings zweifelhaft, ob diese noch zuständig sind oder ob der Konzernbetriebsrat nicht schon nach § 58 I BetrVG originär zuständig ist.

b) Austausch des Verhandlungsgegners auf Arbeitgeberseite?

Mit wem allerdings der kraft Auftrags zuständige Konzernbetriebsrat die Angelegenheit zu verhandeln und ggf.[830] zu regeln hat, ergibt sich nicht auf den ersten Blick aus § 58 II BetrVG. Bleibt es beim Verhandlungspartner des beauftragenden Gesamtbetriebsrates, oder folgt der Zuständigkeit des Konzernbetriebsrates auch die Zuständigkeit seines Verhandlungspartners auf Arbeitgeberseite?

---

826 Dafür Däubler/Kittner/Klebe[8]-*Trittin* § 58 Rn. 49; *Behrens/Kramer* DB 1994, 94; für Ablehnung nur bei Rechtfertigung durch sachliche Gründe: GK/BetrVG[7]-*Kreutz* § 50 Rn. 57; *Brill* AuR 1983, 169, 173; *Richardi/Annuß*[8] § 58 Rn. 29 und § 50 Rn. 63; *Ehrich* AuR 1993, 468, 70; dagegen: *Löwisch/Kaiser*[5] § 50 Rn. 18.

827 Hess/Schlochauer/Worzalla/*Glock*[6] § 50 Rn. 45; *Löwisch/Kaiser*[5] § 50 Rn. 18.; a.A. *Behrens/Kramer* DB 1994, 94;.

828 *Richardi/Annuß*[8] § 50 Rn. 54; GK-BetrVG/*Kraft* § 50 Rn. 56.

829 So geschehen im Fall BAG vom 6.4.1976 – 1 ABR 27/74 – SAE 1977, 41.

830 Soweit sich der Gesamtbetriebsrat nicht die Entscheidungsbefugnis gem. § 58 II S. 2 BetrVG vorbehalten hat.

Mit – auch höchstrichterlichem[831] – deutlichem Übergewicht tritt die Literatur[832] für das Beibehalten des Arbeitgebers des Gesamtbetriebsrates ein; es sind allerdings durchaus Gegenstimmen[833] laut geworden.

Die Entstehungsgeschichte ist für die Auslegung wenig aussagekräftig. An einer Stelle[834] ist zwar im Zusammenhang mit § 58 II BetrVG von der Verhandlung mit der „Konzernleitung“ die Rede; inwieweit dies streng durchdacht ist, muß aber angesichts der vorangegangenen Begründung des Regierungsentwurfs[835] bezweifelt werden.[836]

aa) Nicht für den Austausch: Nutzen der Beauftragung für den Gesamtbetriebsrat

Nur auf den ersten Blick für einen Austausch der Arbeitgeber sprechen Sinn und Zweck der Beauftragungsmöglichkeit. Der Gesamtbetriebsrat soll das Betriebsverfassungsorgan der nächst höheren Ebene beauftragen können, um sich die größere Erfahrung und den besseren Kontakt des Konzernbetriebsrates zur Konzernspitze zu sichern.[837] Der bessere Kontakt des Konzernbetriebsrates zur Konzernspitze nützt aber natürlich wenig, wenn er nicht mit ihr, sondern mit der Leitung desjenigen Konzernunternehmens verhandeln soll, dessen Gesamtbetriebsrat ihn anruft. Ob der Konzernbetriebsrat gegenüber einem anderen Partner als dem im Rahmen seiner originären Zuständigkeit überhaupt Qualitäten besitzt, die ihm Verhandlungsvorteile gegenüber dem Gesamtbetriebsrat verschaffen, ist daher fraglich[838] und stellt auch in Frage, ob diese Auslegung dem Telos der Beauftragung gerecht wird. Aber: Es ist Sache des Gesamtbetriebsrates abzuwägen, ob überhaupt Zweckmäßigkeitsgesichtspunkte für eine Behandlung durch den Konzernbetriebsrat sprechen und ob sie im Ergebnis die Beauftragung tragen. Und: Es ist nicht Aufgabe des § 58 II BetrVG, der Beauftragungsmöglichkeit den für den Gesamtbetriebsrat jeweils günstigsten Rahmen zu schaf-

---

831 BAG vom 12.11.1997 – 7 ABR 78/96 - AP § 58 BetrVG 1972 Nr. 2.

832 *Stege/Weinspach/Schiefer*[9] §§ 54-59a Rn. 11; *Schaub*, Handbuch[10] § 227 Rn. 11; *Dross*, Sozialplan im Konzern, S. 76; *Windbichler*, Arbeitsrecht im Konzern, S. 344; *Löwisch/Kaiser*[5] § 58 Rn. 6; ErfKomm[4]-*Eisemann* § 58 BetrVG Rn. 10; *Fitting*[22] § 58 Rn. 27.

833 *Bachner* NZA 1995, 256 259; GK/BetrVG[7]-*Kreutz* § 58 Rn. 47; *Hanau* ZGR 1984, 468, 482 (Fn. 49); *Oetker* ZfA 1986, 177, 192; Däubler/Kittner/Klebe[8]-*Trittin* § 58 Rn. 51 (nach freiem Belieben des Konzernbetriebsrates); *Fitting/Kaiser/Heither/Engels/Schmidt*[21] § 58 Rn. 11 läßt *auch* die Konzernspitze als Verhandlungspartner zu.

834 BT–Drucks. VI/2729, S. 26.

835 BT–Drucks. VI/1786, S. 43, 44.

836 Auch das BAG vom 12.11.1997 – 7 ABR 78/96 – NZA 1998, 497, 498 mißt dieser Aussage des Gesetzgebers keine Bedeutung zu.

837 BT-Drs. VI/1786, S. 43; *Richardi/Annuß*[8] § 50 Rn. 53; *Stege/Weinspach/Schiefer*[9] §§ 47-52 Rn. 11; dies betonen besonders *Bachner* NZA 1995, 256 259, *Hanau* ZGR 1984, 468, 482 (Fn. 49) und GK/BetrVG[7]-*Kreutz* § 58 Rn. 47 zur Begründung ihrer Gegenauffassung.

838 Ebenfalls zweifelnd *Kunz*, AiB 1999, 287.

fen. Dem Gesamtbetriebsrat entsteht nur soviel Nutzen der Beauftragung, wie § 58 II BetrVG zur Verfügung stellt. Auch ohne Austausch des Arbeitgebers wird § 58 II BetrVG nicht sinnentleert.[839]

Gegen den Austausch: Entscheidungsvorbehalt, § 58 II S. 2 BetrVG

§ 58 II S. 2 räumt dem Gesamtbetriebsrat, der den Konzernbetriebsrat beauftragt, ein, sich die Entscheidungsbefugnis vorzubehalten.

Der Gesamtbetriebsrat kann also seinen Auftrag in die Verhandlung der Angelegenheit einerseits und ihre Entscheidung andererseits aufteilen und die Beauftragung des Konzernbetriebsrates auf erstere beschränken. Das ist für den Gesamtbetriebsrat vorteilhaft, weil er damit das größere Verhandlungsgeschick und einen evtl. größeren Einfluß des Konzernbetriebsrates bei den Verhandlungen einsetzen kann und dabei doch die Kontrolle über die Angelegenheit nicht endgültig aus der Hand gibt.

Diese Aufsplittungsmöglichkeit einer Angelegenheit bezüglich Behandlung einerseits und letztendlicher Entscheidung andererseits macht aber unmöglich, für den einen Teil den Verhandlungspartner mit wechseln zu lassen, für den anderen Teil beim alten zu bleiben. Beide Teile müssen auf Arbeitgeberseite gleich bleiben.

Dafür kommt aber nur der ursprüngliche Verhandlungspartner des Gesamt- bzw. Einzelbetriebsrates in Frage. Daß ein Gesamtbetriebsrat sich die Konzernleitung als Regelungspartner dadurch soll sichern können, daß er zunächst den Konzernbetriebsrat mit der Behandlung beauftragt, dann aber doch selbst entscheidet, mutet schon seltsam an. Das erinnert an die Konstellation, die das BAG heraufbeschwört, indem es die Zuständigkeit des Konzernbetriebsrates immer der ursprünglichen Planung des Arbeitgebers verhaftet: dort kann sich der Arbeitgeber mit einem vorgeschobenen Plan die Zuständigkeit des Konzern- oder Gesamtbetriebsrates aussuchen“.[840]

bb) Gegen den Austausch: Arbeitgeberbegriff des BetrVG

Es steht schon der Arbeitgeberbegriff des BetrVG an sich dem Austausch entgegen.

Daß die übertragene Angelegenheit sich nicht durch die Beauftragung des Konzernbetriebsrates verändert,[841] ist an sich selbstverständlich; erst recht, wenn man wie hier[842] den nebulösen Begriff der „Angelegenheit“ im Sinne des gesetzlichen Mitbestimmungstatbestandes versteht. Aus der – auch noch einseitigen! – bloßen

839 Ebenso BAG vom 12.11.1997 – 7 ABR 78/96 – NZA 1998, 497, 498.

840 Dazu unten S. 119.

841 *Windbichler*, Arbeitsrecht im Konzern, S. 344.

842 Siehe oben S. 117 f.

organisatorischen Handhabung der betrieblichen Mitbestimmung entstehen keine zusätzlichen Rechte.[843]

Verändert sich aber die Angelegenheit nicht, müßte sich bei Austausch des Arbeitgebers ein „Arbeitgeber" um einen gesetzlichen Tatbestand kümmern, der u.U. ihn bisher gar nichts anging. Die Konzernleitung, die eine Angelegenheit nicht einmal den abhängigen Konzernunternehmen vorgegeben hat, besitzt aber auch keine Vorstellung über ihre Verhandlungsziele. Daß sie ebenso wie die Unternehmensleitung des beauftragenden Betriebsrates in der Lage sein sollte, die Verhandlungen zu führen, ist auch deswegen ausgeschlossen, weil sie maßgebliche Daten nicht besitzt und auch nicht gegen den Willen des Konzernunternehmens erlangen kann. Warum aber die Beauftragung dazu führen soll, daß ein Arbeitgeber trotz fehlender Kompetenz zuständig sein soll, was den Erfolg der gesamten Verhandlungen gefährdete, ist nicht ersichtlich. Beim Wechsel auf Arbeitgeberseite von der Unternehmens- zur Konzernleitung müßte gewährleistet sein, daß dem beauftragten Konzernbetriebsrat überhaupt ein Verhandlungspartner zur Seite steht. Dies zu gewährleisten, kann aber nicht gelingen. Soll der Gesamtbetriebsrat in der Hand haben, die Arbeitgeberstellung der Konzernspitze zu begründen?[844] Nein. Denn weder hat der Betriebsrat eine Gestaltungsmöglichkeit für die Organisation des Arbeitgebers,[845] noch ist der Auftrag Legitimation der Konzernleitung zur Handlung für eines seiner abhängigen Unternehmen, noch ist ein unternehmensübergreifender Arbeitgeber gefordert, da die Angelegenheit der Unternehmensdimensionalität verhaftet bleibt.

cc) Ergebnis: Zuständigkeitsbereich des Konzernbetriebsrates nur wie beauftragender Betriebsrat

Der kraft Auftrags tätige Konzernbetriebsrat ist auf den Zuständigkeitsbereich des beauftragenden Betriebsrates beschränkt. Anderes kommt nicht in Frage, da die Delegation so wenig wie die Mitbestimmungsrechte die Zuständigkeitsbereiche erweitern kann. Der Gesamtbetriebsrat gibt nur seine Zuständigkeit weiter, und damit ist auch der Konzernbetriebsrat dann nur unternehmensweit aktiv.[846] Damit scheidet aber wiederum die Konzernleitung als Arbeitgeber aus: Die Konzernleitung ist zur Entscheidung unternehmensinterner Dinge nicht befugt, und wie weit sie mit ihrer Konzernleitungsmacht kommt, ist von Fall zu Fall unterschiedlich. Mit ihr ist ihm auch die Übertragung der Zuständigkeit auf Arbeitgeberseite verwehrt. *Hanau*[847] und *Kreutz* [848]übersehen, daß die Bejahung der Konzern-

---

843 *Windbichler*, Arbeitsrecht im Konzern, S. 344; *Konzen* RdA 1984, 65, 76.

844 Richtig *Konzen* RdA 1984, 65, 76.

845 *Windbichler*, Arbeitsrecht im Konzern, S. 344; dies gesteht auch GK/BetrVG^7-*Kreutz* § 58 Rn. 47, ein, ohne ihn aber mit allen Konsequenzen zu erfassen und erst zu nehmen.

846 BAG vom 12.11.1997 – 7 ABR 78/96 – NZA 1998, 497, 498; ebenso für das Verhältnis Gesamtbetriebsrat/Einzelbetriebsrat GK/BetrVG^7-*Kreutz* § 50 Rn. 55.

847 ZGR 1984, 468, 482 (Fn. 49).

arbeitgeberstellung im Rahmen des § 58 I BetrVG noch nicht heißen muß, daß der Konzernbetriebsrat auch im Rahmen des Abs. 2 mit der Konzernspitze verhandelt.

III. Beauftragung des Konzernbetriebsrates zur Beseitigung von Zuständigkeitszweifeln?

Der Konzernbetriebsrat kann originär zuständig sein oder kraft Auftrags, § 58 I bzw. II BetrVG. Ist er originär zuständig, bedarf er der Beauftragung nicht, sie ist aber unschädlich.

Dies bringt einige praktisch-ergebnisorientiert denkende Autoren auf den Plan, Zweifel an der Zuständigkeit des Konzernbetriebsrates mittels Beauftragung durch die Gesamtbetriebsräte auszuräumen[849] – denn damit ist der Konzernbetriebsrat ja auf jeden Fall zuständig. Der Gefahr, daß die abgeschlossenen Betriebsvereinbarungen und Regelungsabreden mangels Zuständigkeit des Konzernbetriebsrates unwirksam sind,[850] glaubt man damit begegnen zu können.

Nach den eben aufgezeigten Unterschieden in der originären und Auftrags-Zuständigkeit versteht sich von selbst, daß die Gesamtbetriebsräte mittels Beauftragung des Konzernbetriebsrates nicht das gleiche Ergebnis erzielen können.

Die Möglichkeit, die originäre Zuständigkeit zu überbrücken, dient sogar als Argument für den Austausch der Arbeitgeberseite im Fall des § 58 II BetrVG[851] – was fehl geht, weil § 58 II BetrVG diese Funktion nicht hat.

C. Verhältnis der Betriebsräte zueinander

I. Auftragszuständigkeit

Mit Blick auf die Tätigkeit des Konzernbetriebsrates im Rahmen der Auftragszuständigkeit, wie sie eben herausgearbeitet wurde, ist klar: Der Konzernbetriebsrat ist hier wie das ihn beauftragende Organ zuständig. Das Verhältnis der Betriebsräte untereinander richtet sich immer nach der originären Zuständigkeit.

II. Originäre Zuständigkeit

Interessant ist daher ausschließlich die originäre Zuständigkeit von Konzern- und Gesamtbetriebsrat. Hier geht es um die Frage: Bleiben Gesamt- und Einzelbetriebsrat zuständig, wenn § 58 I BetrVG vorliegt? Wäre das so, wäre § 58 I BetrVG eine bloße Konkurrenz-, eine Kompetenz*ausübungs*regel. Verneint man das, nimmt man eine Kompetenzverteilungsregel an.

---

848 GK/BetrVG[7]-*Kreutz* § 58 Rn. 47.

849 Hess/Schlochauer/Worzalla/*Glock*[6] § 58 Rn. 5; *Richardi/Annuß*[8] § 50 Rn. 66; *Hanau* ZGR 1984, 468, 482 (Fn. 49) und GK/BetrVG[7]-*Kreutz* § 58 Rn. 40.

850 Zur Unwirksamkeit als Folge fehlender Zuständigkeit siehe gleich S. 153 f.

851 *Hanau* ZGR 1984, 468, 482 (Fn. 49) und GK/BetrVG[7]-*Kreutz* § 58 Rn. 40.

Dieser Streit ist nicht theoretischer Natur: Spürbar wird dieser Unterschied dann, wenn das an erster – oder überhaupt einziger – Stelle ausübungsberechtigte Organ nicht existiert oder nicht tätig wird.

1. Gesetzliche Vorgabe: Keine Überordnung

Nach § 58 I S. 2 BetrVG ist der Konzernbetriebsrat nicht den Gesamtbetriebsräten, nach § 50 I S. 2 BetrVG der Gesamtbetriebsrat nicht den Einzelbetriebsräten übergeordnet. Er ist kein „Überbetriebsrat“[852]. Oft verweist man noch darauf, daß weder der Gesamtbetriebsrat dem Konzernbetriebsrat noch umgekehrt Weisungen erteilen darf.[853]

Mehr verrät das BetrVG für das Verhältnis der Zuständigkeit der einzelnen Gremien nicht unmittelbar.

Wie die Zuständigkeit von Einzel-, Gesamt- und Konzernbetriebsrat sich zueinander verhalten, hat nicht nur Bedeutung für das Verständnis der §§ 50 I und 58 I BetrVG allgemein; ganz konkret entbrennt der Streit um die Frage, ob denn auch ein innerhalb seiner originären Zuständigkeit untätiger oder nicht vorhandener Konzernbetriebsrat bzw. Gesamtbetriebsrat[854] die Gesamt- bzw. Einzelbetriebsräte blockieren könne. Oder lebt dann die Zuständigkeit der unteren Ebenen wieder auf?

Eine in derselben Angelegenheit unentschieden nebeneinander bestehende Zuständigkeit von Gesamtbetriebsrat und Konzernbetriebsrat ist nicht denkbar; für diesen Fall muß zumindest eine Konkurrenzregel entscheiden, wer regeln darf bzw. wessen Regelung wirksam ist.[855]

2. Gesetzliche Vorgabe: Primärzuständigkeit des Einzelbetriebsrates?

Daß der Hinweis auf die Primärzuständigkeit bei der Bestimmung des Tatbestands des § 58 I BetrVG nicht weiterhilft, ist oben[856] dargestellt.

Für die Abgrenzung der Zuständigkeitsbereiche macht man sie aber auch fruchtbar.

Die Aussage, der Einzelbetriebsrat sei „primär“ zuständig[857], sagt noch nichts darüber aus, wie sich dies auf das Verhältnis der Gesamtbetriebsräte zum Kon-

---

852 *Halberstadt* BB 1975, 843.

853 *Fitting*[22] § 58 Rn. 5.

854 Daß ein Gesamtbetriebsrat trotz Obligation nicht existiert, ist in praxi nicht ausgeschlossen.

855 Dies übersieht *K. Müller* DB 1997, 713, 715 völlig, da er nur die Zuleitungspflicht des Verschmelzungsvertrags nach § 5 III UmwG behandelt und diese verdoppelt, was bei Regelungszuständigkeiten logisch ausgeschlossen ist.

856 Seite 98 ff.

857 BAG vom 23.9.1975 – 1 ABR 122/73 – AuR 1976, 188, 189; vom 6.4.1976 – 1 ABR 27774 – SAE 1977, 41, vom 18.10.1994 – 1 ABR 17/94 – NZA 1995, 390, 392; *Ehrich* ZfA 1993, 427, 430; *Brill* AuR 1983, 169, 170; *Wetzling*, Konzernbetriebsrat, S. 94; *Fuchs*,

zernbetriebsrat auswirkt. Denn so einheitlich der Begriff der Primärzuständigkeit gebraucht wird, so uneinheitlich ist er inhaltlich gemeint.

a) Was „Primärzuständigkeit" bedeutet...

Richtig ist an der „Primärzuständigkeit" nur, daß man die Zuständigkeit des Einzelbetriebsrats nicht positiv begründen, sondern nur negativ nach oben zur Zuständigkeit von Gesamtbetriebsrat und Konzernbetriebsrat abgrenzen muß.[858] So verstanden, steht die Primärzuständigkeit auch der Zuständigkeitstrennung nicht im Wege.[859]

Die Konstruktion *Wetzlings*[860], als Rechtsfolge von § 58 I BetrVG dem Konzernbetriebsrat nur eine Verhandlungszuständigkeit zuzuweisen und die Unterschriftszuständigkeit und damit letztendliche Entscheidung den Gesamtbetriebsräten als „autonome[n] Prüfungsbereich"[861] zu belassen, läßt sich allerdings nicht mit der Primärzuständigkeit begründen. Daß sie nur soweit reicht, bis der Konzernbetriebsrat zuständig ist,[862] sagt das Gesetz deutlich genug.

b) ... und was nicht: „Subsidiarität" richtig verstanden

Daß die Zuständigkeit des Konzernbetriebsrates subsidiär zu der des Gesamtbetriebsrates, dessen Zuständigkeit wiederum subsidiär zu der des Einzelbetriebsrates gestaltet ist,[863] behaupten viele. Nur Wenige sagen dazu, in welchem Sinne sie die Subsidiarität verstanden haben wollen. Exakt untersucht hat die Subsidiarität in § 50 I BetrVG bisher nur *Siebert*[864].

Der Gedanke der Subsidiarität ist schon alt,[865] seine prägende Formulierung hat er aber erst durch Papst Pius XI. in Artikel 79 der Sozialenzyklika Quadragesimo Anno (1931) erfahren.[866] Alle Diskussionen um Subsidiarität gehen daher von

---

Konzernbetriebsrat, S. 78 oben; ErfKomm[4]-*Eisemann* § 50 BetrVG Rn. 2; *Kassmann*, Gesamtbetriebsrat, S. 68; *Kunz* AiB 1990, 325; *Windbichler*, Arbeitsrecht im Konzern, S. 342.

858 Richtig: BAG vom 16.8.1983 – 1 AZR 544/81 – SAE 1984, 334, 336 linke Spalte unten.

859 *Ehrich* ZfA 1993, 427, 430 f.; *Brill* AuR 1983, 169, 170; dies übersieht *Dross*, Sozialplan im Konzern, S. 78.

860 *Wetzling*, Konzernbetriebsrat, S. 99 ff.

861 *Wetzling*, Konzernbetriebsrat, S. 104 oben.

862 Allerdings läßt *Wetzling*, Konzernbetriebsrat, S. 61 ff. für die Zuständigkeit des Konzernbetriebsrates ausreichend, daß die Konzernleitung die Angelegenheit regeln will, was ihn zur Einschränkung an anderer Stelle zwingen muß.

863 *Richardi* FS Gitter (1995), 789; *Blomeyer* DB 1967, 2221, 2222; MünchArbR[2]-*Joost* § 315 Rn. 57.

864 *Siebert*, Gesamtbetriebsrat, S. 51 ff.

865 *Constantinesco* EuZW 1991, 561; *v. Borries*, EuR 1994, 263, 265; *M. Spieker* in: Wirtschaft und Sozialpolitik (1999), S. 77, 85; zu den Ursprüngen im einzelnen *Kempen* KritV 1994, 13, 16 ff; *Herzog* Der Staat Band 2 (1963), 399 Fn. 1 und *Hablitzel* FS Hugo Hahn (1997), 625, 631 f.

866 Dazu siehe schon oben S. 114 f.

dieser katholischen Soziallehre aus.[867] Aktuelle Anwendung erfährt das Subsidiaritätsprinzip im Verfassungsrecht (Art. 9 III, Art. 23 I, Art. 28 II und Art. 72 II GG und Art. 94 II S. 2 GG, § 90 II S. 1 BVerfGG)[868] und vor allem im Recht der Europäischen Union (Art. 2 II EUV, Art. 5 II EGV)[869].

Die Anwendbarkeit des Subsidiaritätsgedankens auf das Zuständigkeitsverhältnis von Gesamtbetriebsrat und Einzelbetriebsräten bezweifelt *Blomeyer*. Er verlangt für Subsidiarität ein „Über-Unterordnungsverhältnis"[870] und behauptet, § 58 I S. 2 BetrVG widersetze sich daher dem Subsidiaritätsprinzip. In der Tat spricht Papst Pius in Artikel 79 der Sozialenzyklika Quadragesimo Anno (1931) von „kleineren *und untergeordneten*[871] Gemeinwesen"[872]. Aus den weiteren Ausführungen des Subsidiaritätsgedankens in der Sozialenzyklika ist jedoch leicht zu ersehen, daß Überordnung nicht in dem Sinne gemeint ist, den § 58 I S. 2 BetrVG ausschließt. Die Sozialenzyklika geht vom Menschen selbst als Baustein aus, ebenso wie ja auch die Betriebsverfassung; ein subsidium (lat. Hilfe, Ergänzung) durch Sozialgebilde und Strukturen soll nur dann stattfinden, wenn der Mensch dieser Hilfestellung bedarf.[873] Diesen Sozialgebilden ist der Mensch untergeordnet, weil sie Entscheidungsfähigkeit für ihn besitzen und einen weiteren Bereich als nur seine einzelne Person umfassen.[874] Beides paßt auf den Konzernbetriebsrat im Vergleich zu Gesamt- und Einzelbetriebsrat, die Entscheidungen für die einzelnen Arbeitnehmer treffen. Subsidiarität verlangt also keine Überordnung i.S.d. § 58 I S. 2 BetrVG.[875] *Blomeyers* weiterer Einwand gegen das Subsidiaritätsprinzip, der einzelne Betriebsrat sei zur Regelung aller Angelegenheiten immer selbst in der Lage und daher der Subsidiaritätsgedanke nicht anwendbar,[876] steht und fällt mit der „Parallelvereinbarungstheorie" – will heißen: ist gefallen[877].

---

867 *Schasching* FS Schambeck (1994), S. 107, 108; *Kempen* KritV 1994, 13, 19 unten und 20 oben: „Zentrum der intensiveren Subsidiaritätsdiskussion"; *Herzog* Der Staat Band 2 (1963), 399, 400: „Keimzelle einer ganzen Staatsphilosophie".

868 Dazu ausführlicher *Siebert*, Gesamtbetriebsrat, S. 54 f; *Glombik* VR 2001, 269: *Kempen* KritV 1994, 13, 21 ff.; *v. Borries*, EuR 1994, 263, 287 ff; zu § 90 II S. 2 BVerfGG *Klein* FS Zeidler (1987), S. 1305.

869 Dazu *Glombik* VR 2001, 269; *Constantinesco* EuZW 1991, 561 ff.; *Kempen* KritV 1994, 13, 25 ff.; *v. Borries*, EuR 1994, 263, 271 ff.

870 *Blomeyer* DB 1967, 2221, 2223 oben.

871 Hervorhebung von Verf.

872 Zitiert nach *Glombik* VR 2001, 269 und *Schasching* FS Schambeck (1994), S. 107, 108.

873 *Schasching* FS Schambeck (1994), S. 107, 111 f.

874 Auch *Herzog* Der Staat Band 2 (1963), 399, 402 f. versteht die Überordnung in dem Sinne, daß die größere Gemeinschaft die Mitglieder der kleineren umfassen muß („Homogenität").

875 Ebenso *Siebert*, Gesamtbetriebsrat, S. 53 für § 50 I S. 2 BetrVG.

876 So aber *Blomeyer* DB 1967, 2221, 2223 in Konsequenz der „Parallelvereinbarungstheorie".

877 Oben, S. 80.

Ebenfalls gegen die Anwendbarkeit des Subsidiaritätsprinzips wendet sich *Siebert*. Seine Begründung: Subsidiarität setzte für ihre Anwendbarkeit konkurrierende Entscheidungszuständigkeiten mehrerer Entscheidungsträger voraus.[878] Das Subsidiaritätsprinzip sei also Kompetenzausübungsregel.[879] Daß das Subsidiaritätsprinzip des Art. 5 II EGV in diesem Sinne auszulegen ist, mag man noch davon ableiten, daß das Subsidiaritätsprinzip zur *Begründung* von EU-Kompetenzen nicht ausreicht, sondern solche bereits als bestehend voraussetzt.[880] Wo außerhalb des EU-Rechts dieses Verständnis der Subsidiarität als Kompetenzausübungsregel herkommen soll, verraten die Genannten leider nicht. Von *Herzog*[881] wird zwar behauptet, für das Subsidiaritätsprinzip eine konkurrierende Zuständigkeit zu verlangen[882]. Er sagt an der betreffenden Stelle aber nur über die Homogenität der kleineren und größeren Gemeinschaft aus, die die Sozialenzyklika verlangt. Homogenität bejaht *Herzog*, wenn „eine Gemeinschaft die andere nur dann aus der Wahrnehmung einer Aufgabe verdrängen kann, wenn diese zum Aufgabenbereich *beider*[883] gehört", also „auch noch die Homogenität des *potentiellen* Aufgabenkreises" besteht.[884] Papst Pius XI. spricht in der genannten Enzyklika dagegen der ausschließlichen Zuständigkeit klar das Wort: „Sie [die Staatsgewalt] steht dadurch nur um so freier [...] da für diejenigen Aufgaben, die in ihre *ausschließliche* Zuständigkeit fallen, weil *sie allein* ihnen gewachsen ist".[885] Daß das Subsidiaritätsprinzip an sich und für alle Fälle einer konkurrierenden Zuständigkeit der Ebenen das Wort redet, ist damit nicht haltbar.

Die meisten gehen denn auch vom Subsidiaritätsprinzip im Rahmen des § 58 I BetrVG aus. Dieses allein auf die negative Formulierung des § 58 I BetrVG zu stützen [886] ist allerdings dünn. Denn der Subsidiaritätsgedanke läßt sich auch positiv formuliert in Gesetzesform gießen[887].

---

878 *Siebert*, Gesamtbetriebsrat, S. 58; 24; ebenso für das Subsidiaritätsprinzip im allgemeinen: *Kempen* KritV 1994, 13, 17 oben und unten, 18.

879 *Siebert*, Gesamtbetriebsrat, S. 58 f.; eingeschränkt *Glombik* VR 2001, 269 rechte Spalte: „in erster Linie"; für Art. 5 II EGV auch *v. Borries*, EuR 1994, 263, 279. A.A. *Stewing* DVBl. 1992, 1516 ff. *Hablitzel* FS Hugo Hahn (1997), 625, 634 empfindet dagegen Unklarheit über das Subsidiaritätsprinzip als Kompetenzausübungs- oder Kompetenzverteilungsregel.

880 *Grimm* KritV 1994, 6, 11. Immerhin fehlt der EU ja die Kompetenz-Kompetenz, Schwarze (EU-Kommentar)-*Stumpf* Art. 1 EUV Rn. 9.

881 Der Staat Band 2 (1963), 399, 402 f.

882 So *Siebert*, Gesamtbetriebsrat, S. 58 Fn. 141.

883 Hervorhebung von Herzog selbst!.

884 Der Staat Band 2 (1963), 399, 403.

885 Zitiert nach *Süsterhenn* FS Nawiasky (1956), S. 141, 143 u. (Hervorhebungen von Verf.).

886 *Wetzling*, Konzernbetriebsrat, S. 95; *Fuchs*, Konzernbetriebsrat, S. 78 f; *Buchner* FS Zöllner (1998), 697, 709; *Rüthers/Bakker* ZfA 1990, 245, 325 f.

887 *Constantinesco* EuZW 1991, 561, 563 rechte Spalte zur Formulierung des Subsidiaritätsprinzips in der EU: „negative" und „positive Lesart".

Das Allein-Gewachsen-Sein des Subsidiaritätsprinzips findet sich allerdings tatsächlich im Nichtregelnkönnen des § 58 I BetrVG wieder: Das subsidium des Konzernbetriebsrats soll eben nur einsetzen, wenn „die Kraft der kleineren Gemeinschaft nicht mehr ausreicht".[888] Die Zuständigkeiten von Gesamtbetriebsrat und Konzernbetriebsrat nach dem Subsidiaritätsprinzip abzugrenzen, hat auch sehr gute Gründe. Die Beteiligung aller Gesamtbetriebsräte führt dazu, daß der Konzernbetriebsrat zwar für den gesamten Konzernbereich legitimiert ist;[889] die einzelnen Unternehmen/Betriebe jeweils für sich genommen sind aber nur schwach repräsentiert. Ein Konzernbetriebsrat ist nur auf dem Papier ein einheitliches Gremium; tatsächlich divergieren die Interessen der einzelnen Mitglieder von Einzel- zu Konzernbetriebsrat immer mehr. Eben aus diesem Grunde ist der Konzernbetriebsrat auch Koordinationsorgan: Innerhalb des Konzernbetriebsrates müssen die Interessen der betroffenen Konzernunternehmen zu einem Ausgleich gebracht werden.[890] Dieser Ausgleich wird mittels Mehrheitsbeschlusses gefaßt. Das heißt auch, daß dieser Beschluß in allen betroffenen Konzernunternehmen wirkt, unabhängig von der Zustimmung der Vertreter des jeweiligen Konzernunternehmens im Konzernbetriebsrat.[891] Diese „Einmischung" des Gremiums auf der übergeordneten Ebene, an dem eben auch andere mitwirken als diejenigen, die die Angelegenheit betrifft, so weit wie möglich zurückzunehmen, ist Ausdruck des Subsidiaritätsprinzips – und der einzige Minderheitenschutz, den das BetrVG gewährt. Das erkennt ebenfalls *Siebert* an, auch wenn er verkennt, daß sein „Prinzip der arbeitnehmernahen Mitbestimmung"[892] nichts anderes ist als das Subsidiaritätsprinzip.

Darüber, wie weit die Zurücknahme der Kompetenz auf der größeren Einheit reicht, sagt das Subsidiaritätsprinzip allerdings nichts aus.[893] Dies übersieht *Fuchs*, der kritisiert, „der größten Machtfülle im unternehmerischen Bereich" stehe mit dem Konzernbetriebsrat das „vom Gesetzgeber mit den geringsten Kompetenzen ausgestattete Organ gegenüber" [894].

Was Subsidiarität im Fall des § 58 I BetrVG nun wirklich ist, ist aber nur die eine Frage. Die andere, ob sie überhaupt eine Rolle spielen kann für die Abgrenzung der Zuständigkeiten und das Verhältnis zwischen Konzernbetriebsrat und Gesamtbetriebsrat. Bewirkt das Subsidiaritätsprinzip nur, daß die Einzelbetriebsräte zuständig sind, wenn der Tatbestand weder des § 50 I BetrVG noch des § 58 I

888 *Dalbert* DVZ 1961, 140 rechte Spalte unten.

889 Zur Erfassung der betriebsratslosen Einheiten siehe oben S.128.

890 Für den Gesamtbetriebsrat: *Strasser* FS Schnorr zu Carolsfeld (1973), 483, 494.

891 *Färber* FS Gaul (1992), S. 57, 60; *Blomeyer* DB 1967, 2221, 2222; *Siebert*, Gesamtbetriebsrat, S. 67.

892 Gesamtbetriebsrat, S. 66 f.

893 Siehe oben S. 98 ff.

894 S. 78 f.

BetrVG erfüllt ist, bringt es keinen Erkenntnisgewinn. Noch weniger beantwortet das Verständnis des Subsidiaritätsprinzips als bloße Kompetenzausübungs-, nicht Kompetenzverteilungsregel, ob und inwieweit eine Zuständigkeit der Gesamt- bzw. Einzelbetriebsräte neben der des Konzernbetriebsrates bestehen kann.[895]

Dazu kommt noch, daß weder § 58 I BetrVG das Subsidiaritätsprinzip ausdrücklich für anwendbar erklärt, noch, daß es ein genuin rechtswissenschaftliches Prinzip[896] ist. Inwieweit und in welcher Ausprägung das Subsidiaritätsprinzip auf § 58 I BetrVG anwendbar ist, müßte also schon § 58 I BetrVG selbst klären.[897] Das macht das Subsidiaritätsprinzip zu einem Umweg bei der Klärung des Zuständigkeitenverhältnisses der Betriebsräte.

Die Diskussion um eine angebliche Subsidiarität der Konzernbetriebsratszuständigkeit zur Gesamtbetriebsratszuständigkeit ist für die Frage, wie sich die Zuständigkeiten von Gesamtbetriebsrat und Konzernbetriebsrat zueinander verhalten, fruchtlos.

Es bleibt dabei, daß die Primärzuständigkeit bedeutet, daß §§ 50 I und 58 I BetrVG „nur die Zuständigkeitsbereiche des Gesamtbetriebsrates und der Einzelbetriebsräte voneinander ab[grenzt]. Sie beschränkt die sonst an sich gegebene Zuständigkeit der Einzelbetriebsräte in den dort genannten Angelegenheiten zugunsten des Gesamtbetriebsrats“[898].

c) Keine Zweifelsregelung oder Beweislastregelung zur Klärung von Rechtsfragen

Allerdings findet man selbst bei Vertretern der Zuständigkeitstrennung Hinweise darauf, aus der primären Zuständigkeit eine Zweifelsregelung im Sinne einer Vermutung für die Zuständigkeit der Einzelbetriebsräte abzuleiten[899]. Dabei darf man aber nicht übersehen, daß nicht alle Zweifel mit Hilfe einer proklamierten Zweifelsregelung ausgeräumt werden können. Zweifelsregelungen sind nicht auf Unsicherheiten in Rechtsfragen anwendbar.[900] Sie können nur die Beweislast[901] bei der Sachverhaltsaufklärung übernehmen,[902] aber nennenswerte Sachverhalts-

---

895 Dies stellt auch *Siebert*, Gesamtbetriebsrat, S. 58 f. selbst klar.

896 *Kempen* KritV 1994, 13, 21; *v. Borries*, EuR 1994, 263, 287; Nach *Hablitzel* FS Hugo Hahn (1997), 625, 631 ist das Subsidiaritätsprinzip „primär [...] sozialphilosophisch oder sozialethisch begründet“.

897 Ebenso für Art. 5 II EGV *v. Borries*, EuR 1994, 263, 273 oben; *Stewing* DVBl. 1992, 1516, 1517 rechte Spalte unten; *Grimm* KritV 1994, 6, 9 oben.

898 BAG vom 16.8.1983 – 1 AZR 544/81 – SAE 1984, 334, 336 linke Spalte unten.

899 *Neumann-Duerberg* DB 1962, 1009, 1012; *Richardi* FS Gitter (1995), 789, 795 oben.

900 *Papier/Möller* VSSR 1996, 243, 267; *Hergenröder* AR-Blattei/SD Beweislast Rn. 6.

901 Zu Zweifelsregelungen als Beweislastregelungen *Hergenröder* AR-Blattei/SD Beweislast Rn. 30.

902 *Papier/Möller* VSSR 1996, 243, 267; *Hergenröder* AR-Blattei/SD Beweislast Rn. 6 m.w.N.

probleme bereitet § 58 I BetrVG gerade nicht. Gleiches gilt für eine Interpretation als Beweislastregelung: Auch sie hilft erstens nur über Tatsachenlücken hinweg. Wem die Beweislastregelung aber zweitens helfen soll, ist noch dazu unklar: dem Betriebsrat oder dem Arbeitgeber? Beide können im Einzelfall ein Interesse an der Zuständigkeit des Konzernbetriebsrates haben – oder an der Zuständigkeit der einzelnen Gesamtbetriebsräte. *Süsterhenn* spricht sich zwar – allgemein zum Subsidiaritätsprinzip – für eine Beweislast der höheren Instanz aus, die „in die Rechte des Einzelnen oder der engen Lebenskreise eingreifen“[903] will. Aber bei der Zuständigkeit des Konzernbetriebsrates geht es darum zu klären, *ob* der Konzernbetriebsrat in die Rechte des Gesamtbetriebsrates eingreift oder ob letzterer mangels Handelsmöglichkeit die Zuständigkeit gar nicht wahrnehmen kann. Nach der allgemeinen Beweislastregel der herrschenden Normentheorie[904], die auch im Beschlußverfahren für die objektive Beweislast Anwendung findet,[905] trägt jeder Beteiligte grundsätzlich den Rechtsnachteil für die Nichterweislichkeit der ihm günstigen Tatbestandsmerkmale.

Allerdings hat die Auslegung des Tatbestands gezeigt, daß die bisher aufgeführten Zweifel an einer Lösbarkeit des § 58 I BetrVG nicht begründet sind. Eine „Zweifelsregelung“ hat keinen Anwendungsbereich. Auch dafür taugt die Primärzuständigkeit des Einzelbetriebsrates nicht.

Ergebnis: Soweit die primäre Zuständigkeit etwas anderes besagen will, als daß die Zuständigkeit des Einzelbetriebsrates keiner positiven Feststellung bedarf, liegt sie falsch. Mehr kann sie zum Verhältnis der Betriebsratszuständigkeiten nicht beisteuern.

3. Gesetzliche Vorgabe: Nichtregelnkönnen der Gesamtbetriebsräte

Da das Gesetz nicht nur behauptet, der Gesamtbetriebsrat könne nicht, was der Konzernbetriebsrat kann, sondern das tatsächlich der Wahrheit entspricht,[906] ist Konsequenz die Zuständigkeitstrennung: Der Bereich, der die Tatbestandsvoraussetzungen des § 58 I BetrVG erfüllt, ist ausschließlich dem Konzernbetriebsrat vorbehalten, der des § 50 I BetrVG dem Gesamtbetriebsrat, der „Rest“ dem Einzelbetriebsrat.

---

903 *Süsterhenn* FS Nawiasky (1956), S. 141, 149 oben.

904 BGH vom 14.1.1991 – II ZR 190/89 – NJW 1991, 1052, 1053 rechte Spalte; *Schmidt-Aßmann* in: Maunz/Dürig, GG (42. Lieferung 2003) Art. 19 IV Rn. 228; *Hergenröder* AR-Blattei/SD Beweislast Rn. 14 m.w.N.

905 Auch im Bereich des Untersuchungsgrundsatzes gilt die objektive Beweislast, da ein „non liquet“ auch hier nicht Ergebnis sein kann, ErfKomm[4]-*Eisemann* ArbGG § 83 Rn. 5; GK/ArbGG[32]-*Dörner* § 83 ArbGG Rn. 153.

906 Siehe oben S.106.

Die Zuständigkeitstrennung[907] nimmt das Nichtregelnkönnen in § 50 und § 58 BetrVG ernst –[908] erstaunlicherweise, denn bei der Bestimmung des Nichtregelnkönnens tut dies aufgrund der „Parallelvereinbarungstheorie" keiner der Vertreter der Zuständigkeitstrennung.[909] Anders insoweit nur *Röder/Gragert*, die zwar das zwingende Erfordernis aus Literatur und Rechtsprechung übernehmen, aber dennoch für den Bereich der Zuständigkeit des Konzernbetriebsrates annehmen, daß den Gesamtbetriebsräten eine Regelung „nicht möglich ist"[910]. Damit ist die Zuständigkeit der Gesamtbetriebsräte „konsequenterweise ausgeschlossen"[911], auch ohne Umweg über die drei Fallgruppen objektive Unmöglichkeit, zwingendes Erfordernis und subjektive Unmöglichkeit.

Bleibt man beim Nichtregelnkönnen, setzte eine Zuständigkeitskonkurrenz zwischen Konzernbetriebsrat und Gesamtbetriebsrat voraus, daß die Zuständigkeit des Konzernbetriebsrates diejenige der Gesamtbetriebsräte nicht hindert, also – bleibt man beim Wortlaut des § 58 I S. 1 BetrVG – die Einzelbetriebsräte im Endeffekt etwas regeln könnten, das sie nicht regeln können.[912]

Da die Gesamtbetriebsräte tatsächlich nicht regeln können, was der Konzernbetriebsrat innerhalb seiner originären Zuständigkeit regelt,[913] können nicht Gesamtbetriebsrat und Konzernbetriebsrat gleichzeitig zuständig sein.[914] Die Zuständigkeitstrennung ist deshalb das einzig passende System für die Zuständigkeit von Einzel-, Gesamt- und Konzernbetriebsrat.

Dies läßt sich dem Wortlaut des § 58 I BetrVG unmittelbar entnehmen; auch spricht gegen eine konkurrierende Zuständigkeit nach Vorbild der konkurrierenden Gesetzgebung von Bund und Ländern, daß § 58 I BetrVG so überhaupt nicht

---

907 GK/BetrVG[7]-*Kreutz* § 50 Rn. 18 und § 58 Rn. 8; *Stege/Weinspach/Schiefer*[9] §§ 47-52 Rn. 10; *Fitting*[22] § 50 Rn. 10 (nur für notwendige Mitbestimmung); *Ehrich* ZfA 1993, 427, 431; *Brill* AuR 1983, 169, 170; *Keim* BB 1987, 962 964; ErfKomm[4]-*Eisemann* § 50 BetrVG Rn. 2; *Kunz* AiB 1990, 325; *Färber* FS Gaul (1992), S. 57, 61 oben; *Dross*, Sozialplan im Konzern, S. 79 f.; Hess/Schlochauer/Worzalla/*Glock*[6] § 58 Rn. 8a; *Martens* ZfA 1973, 297, 308 (für die „vertikale" Konzernbetriebsvereinbarung); wohl auch *Meyer* AuR 1964, 362, 366: „ausschließliche Zuständigkeit des Gesamtbetriebsrats".

908 Ausdrücklich *Ehrich* ZfA 1993, 427, 430 f; *Röder/Gragert* DB 1996, 1674, 1676; GK/BetrVG[7]-*Kreutz* § 58 Rn. 8; *Dross*, Sozialplan im Konzern, S. 79 unten.

909 Dazu oben S. 79 f. Ausnahme ist *Martens* ZfA 1973, 297, 308, der immerhin für die „vertikale" Konzernbetriebsvereinbarung – ganz richtig - aus dem Nichtregelnkönnen der Gesamtbetriebsräte auf die Zuständigkeitstrennung folgert.

910 *Röder/Gragert* DB 1996, 1674, 1676 oben.

911 *Röder/Gragert* DB 1996, 1674, 1676 oben.

912 So das Ergebnis bei *Dross*, Sozialplan im Konzern, S. 80, auf die Spitze getrieben.

913 Siehe oben S. 106 ff.

914 Ebenso *Röder/Gragert* DB 1996, 1674, 1676; *Martens* ZfA 1973, 297, 308 für den Bereich der „horizontalen Konzernbetriebsvereinbarung".

Art. 72 I GG nachgebildet ist, der die konkurrierende Gesetzgebung deutlich vorschreibt.[915]

Teleologische Hilfserwägungen wie die sonst nicht mögliche einheitliche Regelung divergierender Interessen der Gesamtbetriebsräte[916] gehören zur Bestimmung des Nichtregelnkönnens, aber nicht zur Bestimmung des Verhältnisses der Zuständigkeiten.

Die Zuständigkeit des Konzernbetriebsrates nach § 58 I BetrVG schließt daher – von Anfang an – die Zuständigkeit der Gesamt- und Einzelbetriebsräte aus.[917]

4. Konsequenzen der Zuständigkeitstrennung

Obgleich die Zuständigkeitstrennung sich fast allgemein durchgesetzt hat, gibt es zwei Bereiche, in denen eine Ausnahme von ihr – und nichts anderes ist es – zur Debatte steht. Was geschieht, wenn der Tatbestand des § 58 I erfüllt ist, aber kein Konzernbetriebsrat existiert, der sie wahrnehmen könnte, oder aber ein Konzernbetriebsrat existiert, der sie aber nicht wahrnehmen will und untätig bleibt?

Eins vorausgeschickt: Ein „Rückfall von Mitbestimmungsrechten an den [Gesamt]-Betriebsrat“[918] ist konstruktiv nur über eine echte Ausnahme möglich – von der Zuständigkeitstrennung und der Zuständigkeit des Konzernbetriebsrates. Die Existenz eines Konzernbetriebsrates in den Tatbestand des § 58 I BetrVG hineinzulesen, bringt keinen Erfolg, weil damit die Gesamtbetriebsräte immer noch nicht regeln können. Man müßte dann schon sagen: Besteht kein Konzernbetriebsrat, verzichtet man ganz auf das Nichtregelnkönnen. Damit schmeißt man dann alles über den Haufen, was für die Zuständigkeit des Konzernbetriebsrates gelten muß.

a) Nicht vorhandener Konzernbetriebsrat

Da der Konzernbetriebsrat fakultativ geblieben ist und die Novelle 2000 nur das Quorum von mehr als 75 auf mehr als fünfzig Prozent gesenkt hat,[919] ist es nicht nur faktisch möglich, daß ein Konzern trotz Erfüllung aller Errichtungsvoraussetzungen keinen Konzernbetriebsrat kraft Beschlusses einrichtet. Die Konzernunternehmen sollen sich vielmehr bewußt für oder gegen einen Konzernbetriebsrat entscheiden können, da nach Vorstellung des Gesetzgebers nicht jeder Konzern eines Konzernbetriebsrates bedarf[920].

Besteht daher kein Konzernbetriebsrat, obwohl die Konzernunternehmen – Erreichen des Quorums vorausgesetzt – ihn errichten könnten, gibt es zwei Möglich-

---

915 *Ehrich* ZfA 1993, 427, 431; *Dross*, Sozialplan im Konzern, S. 80 oben.

916 Z.B. bei *Ehrich* ZfA 1993, 427, 431; *Dross*, Sozialplan im Konzern, S. 80.

917 *Ehrich* ZfA 1993, 427, 431.

918 *Röder/Gragert* DB 1996, 1674, 1675.

919 Die diskutierte Obligation setzte man bewußt nicht ins Gesetz um, siehe *Däubler* AuR 2001, 1, 3.

920 BR-Drs. 715/70, S. 43.

keiten: Man beantwortet die Zuständigkeit des Konzernbetriebsrates strikt nach den Tatbestandsvoraussetzungen des § 58 I BetrVG, oder man liest in den Tatbestand zusätzlich hinein, daß ein Konzernbetriebsrat überhaupt bestehen muß *und* bei fehlendem Konzernbetriebsrat eine subsidiäre Zuständigkeit des Gesamtbetriebsrates besteht. Ersteres schafft einen Bereich, der dem Konzernbetriebsrat immer vorbehalten und daher ohne ihn mitbestimmungsfrei bleibt. Letzteres will eine Zuständigkeit der Gesamtbetriebsräte für die Angelegenheiten herbeiführen, die ein bestehender Konzernbetriebsrat zu erfüllen hätte.

aa) Parallele zum Gesamtbetriebsrat

Großer Unterschied bei fehlendem Konzernbetriebsrat oder Gesamtbetriebsrat ist, daß der Konzernbetriebsrat fakultativ, der Gesamtbetriebsrat gem. § 47 I BetrVG obligatorisch ist. Fehlt ein Gesamtbetriebsrat in einem Unternehmen, das in mehrere Betriebe gegliedert ist, verstößt das gegen das BetrVG. Daher kann man einen deswegen entstehenden mitbestimmungsfreien Raum durchaus als *Sanktion* der pflichtwidrig unterlassenen Einrichtung des Gesamtbetriebsrates ansehen.[921] Den Konzernunternehmen gesteht man dagegen zu, sich gegen einen Konzernbetriebsrat zu entscheiden; die Konsequenz einer Schwächung der Mitbestimmung bei fehlendem Konzernbetriebsrat kann hier nicht als Sanktion begriffen werden.

bb) Gesamtbetriebsrat als Ersatz-Konzernbetriebsrat?

Die Frage stellt sich nur, wenn die Angelegenheit „an sich" den Tatbestand des § 58 I BetrVG erfüllt.

Für diejenigen, die an sich der Zuständigkeitstrennung folgen, stellt sich bei fehlendem Konzernbetriebsrat das Problem, wie sie die Zuständigkeit dennoch dem Gesamtbetriebsrat zuschlagen können – wenn dieser doch grundsätzlich *nicht* neben dem Konzernbetriebsrat zuständig ist. Diese der Zuständigkeitstrennung zuwider laufende Bemühung, den Gesamtbetriebsrat doch zuständig zu erklären, läßt sich konstruktiv und erst recht dogmatisch nicht durchführen.[922]

Ohne Begründung gibt *Buchner*[923] das Verbleiben der Zuständigkeit bei den Gesamtbetriebsräten vor, wenn ein Konzernbetriebsrat nicht besteht. Beliebt ist auch die Primärzuständigkeit als Mittel, um den Gesamtbetriebsräten die Zuständigkeit bei fehlendem Konzernbetriebsrat zu erhalten,[924] ohne daß hier erkannt wird, daß diese – konsequent weitergedacht – der Zuständigkeitstrennung an sich schon im Wege stände. Dies hat daß LAG Düsseldorf[925] sehr schön erkannt, wenn auch

921 GK/BetrVG[7]-*Kreutz* § 50 Rn. 19.

922 So auch *Dross*, Sozialplan im Konzern, S. 80, die aus der Zuständigkeitstrennung „konsequenterweise" auch einen Rückfall der Zuständigkeit ausschließt.

923 FS Zöllner (1998), S. 711.

924 *Fitting/Kaiser/Heither/Engels/Schmidt*[21] § 50 Rn. 11 (für den untätigen Gesamtbetriebsrat).

925 LAG Düsseldorf vom 4.3.1992 – 5 TaBV 116/91 – NZA 1992, 613, 614.

nicht zu Ende ausgeführt: Besteht man auf der Zuständigkeitstrennung, stellt der Rückfall der Zuständigkeit auf die unteren Ebenen bei Untätigkeit oder Nichtexistenz der oberen Ebenen eine „Sekundärzuständigkeit“ dar. Eine solche kennt das BetrVG neben der originären und der Auftragszuständigkeit aber gerade nicht.

Außerdem hindert die Primärzuständigkeit niemanden daran, die „gesetzlichen Beteiligungsrechte des Betriebsrates [...] leer [laufen zu lassen], wenn die Belegschaft keinen Betriebsrat gewählt hat.“[926] Der Belegschaft, die keinen *Konzern*betriebsrat errichtet hat, die Beteiligungsrechte erhalten zu sollen, nur weil *irgendwo* ein Betriebsratsgremium besteht, das durch die gesetzliche Zuständigkeitsverteilung durchgefallen ist und damit mit der Angelegenheit an sich nichts zu tun hat, macht nur den Wunsch zum Vater des Gedanken.

Ohne Begründung nahm man unter Geltung des BetrVG 1952, dessen §§ 46 ff. den Gesamtbetriebsrat nur als fakultatives Organ kannten, an, daß bei fehlendem Gesamtbetriebsrat die Ausübung der Mitbestimmungsrechte „notwendigerweise bei den Einzelbetriebsräten“ je für ihre Betriebe bleiben müßte.[927] Eine Begründung lieferte man nicht mit.

cc) Ergebnis

Für die Existenz einer originären Zuständigkeit des Konzernbetriebsrates ist nicht erforderlich, daß ein Konzernbetriebsrat überhaupt existiert.[928] Die Erfüllung der Voraussetzungen für seine Bildung nach §§ 54 ff. BetrVG genügt. Die Zuständigkeit des Konzernbetriebsrates kann damit nicht von anderen Gremien, Einzel- oder Gesamtbetriebsrat, wahrgenommen werden. Hier zeigt sich erneut der Grundsatz im Aufbau der Zuständigkeiten: Die einzelnen Zuständigkeitsbereiche schließen einander aus, die Gremien sind nicht zueinander subsidiär.

b) Untätigkeit des Konzernbetriebsrates

Schon bei Untätigkeit des Konzernbetriebsrates, nicht erst bei fehlendem Konzernbetriebsrat die Zuständigkeit auf die Gesamtbetriebsräte zurückschieben zu wollen,[929] scheitert erst recht an der Zuständigkeitsverteilung des BetrVG.[930]

Der Konzernbetriebsrat disponierte damit frei über seine eigene Zuständigkeit: Will er nicht, verschiebt er einfach seine Zuständigkeit kraft Untätigkeit an die Gesamtbetriebsräte. Dem Arbeitgeber hat man dies aus guten Gründen ver-

---

926 BAG vom 16.8.1983 – 1 AZR 544/81 – SAE 1984, 334, 335; zustimmend *Dütz*, Anmerkung, SAE 1984, 337.

927 BAG vom 16.8.1983 – 1 AZR 544/81 – SAE 1984, 334, 336; *Meyer* AuR 1964, 362, 364; *Störmann*, Gesamtbetriebsrat, S. 54; ebenso *Kassmann*, Gesamtbetriebsrat, S. 61.

928 ErfKomm[4]-*Eisemann* § 50 BetrVG Rn. 2; GK/BetrVG[7]-*Kreutz* § 58 Rn. 8.

929 So *Halberstadt* BB 1975, 843 844; *Kunz* AiB 1990, 325, 326.

930 Ebenso *Färber* FS Gaul (1992), S. 57, 61.

wehrt,[931] das muß auch für den Betriebsrat gelten. Anders wäre dies, wenn der Konzernbetriebsrat die Gesamtbetriebsräte beauftragen dürfte; dann könnte man die Untätigkeit als konkludenten Auftrag an die Gesamtbetriebsräte sehen.[932] Eine solche Auftragszuständigkeit des Gesamtbetriebsrates kraft Auftrags „von oben" des Konzernbetriebsrates gibt es aber nicht[933]

Die Entscheidung des BAG vom 19.3.1981[934] kann für das Verbleiben der Zuständigkeit bei den Gesamtbetriebsräten wegen Untätigkeit des Konzernbetriebsrates nicht fruchtbar gemacht werden. Da „vielleicht" für die Zuständigkeit des Konzernbetriebsrates „keine Notwendigkeit"[935] besteht, bejaht das BAG *nicht* das Vorliegen der Tatbestandsmerkmale des § 58 I BetrVG. Es sagt daher auch nichts dazu, ob trotz an sich gegebener Zuständigkeit des Konzernbetriebsrates die Gesamtbetriebsräte wieder zuständig werden, wenn er untätig bleibt. Daß „die Zuständigkeit des Gesamtbetriebsrates solange bestehen [bleibt], wie eine konzerneinheitliche Versorgungsregelung von keiner Seite angestrebt wird"[936], ist zwar mißverständlich; aus dem Kontext wird aber klar, daß das BAG hier nur meint, jedenfalls das Erstreben einer Seite als Tatbestandsvoraussetzung verlangen zu dürfen.

Tatsächlich entspringt die Ansicht, die Gesamtbetriebsräte müßten in die Bresche springen können, der Angst, die Arbeitnehmer könnten sonst unrepräsentiert bleiben. Nicht von der Hand weisen läßt sich, daß es die Arbeitnehmer in der Tat schwer träfe, entschiede die Konzernleitung allein und vom Konzernbetriebsrat unbehelligt z.B. Betriebsänderungen mit einhergehendem Arbeitsplatzabbau. Darüber damit hinwegzutrösten, die Untätigkeit des Konzernbetriebsrates *könne auch* „taktischer Natur" sein, weswegen dem Konzernbetriebsrat überlassen sei, die Entscheidung über ein Tätigwerden „selbst für seinen eigenen Bereich zu durchdenken und zu entscheiden",[937] befriedigt daher nicht. Die Angst vor dem untätigen Konzernbetriebsrat ist aber am Ende unbegründet, weil die Betriebsratsgremien der unteren Ebenen des Schutzes mittels subsidiärer Zuständigkeit weder bedürfen – noch dazu fähig sind, die Zuständigkeit wahrzunehmen. Daß die Gesamtbetriebsräte, die eine Angelegenheit nicht regeln können (Vorausset-

931 Siehe oben Fn. 590; BAG vom 23.9.1975 – 1 ABR 122/73 – AuR 1976, 188, 189.

932 Ähnlich *Röder/Gragert* DB 1996, 1674, 1675 f.

933 Dazu gleich S. 151 ff.; LAG Düsseldorf vom 4.3.1992 – 5 TaBV 116/91 – NZA 1992, 613, 614; *Färber* FS Gaul (1992), S. 57, 61; *Röder/Gragert* DB 1996, 1674, 1676 mit – unzutreffendem – Hinweis auf *Löwisch/Mikosch*, Anmerkung, AP Nr. 2 zu § 50 BetrVG 1972, die dazu gerade nichts verlautbaren.

934 3 ABR 38/80 – DB 1981, 2181 = AP Nr. 14 zu § 80 BetrVG 1972.

935 BAG vom 19.3.1981 - 3 ABR 38/80 – DB 1981, 2181, 2182 oben.

936 BAG vom 19.3.1981 - 3 ABR 38/80 – DB 1981, 2181, 2182 oben.

937 So aber LAG Düsseldorf vom 4.3.1992 – 5 TaBV 116/91 – NZA 1992, 613, 614; *Färber* FS Gaul (1992), S. 57, 61.

zung des § 58 I BetrVG!)[938], sie dann doch regeln *können*, nur weil es keinen Konzernbetriebsrat gibt oder er nichts tut, ist absurd. Da man aber ja nicht wirklich Unmöglichkeit verlangt, nahm man diesen Widerspruch nicht so ernst; entschied man sich aus „zwingenden" Gründen für die Konzernbetriebsratszuständigkeit, wird es dennoch der Gesamtbetriebsrat auch irgendwie richten können. Unwohl ist dabei dem LAG Düsseldorf: Es bezeichnet die „Ersatz"-Regelungen der Einzelbetriebsräte anstelle des untätigen Gesamtbetriebsrates als „Teillösungen"[939] und fragt sich, wie denn die Einzelbetriebsräte an die allein kompetente Unternehmensleitung, mit der der Gesamtbetriebsrat verhandelt hätte, heran kommen sollen –[940] ein Problem, das sich aus den genannten Gründen im Konzern noch verschärft.

In der Tat besteht eine Schutzbedürftigkeit der Betriebe und Konzernunternehmen davor, daß der Konzernbetriebsrat ihre Interessen mangels irgendwie gearteter Tätigkeit überhaupt nicht wahrt. Dagegen können sich diese Gremien aber wehren: Ihre Vertreter sitzen in den Gesamtbetriebsräten und darüber auch im Konzernbetriebsrat. Diese Vertreter *können* schon einmal tätig werden. Hakt es auch bei diesen eigenen Leuten am Willen zum Tätigwerden, können die Einzel- bzw. Gesamtbetriebsräte ihre Vertreter jederzeit abberufen[941].

Diejenigen Einheiten, die nicht im Konzernbetriebsrat repräsentiert sind, sind entweder selbst schuld, weil sie entweder pflichtwidrig Vertreter nicht entsandt, erst gar keinen Einzelbetriebsrat gewählt oder pflichtwidrig keinen Gesamtbetriebsrat gebildet haben – oder sie sind nicht betriebsratsfähig. Nur Letzteren könnte man also überhaupt ein Schutzbedürfnis zuerkennen. Sie sind aber vom Zuständigkeitsbereich des § 58 I S. 1, 2. Hs. BetrVG nicht umfaßt.[942] Pflichtwidriges Verhalten kann das Gesetz nicht mittels einer Kompetenzverlagerung auffangen,[943] erst recht nicht die bewußte Entscheidung gegen einen Betriebsrat. Den betriebsratslosen Einheiten aber hilft die subsidiäre Zuständigkeit von Gesamtbetriebsrat bzw. Einzelbetriebsrat aber nicht, weil auch diese nicht bestehen. Außerdem ist nicht einzusehen, daß die betriebsratslosen Einheiten ausgerechnet die Untätigkeit des Konzernbetriebsrates verhindern sollen, obwohl sie auf die Handlungen des Konzernbetriebsrates keinen Einfluß haben und diese ebenso auf sie wirken können.[944]

Ob der Konzernbetriebsrat untätig bleibt, entscheidet nach alldem allein er.

---

938 Dazu oben S. 106 ff.

939 LAG Düsseldorf vom 4.3.1992 – 5 TaBV 116/91 – NZA 1992, 613, 614 rechte Spalte.

940 LAG Düsseldorf vom 4.3.1992 – 5 TaBV 116/91 – NZA 1992, 613, 614 f.

941 ErfKomm[4]-*Eisemann* § 50 BetrVG Rn. 1.

942 Siehe S. 128 ff.

943 ErfKomm[4]-*Eisemann* § 50 BetrVG Rn. 2.

944 Ähnlich ErfKomm[4]-*Eisemann* § 50 BetrVG Rn. 2.

Die Untätigkeit des Konzernbetriebsrates berührt daher weder seine Zuständigkeit noch dic der Gesamtbetriebsrat.[945]

c) Konsequenz: keine Konkurrenz von Einzel-, Gesamt- und Konzernbetriebsvereinbarungen

Ist jede Angelegenheit immer nur einem Betriebsratsorgan zugeteilt, kann es keine Konkurrenz von Betriebsvereinbarungen unterschiedlicher Betriebsräte geben. Nur einer von ihnen ist zuständig, alle anderen sind es nicht (mehr). Einzige Konsequenz kann daher auch hier die Unwirksamkeit der Vereinbarungen sein, deren Betriebsrat nicht (mehr) zuständig ist.

Schon, wenn die Zuständigkeit zu einer anderen Betriebsratsebene wechselt – z.B., weil nun mehrere Konzernunternehmen betroffen sind -, wird der bisher zuständige Betriebsrat unzuständig und seine Vereinbarung unwirksam.

III. Rahmenkompetenz und Öffnungsklauseln

Eine Rahmenkompetenz des Konzernbetriebsrates wird immer wieder behauptet,[946] ebenso soll es Öffnungsklauseln in Konzernbetriebsvereinbarungen geben, die eine Ausfüllung durch Gesamt- oder Einzelbetriebsvereinbarungen vorsehen.[947]

Beides ist rechtlich nur auf zwei Wegen zu begründen: § 58 I BetrVG oder § 58 II BetrVG. Eine andere Zuständigkeit des Konzernbetriebsrates gibt es nicht.[948] Auch *Keim*[949], obwohl er die Rahmenkompetenz propagiert, sieht sie nicht als „dritte Kompetenz" an.

Keine gleichzeitige Zuständigkeit für eine Angelegenheit von Gesamt- und Konzernbetriebsrat aus § 58 I BetrVG

Eine Rahmenkompetenz des Konzernbetriebsrates kann man herleiten, wenn man annimmt, daß seine originäre Zuständigkeit in derselben Angelegenheit Raum läßt für eine Ausgestaltung durch die Gesamtbetriebsräte – daß also eine Angelegenheit aufgesplittet sein kann in Dinge, die nur der Konzernbetriebsrat regeln kann, und Dinge, die von den Gesamtbetriebsräten wahrgenommen werden können.[950]

---

945 ErfKomm[4]-*Eisemann* § 50 BetrVG Rn. 2; GK/BetrVG[7]-*Kreutz* § 58 Rn. 8; *Dross*, Sozialplan im Konzern, S. 80.

946 Angedeutet bei BAG vom 31.1.1989 – – 1 ABR 60/87 - NZA 1989, 606, 610; *Ehrich* ZfA 1993, 427, 432; *Kunz* AiB 1990, 325, 326; vor allem *Keim* BB 1987, 962.

947 Angedeutet bei BAG vom 31.1.1989 – 1 ABR 60/87 - NZA 1989, 606, 610; siehe auch Sachverhalt LAG Berlin vom 22.6.1998 – 9 TaBV 3/98 – NZA-RR 1999, 34 (das die Öffnungsklauseln nicht unter Zuständigkeitsgesichtspunkten überprüft).

948 *Richardi* FS Gitter (1995), 789.

949 BB 1987, 962,964.

950 So *Ehrich* ZfA 1993, 427, 432; *Keim* BB 1987, 962, 350; in diese Richtung auch BAG vom 31.1.1989 – 1 ABR 60/87 - NZA 1989, 606, 610.

Eine „Rahmenkompetenz“ entstehen zu lassen, obwohl der Tatbestand des § 58 I BetrVG „nicht bereits eindeutig“ erfüllt ist, indem beide Seiten die Zuständigkeit wünschen,[951] ist gesetzlich nicht vorgesehen. Sie widerspricht auch den Vorgaben der §§ 47 ff. und 54 ff. BetrVG. Weder die Konzernleitung kann mit ihren Wünschen die Kompetenz der Unternehmensleitung ausschließen, noch der Konzernbetriebsrat die der Gesamtbetriebsräte.

Ist der Konzernbetriebsrat originär nach § 58 I BetrVG zuständig, kann der Konzernbetriebsrat in einer Rahmenregelung dem Gesamtbetriebsrat nur offene Bereiche übrig lassen, wenn dieser in derselben Angelegenheit ebenfalls zuständig ist.

Die Zuständigkeit des Konzernbetriebsrates erstreckt sich auf *die Angelegenheit*, die mehrere Konzernunternehmen betrifft und die die Gesamtbetriebsräte nicht regeln können.

Bedeutung erlangt die Angelegenheit spätestens bei der Feststellung, daß die Zuständigkeit des Konzernbetriebsrates diejenige der Gesamtbetriebsrat in derselben Angelegenheit ausschließt. Was ist dieselbe Angelegenheit? Meint man damit den Tatbestand des Mitbestimmungsrechts, kann nicht neben dem Konzernbetriebsrat auch noch der Gesamtbetriebsrat zuständig sein; eine Rahmenvorgabe des Konzernbetriebsrates mit Ausfüllung durch Gesamtbetriebsräte ist damit ausgeschlossen.

Döring[952] ist zwar zuzustimmen, daß ein und dieselbe Angelegenheit zugleich konzerneinheitliche und unternehmensspezifische Kriterien enthalten kann. Daraus folgt aber noch nicht, daß man nach diesen Kriterien auch die Zuständigkeit innerhalb der Angelegenheit aufteilen kann und muß. Welchen Raum der Konzernbetriebsrat regeln darf und welchen der den Gesamtbetriebsräten lassen muß,[953] stellt die Praxis vor unlösbare Probleme. Muß dann auch noch der Gesamtbetriebsrat seinerseits wieder den Einzelbetriebsräten etwas an der Regelung übrig lassen, wäre ein und dieselbe Angelegenheit auf drei Ebenen gleichzeitig zu lösen. Im schlimmsten Fall wären damit alle drei Betriebsratsebenen in einen Streit verwickelt, wer wofür zuständig ist.

Gegen die gleichzeitige Anerkennung einer Rahmen- und einer Ausfüllungskompetenz sprechen auch praktische Erwägungen. Von der Konzernebene herab gesehen, kämen nicht weniger als drei Gremien gleichzeitig in Frage. Streitigkeiten zwischen den dreien selbst bei grundsätzlicher Anerkennung der Konzernbetriebsratskompetenz wären die unerträgliche Folge.

---

951 *Keim* BB 1987, 962 ff.

952 DB 1980, 689 f.

953 So die Aufteilung bei *Döring* DB 1980, 689 f.

1. Beauftragung der Gesamtbetriebsräte durch den Konzernbetriebsrat?

Ob ein Konzernbetriebsrat oder Gesamtbetriebsrat Öffnungsklauseln in seine Konzernbetriebsvereinbarung aufnehmen kann, um seine Kompetenzen aus der originären Zuständigkeit wieder auf die sachnäheren, aber laut Gesetz unzuständigen Gesamtbetriebsräte oder Einzelbetriebsräte zurück zu übertragen, spricht das LAG Berlin in seiner Entscheidung vom 22.6.1998[954] nur an, läßt die Frage aber unentschieden.

Die Gesamtbetriebsräte können den Konzernbetriebsrat beauftragen, § 58 I BetrVG. Aber kann auch der Konzernbetriebsrat Angelegenheiten, die er lieber die Gesamtbetriebsräte unter sich ausdiskutieren läßt, an diese zurückgeben?

Das BAG[955] sprach einmal an, die Konzernbetriebsräte könnten mitbestimmungsrechtliche Fragen zur selbständigen Regelung an die Gesamtbetriebsräte zurückweisen.

Gegen diese „umgekehrte" Beauftragungsmöglichkeit auf die fehlende gesetzliche Regelung zu verweisen,[956] ist argumentativ nicht völlig befriedigend. Selbst mit dem Hinweis darauf, daß der Gesetzgeber nur die Beauftragung der Gesamtbetriebsräte durch den Konzernbetriebsrat nicht geregelt hat, wohl aber umgekehrt, kann man auf ein beredtes Schweigen des Gesetzgebers nicht schließen. Daß das Gesetz eine Beauftragung nicht vorsieht, könnte auch eine regelwidrige ausfüllungsbedürftige Lücke sein. Allerdings hat das BAG nicht unrecht, wenn es für eine Abweichung vom gesetzlichen Zuständigkeitssystem eine gesetzliche Ermächtigung verlangt.[957] Eine solche für die Beauftragung des Gesamtbetriebsrates durch den Konzernbetriebsrat in § 58 II BetrVG hineinzulesen, verlangt schon besondere Kunstfertigkeit.

Gegen die „umgekehrte" Beauftragung spricht neben der fehlenden gesetzlichen Grundlage auch die gedachte Übertragung der Rechtsfolge des § 58 II BetrVG: Dort schlüpft der Konzernbetriebsrat nur in die Rolle des beauftragenden Gesamtbetriebsrates, ohne daß sich mit diesem Rollentausch die Gesamtbetriebsratszuständigkeit an sich mit änderte.[958] Überträgt man dies auf die „umgekehrte" Beauftragung, nimmt der Gesamtbetriebsrat die Konzernbetriebsratszuständigkeit nach § 58 I BetrVG wahr. Er verhandelt also mit der Konzernleitung über eine unternehmensweite Regelung. Entgegen *Röder/Gragert* hätte die Beauftragung des Gesamtbetriebsrates damit nicht mehrere Einigungsstellenverfahren zur Folge[959]. Aber der Gesamtbetriebsrat wäre auch für Arbeitnehmer – nämlich der

---

954 LAG Berlin vom 22.6.1998 – 9 TaBV 3/98 – NZA-RR 1999, 34.

955 BAG vom 31.1.1989 – 1 ABR 60/87 - NZA 1989, 606, 610; a.A. BAG vom 12.11.1997 – 7 ABR 78/96 – NZA 1998, 497, 498.

956 *Färber* FS Gaul (1992), S. 57, 61.

957 BAG vom 12.11.1997 – 7 ABR 78/96 – NZA 1998, 497, 498.

958 Siehe oben S. 131 ff.; BAG vom 12.11.1997 – 7 ABR 78/96 – NZA 1998, 497, 498.

959 *Röder/Gragert* DB 1996, 1674, 1675.

anderen betroffenen Konzernunternehmen – zuständig, die nicht in ihm repräsentiert sind. Der Konzernbetriebsrat dagegen besitzt auch im Rahmen seiner Auftragszuständigkeit die Legitimation für sämtliche Arbeitnehmer, da er als das Betriebsverfassungsorgan mit dem größeren Zuständigkeitsbereich die Teilmenge seines beauftragenden Betriebsrates stets mit umfaßt. Die Beauftragung des Konzernbetriebsrates führt die Zuständigkeit und Legitimation eines Organs herbei, in dem die Betroffenen immerhin repräsentiert sind. Gegen diese mangelnde Legitimation läßt sich zwar einwenden, daß der Konzernbetriebsrat Urheber der Zuständigkeitsverschiebung ist und dieser Akt damit von allen Arbeitnehmern legitimiert ist.

Weil aber die Beauftragung „nach unten" eine Legitimationslücke hervorriefe, die anders geartet und größer ist als die bei der gesetzlich geregelten Beauftragung nach § 58 II BetrVG, fehlt die für die Analogie erforderliche Entsprechung der Interessenlage. Eine Beauftragung eines Gesamtbetriebsrates durch den Konzernbetriebsrat ist damit auch nicht im Wege einer Analogie zu § 58 II BetrVG möglich.

Dazu kommt noch die Frage, warum eine solche Beauftragung möglich sein sollte. Einzige Antwort kann sein: um die größere Sachnähe der unteren Betriebsratsebenen auszunutzen. In der Tat liegt hier ein Vorteil der Gesamtbetriebsräte und Einzelbetriebsräte, die sich der Konzernbetriebsrat ebenso wie letztere seine größere Kompetenz gegenüber der Konzernleitung auch nutzbar machen könnte. Aber: Nicht die Sachnähe eines Gesamtbetriebsrates ist gefragt, sondern die mindestens noch eines weiteren. Es sind mindestens zwei Konzernunternehmen betroffen. Warum aber sich nicht der Konzernbetriebsrat selbst die Sachnähe der betroffenen Konzernunternehmen so weit nötig oder doch möglich aneignen sollte, um die Interessen zum Ausgleich zu bringen, ist deshalb so schwer zu verneinen, weil es ja doch einer tun muß und einem Gesamtbetriebsrat diese Funktion nicht einfacher fallen wird. Den Vorteil der Sachnähe eines einzelnen Gesamtbetriebsrates macht damit die geforderte Sachnähe zu mindestens einem weiteren Konzernunternehmen zunichte. Eine Beauftragung mehrer Gesamtbetriebsräte zugleich dagegen bricht wieder mit der geforderten Einheitlichkeit der Behandlung.

Weicht man dagegen von der Konstruktion der Beauftragung nach § 58 II BetrVG ab, indem man mit der Zurückverweisung an den Gesamtbetriebsrat auch den Umfang der Zuständigkeit verändert, erlaubt man für die gesetzlich nicht geregelte Auftragszuständigkeit die größere Abweichung von der gesetzlichen Zuständigkeitssystematik – ein nicht zu rechtfertigender Widerspruch.

Es gibt keine Beauftragung eines oder mehrerer Gesamtbetriebsräte durch den Konzernbetriebsrat.

2. Ergebnis

Gegen Rahmenkompetenz und Öffnungsklauseln spricht die gesetzliche Zuständigkeitsverteilung, wie sie gerade dargestellt wurde.[960]

Öffnungsklauseln in Konzernbetriebsvereinbarungen sind daher unwirksam, auf die Klarheit ihrer Regelung kommt es nicht an.[961]

Ist der Konzernbetriebsrat zuständig, kann kein anderer Betriebratsrat diese ausfüllen.[962]

D. Rechtsfolgen fehlender Zuständigkeit des Konzernbetriebsrates

Wie wichtig es ist, zutreffend zu bestimmen, ob der Konzernbetriebsrat zuständig ist – ob nach § 58 I BetrVG originär oder nach § 58 II BetrVG aufgrund Auftrags – kann man nur danach beurteilen, welche Konsequenzen bei fälschlicher Bejahung der Zuständigkeit drohen. Die große Bedeutung der Zuständigkeitsbestimmung ergibt sich aus den Rechtsfolgen fehlender Zuständigkeit.

I. Handlungsoptionen des Verhandlungspartners und übergangenen Betriebsrats

Bejaht der Konzernbetriebsrat seine Zuständigkeit und will er tätig werden, kann es sein, daß sein Verhandlungspartner auf Arbeitgeberseite und/oder ein Betriebsrat auf unterer Ebene dem widersprechen.

Beiden steht dann die Möglichkeit offen, Feststellungsklage zu erheben.

Der Arbeitgeber soll außerdem in geeigneter Weise versuchen, den richtigen Partner zu ermitteln, indem er die in Betracht kommenden Gremien zur Klärung der Zuständigkeitsfrage auffordert.[963]

II. Endgültige Unwirksamkeit geschlossener Vereinbarungen

Hat der Konzernbetriebsrat eine Regelungsabrede oder Betriebsvereinbarung mit der Konzernleitung geschlossen, obwohl er nicht zuständig war, ist diese Vereinbarung unwirksam.[964]

Eine rückwirkende Heilung durch Genehmigung des übergangenen Betriebsrates[965] kommt nicht in Frage. Überwiegend anerkannt ist diese Möglichkeit einer Genehmigung bei fehlendem Beschluß des Betriebsrates oder Abweichung vom

---

960 So auch *Röder/Gragert* DB 1996, 1674, 1675.

961 Mit nicht ausreichend „klarer und eindeutiger" Regelung hatte sich das LAG Berlin vom 22.6.1998 – 9 TaBV 3/98 – NZA-RR 1999, 34, 36 f. noch elegant aus der Affäre gezogen.

962 Ähnlich BAG vom 31.1.1989 – 1 ABR 60/87 - NZA 1989, 606, 610, das Mitbestimmungsrechte des Gesamtbetriebsrates jedenfalls dann ausschließt, wenn bereits eine Konzernbetriebsvereinbarung die Angelegenheit „abschließend und erschöpfend" regelt.

963 *Stege/Weinspach/Schiefer*[9] §§ 47-52 Rn. 9; BAG 24.1.1996 – 1 AZR 542/95 – NZA 1996, 1107, 1109.

964 *Fitting*[22] § 50 Rn. 74 und § 77 Rn. 30; *Ehrich* ZfA 1993, 427, 431; *Keim* BB 1987, 962.

965 So *Fitting*[22] § 50 Rn. 19; *Stege/Weinspach/Schiefer*[9] §§ 47-52 Rn. 11.

Beschluß: Diese führt zur schwebenden Unwirksamkeit, die ein Genehmigungsbeschluß des Betriebsrates mit rückwirkender Kraft heilen kann.[966] Es ist aber kein Grund ersichtlich, diese Meinung auf den Abschluß eines unzuständigen Betriebsrates zu übertragen und im Betriebsverfassungsrecht von der Grundregel abzuweichen, daß die Handlungen eines unzuständigen Organs nichtig sind. Bedarf daran besteht jedenfalls kaum: Der übergangene Einzel- oder Einzelbetriebsrat kann eine wortwörtlich identische Betriebsvereinbarung abschließen – wenn, und damit ist die Genehmigungsmöglichkeit vom Tisch, der mit dem Gesamtbetriebsrat zugleich zuständige Arbeitgeber mitspielt. Mit der Unzuständigkeit des Konzernbetriebsrates steht fest, daß auch die Konzernleitung nicht zum Abschluß einer Konzernbetriebsvereinbarung befugt war. Dann kann aber nicht genügen, daß nur auf der einen Seite der Gesamtbetriebsrat diese Regelung will und genehmigt. Es bedarf eines neuen Abschlusses zwischen Gesamtbetriebsrat und Unternehmensleitung.

Einigungsstelle: Zurückweisung der Anträge wegen fehlender Zuständigkeit nach § 98 I S. 2 ArbGG

Den Antrag auf Bestellung eines Vorsitzenden der Einigungsstelle (§ 76 II S. 2 BetrVG) weist das Gericht nach § 98 I S. 2 ArbGG zurück, wenn offensichtlich ist, daß das vom Betriebsrat in Anspruch genommene Mitbestimmungsrecht nicht gegeben ist. Offensichtlichkeit bedeutet: Bei fachkundiger Beurteilung durch das Gericht ist sofort erkennbar, daß ein Mitbestimmungsrecht des Betriebsrats in der fraglichen Angelegenheit unter keinem denkbaren rechtlichen Gesichtspunkt in Frage kommt.[967] Daß dem Betriebsrat das geltend gemachte Mitbestimmungsrecht aber nicht zusteht, kann Folge seiner Unzuständigkeit wegen Zuständigkeit eines Betriebsrats einer anderen Ebene sein.[968] Ist also offensichtlich der Konzernbetriebsrat zuständig, geht der Antrag des Gesamtbetriebsrates auf Bestellung eines Einigungsstellen-Vorsitzenden für sein Konzernunternehmen fehl.

Spezielle Sanktion: Nachteilsausgleich nach § 113 III BetrVG

Eine spezielle Sanktion droht bei Betriebsänderungen i.S.d. § 111 BetrVG. Zwar kann der Arbeitgeber nicht zum Abschluß eines Interessenausgleichs gezwungen werden;[969] versucht er aber nicht einmal einen Interessenausgleich mit dem Betriebsrat, verpflichtet ihn § 113 III BetrVG zum Nachteilsausgleich.

„Versucht“ hat der Arbeitgeber aber nur dann den Interessenausgleich, wenn er mit dem zuständigen Betriebsrat verhandelt hat. Nahm er falsch die Zuständigkeit

966 *Wollgast*, Betriebsvereinbarungen, S. 105 m.w.N.

967 So die vorherrschende Definition, z.B. LAG Düsseldorf vom 4.3.1992 – 5 TaBV 116/91 – NZA 1992, 613; ErfKomm[4]-*Eisemann* § 98 ArbGG Rn. 3.

968 LAG Düsseldorf vom 4.3.1992 – 5 TaBV 116/91 – NZA 1992, 613; LAG Frankfurt vom 15.6.1984 - 14/5 Ta BV 8/84 – AuR 1985, 61 (Leitsatz).

969 Richardi/*Annuß*[8] § 112 Rn. 13.

des Konzernbetriebsrates an und ließ dabei die tatsächlich zuständigen Gesamtbetriebsräte außen vor, erfüllt dies den Tatbestand des § 113 III BetrVG.

Fünfter Teil. Zusammenfassung

Erster Teil. Der Konzern des BetrVG

Konzern des BetrVG ist der Unterordnungskonzern des § 18 I AktG.

Sein Tatbestand setzt sich aus den einzelnen Tatbestandsmerkmalen Unternehmen, Abhängigkeit und Zusammenfassung unter einheitlicher Leitung i.S.d. §§ 15 ff. AktG zusammen.

Nur die Voraussetzung der einheitlichen Leitung steht einer am Normzweck des BetrVG orientierten, vom Konzerngesellschaftsrecht abweichenden Auslegung offen.

Zweiter Teil. Die Legitimation des Konzernbetriebsrates

Es genügt ein vorhandener Gesamtbetriebsrat, sofern er das Quorum des § 54 I S. 2 BetrVG erreicht. Denn die Betriebsverfassungsreform hat dem Konzernbetriebsrat Befugnisse zugewiesen, die seine Tätigkeit auch in einem Konzern mit nur einem Gesamtbetriebsrat sinnvoll machen (§ 17 I BetrVG) oder sogar erfordern (§ 58 I S. 1, 2. Hs. BetrVG). Seiner Errichtung durch den einen Gesamtbetriebsrat dagegen stehen auf der anderen Seite keine Gründe entgegen, die einer Überprüfung standhielten.

Auch die betriebsratslosen Einheiten zählen für die Bestimmung des Quorums mit.

Auf einen Einzelbetriebsrat in einem mehrgliedrigen Konzernunternehmen, das mehrere Betriebe, aber nur einen Einzelbetriebsrat und daher keinen Gesamtbetriebsrat besitzt, ist § 54 II BetrVG anwendbar. Es zählen aber nur die Arbeitnehmer des Unternehmens im Quorum, die dem Betrieb dieses Einzelbetriebsrates angehören.

§ 54 II BetrVG ist nicht analog auf einen Einzelbetriebsrat anzuwenden, in dessen Unternehmen mehrere vorhandene Einzelbetriebsräte pflichtwidrig keinen Gesamtbetriebsrat gebildet haben.

Dritter Teil. Die Legitimation des Konzernarbeitgebers

Die Frage nach dem Arbeitgeber in der Betriebsverfassung hat nichts mit dem Konzernbegriff des BetrVG und auch nichts mit der „Rechtsfähigkeit des Konzerns“ zu tun.

Ob die Konzernleitung mit dem Konzernbetriebsrat Konzernbetriebsvereinbarungen abschließen kann, die auch die anderen Konzernunternehmen binden, hängt davon ab, ob sie Arbeitgeberin im betriebsverfassungsrechtlichen Sinn ist.

Damit der Konzernbetriebsrat seine originäre Zuständigkeit ausfüllen kann, müssen ihm und damit auch seinem Arbeitgeber Regelungen mit Wirkung für alle

Konzernunternehmen möglich sein. Hilfskonstruktionen können dies nicht gewährleisten.

Es mißachtet die konzerngesellschaftlichen Grundlagen, aus dem Autonomieverlust der Konzernunternehmen auf die Kompetenz der Konzernleitung zu schließen.

Eine uneingeschränkte Anerkennung der Konzernleitung als Arbeitgeber läßt sich nicht mit dem Haftungs- und Ausgleichssystem des AktG in Einklang bringen.

Eine Unterscheidung zwischen Vertrags- und faktischem Konzern ist zur Begründung der Arbeitgeberstellung nicht geeignet.

Die Konzernleitung ist vielmehr Arbeitgeberin für alle Konzernunternehmen, auf die sie im Einzelfall konkret ihre Leitungsmacht ausüben kann.

Vierter Teil. Die Zuständigkeit des Konzernbetriebsrates

Die „Parallelvereinbarungstheorie", die ein Nichtregelnkönnen des Konzernbetriebsrates ausschließt, weil die Gesamtbetriebsräte immer Parallelregelungen treffen können, ist falsch. Am Nichtregelnkönnen als Tatbestandsvoraussetzung des § 58 I S. 1 BetrVG ist daher festzuhalten; es ist kein unbestimmter Rechtsbegriff.

Tatbestandsmerkmale der originären Konzernbetriebsrats-Zuständigkeit nach § 58 I S. 1 BetrVG sind Koordinationsbedarf und Betroffenheit mehrerer Konzernunternehmen oder Betriebe in unterschiedlichen Konzernunternehmen (Konzerndimensionalität).

Der Koordinationsbedarf richtet sich nach dem in Frage stehenden Mitwirkungsrecht.

Erledigt sich die Konzerndimensionalität, weil Konzernbetriebsrat und Konzernarbeitgeber von unternehmensübergreifenden Regelungen Abstand nehmen, entfällt damit die originäre Zuständigkeit des Konzernbetriebsrates.

Arbeitgeber und damit Verhandlungsgegner des Konzernbetriebsrates ist im Rahmen seiner originären Zuständigkeit immer die Konzernleitung.

§ 58 I BetrVG verlangt die Kompetenz des Konzernarbeitgebers.

Der Tatbestand der personellen Einzelmaßnahmen ist auf den Betrieb beschränkt und daher der Zuständigkeit des Konzernbetriebsrat nach § 58 I S. 1 BetrVG entzogen.

Mitwirkungsrechte über freiwillige Leistungen des Arbeitgebers, deren Tatbestand an die Entscheidung des Arbeitgebers, in welchem Bereich er sie gewähren will, anknüpfen, fallen nur in die Zuständigkeit des Konzernbetriebsrates, wenn sie einen Koordinationsbedarf auslösen.

§ 58 I S. 1, 2. Hs. BetrVG umfaßt nicht betriebsratsunfähige Betriebe.

Beauftragt der Gesamtbetriebsrat den Konzernbetriebsrat gem. § 58 II BetrVG, verhandelt der Konzernbetriebsrat mit dem Arbeitgeber des Gesamtbetriebsrates, d.h. der Unternehmensleitung.

Die Gesamtbetriebsräte können Zweifel über die originäre Zuständigkeit des Konzernbetriebsrates nicht erledigen, indem sie ihn beauftragen, da die Rechtsfolgen beider Zuständigkeiten sich nicht decken.

Die Zuständigkeiten von Konzernbetriebsrat, Gesamtbetriebsrat und Einzelbetriebsrat schließen sich gegenseitig aus. Diese Zuständigkeitstrennung gilt auch, wenn es keinen Konzernbetriebsrat gibt oder er untätig bleibt.

Der Konzernbetriebsrat hat weder eine Rahmenkompetenz, noch kann er Öffnungsklauseln in Konzernbetriebsvereinbarungen einfügen, die Einzelheiten den Gesamt- oder Einzelbetriebsräten überlassen. Für jede Angelegenheit ist immer nur eine Betriebsratsebene zuständig.

Der Konzernbetriebsrat kann nicht Gesamt- oder Einzelbetriebsräte zur Erledigung seiner Angelegenheiten beauftragen.

Rechtsfolge der Unzuständigkeit eines Betriebsrates ist die endgültige Unwirksamkeit der abgeschlossenen Regelungen. Eine Genehmigungsmöglichkeit durch den tatsächlich zuständigen Betriebsrat kommt nicht in Betracht.

Literaturverzeichnis

Altmeppen, Holger Gesellschafterhaftung und „Konzernhaftung" bei der GmbH, NJW 2002, 321

Annuß, Georg Der Eingriff in den Arbeitsvertrag durch Betriebsvereinbarung, NZA 2001, 756

Aschenbeck, Tanja Personenidentität bei Vorständen in Konzerngesellschaften, NZG 2000, 1015

Bachner, Michael Die Rechtsetzungsmacht der Betriebsparteien durch Konzernbetriebsvereinbarung, NZA 1995, 256

Bälz, Ulrich Einheit und Vielheit im Konzern, in: Funktionswandel der Privatrechtsinstitutionen – Festschrift für Ludwig Raiser, Tübingen 1974, S. 287

Bartl, Harald / Fichtelmann, Helmar / Schlarb, Eberhard / Schulze, Hans-Jürgen Heidelberger Kommentar zum GmbH-Recht, 5. Auflage Heidelberg 2002 (zit.: HK/GmbH[5]-*Bearbeiter*)

Bauzá Moré, Francisco José Gemeinschaftsunternehmen im Recht der verbundenen Unternehmen nach dem Aktiengesetz 1965, Diss. Bonn 1982

Bayer, Walter Der an der Tochter beteiligte Mehrheitsgesellschafter der Mutter: herrschendes Unternehmen? ZGR 2002, 933

Behne, Jan Die Kompetenz des Gesamtbetriebsrates, AiB 1990, 321

Behrens, Walter / Kramer, Stefan Der beauftragte Gesamtbetriebsrat, DB 1994, 94

Behrens, Walter / Schaude, Rainer Das Quorum für die Errichtung von Konzernbetriebsräten in § 54 Abs. 1 Satz 2 BetrVG, DB 1991, 278

Beitzke, Günther (Hrsg.) J. von Staudingers Kommentar zum Bürgerlichen Gesetzbuch, Buch 1. Allgemeiner Teil, Neubearb. Berlin 2001 (zit.: Staudinger-*Bearbeiter* [2001])

Benecke, Martina Existenzvernichtender Eingriff statt qualifiziert faktischer Konzern: Die neue Rechsprechung des BGH zur Haftung von GmbH-Gesellschaftern, BB 2003, 1190

Biedenkopf, Kurt Konzernbetriebsrat und Konzernbegriff, in: Liber amicorum Pieter Sanders, Deventer 1972, S. 1

Birk, Rolf Betriebsaufspaltung und Änderung der Konzernorganisation im Arbeitsrecht, ZGR 1984, 23

Blomeyer, Wolfgang Die Zuständigkeit des Gesamtbetriebsrats nach § 48 BetrVG, DB 1967, 2221

Boemke, Burkhard Schuldvertrag und Arbeitsverhältnis, München 1999 (zit.: Arbeitsverhältnis)

Boewer, Dietrich Mitbestimmung des Betriebsrats bei Versetzungen, DB 1979, 1035

Brachvogel, Gerrit Leitungsmacht und Verantwortlichkeit im Konzern, Diss. München 1967 (zit.: Leitungsmacht)

Buchner, Herbert Die Zuständigkeit des Konzernbetriebsrats, in: Festschrift für Wolfgang Zöllner, Köln 1998, S. 697

Buchner, Herbert Gemeinschaftsunternehmen und Konzernbetriebsrat, RdA 1975, 9

Buchner, Herbert Reform des Betriebsverfassungsrechts, AG 1971,189

Cahn, Andreas Die Holding als abhängiges Unternehmen? AG 2002, 30

Constantinesco, Vlad „Subsidiarität": Magisches Wort oder Handlungsprinzip der Europäischen Union? EuZW 1991, 591

Dalbert, Lambert Wohltat kann leicht zur Plage werden, DVZ 1961, 140

Danne, Harald Anmerkung, NZA 1995, 358

Däubler, Wolfgang Probleme beim Übergang zum neuen Betriebsverfassungsrecht, DB 2001, 1669

Däubler, Wolfgang Eine bessere Betriebsverfassung? AuR 2001, 1

David, Jakob Ist das Subsidiaritätsprinzip „der oberste Grundsatz der Sozialphilosophie"? SozSich 1962, 166

Demuth, Björn Das Konzernrecht, JA 1996, 137

Dielmann, Heinrich Die Beteiligung der öffentlichen Hand an Kapitalgesellschaften und die Anwendbarkeit des Rechts der verbundenen Unternehmen, Diss. Frankfurt/M. 1977 (zit.: Beteiligung)

Dierdorf, Josef Herrschaft und Abhängigkeit einer Aktiengesellschaft auf schuldvertraglicher und tatsächlicher Grundlage, Diss. Bochum 1976 (zit.: Abhängigkeit)

Dieterich, Thomas / Müller-Glöge, Rudi / Preis, Ulrich / Schaub, Günter (Hrsg.) Erfurter Kommentar zum Arbeitsrecht, 4. Auflage München 2004 (zit.: ErfKomm[4]-*Bearbeiter*)

Dietz, Rolf — Betriebsverfassungsgesetz mit Wahlordnung, 1. Auflage München 1953 (zit.: BetrVG[1] [1953])

Dietz, Rolf — Betriebsverfassungsgesetz mit Wahlordnung, 4. Auflage München 1967 (zit.: BetrVG[4] [1967])

Döring, Arnold — Die Zuständigkeitsabgrenzung zwischen Gesamtbetriebsrat und Betriebsrat, DB 1980, 689

Dross, Christine — Besonderheiten des Sozialplans im Konzern, Diss. München 1999 (zit.: Sozialplan im Konzern)

Dütz, Wilhelm — Anmerkung, SAE 1984, 337

Ehrich, Christian — Die Zuständigkeit des Gesamtbetriebsrats nach § 50 Abs. 1 Satz 1 BetrVG und ihre Bedeutung bei den betrieblichen Beteiligungsrechten, ZfA 1993, 427

Ehrich, Christian — Anmerkung, EWiR 2002, 743

Ehrich, Christian — Die Zuständigkeit des Gesamtbetriebsrats kraft Beauftragung nach § 50 Abs. 2 BetrVG, AuR 1993, 68

Emmerich, Volker / Habersack, Mathias — Aktien- und GmbH-Konzernrecht, 3. Auflage München 2003 (zit.: *Emmerich/Habersack*[3])

Emmerich, Volker / Sonnenschein, Jürgen / Habersack, Mathias — Konzernrecht, 7. Auflage München 2001 (zit.: Konzernrecht[7])

Etzel, Gerhard (Red.) — Gemeinschaftskommentar zum Kündigungsschutzgesetz und zu sonstigen kündigungsschutzrechtlichen Vorschriften, 6. Auflage Neuwied 2002 (zit.: KR[6]-*Bearbeiter*)

Färber, Peter — Die Beteiligungsrechte des Betriebsrats bei der Einführung und Anwendung neuer Techniken, in: Festschrift für Dieter Gaul, Neuwied 1992, S. 57

Fischer, Christian — Anmerkung, SAE 2003, 44

Fischer, Christian — Anmerkung, RdA 2003, 114

Fitting, Karl /Engels, Gerd / Schmidt, Ingrid / Trebinger, Yvonne / Linsenmaier, Wolfgang — Betriebsverfassungsgesetz, 22. Auflage München 2004 (zit.: *Fitting*[22])

Fitting, Karl / Kaiser, Heinrich / Heither, Friedrich / Engels, Gerd / Schmidt, Ingrid
Betriebsverfassungsgesetz mit Wahlordnung, 21. Auflage München 2002 (zit.: *Fitting/Kaiser/Heither/Engels/ Schmidt*[21])

Fitting, Karl / Kraegeloh, Walter Betriebsverfassungsgesetz nebst Wahlordnung, 5. Auflage Berlin 1960 (zit.: BetrVG[5] [1960])

Fromen, Wolfgang Der gemeinsame Betrieb zweier Unternehmen, in: Festschrift für Dieter Gaul, Neuwied 1992, S. 151

Fuchs, Rainer Der Konzernbetriebsrat – Funktion und Kompetenz, Diss. Frankfurt/M. 1974 (zit.: Konzernbetriebsrat)

Gäbelein, Wolfgang Definition eines qualifizierten faktischen Konzerns, AG 1990, 185

Galperin, Hans Anmerkung, SAE 1976, 100

Galperin, Hans / Löwisch, Manfred / Marienhagen, Rolf Kommentar zum Betriebsverfassungsgesetz, 6. Auflage Heidelberg 1982 (zit.: Galperin/Löwisch[6]-*Bearbeiter*)

Gansweid, Wolfgang Gemeinsame Tochtergesellschaften im deutschen Konzern- und Wettbewerbsrecht, Diss. Bielefeld 1976 (zit.: Gemeinsame Tochtergesellschaften)

Glombik, Manfred Aus dem ABC der EU: Subsidiarität, VR 2001, 269

Grimm, Dieter Effektivität und Effektivierung des Subsidiaritätsprinzips, KritV 1994, 6

Grotkamp, Annette Die Bedeutung des Gesamtbetriebsrats und die Abgrenzung seiner Zuständigkeit zu den Einzelbetriebsräten im Rahmen des Strukturwandels in der deutschen Wirtschaft, Diss. Kiel 1998 (zit.: Gesamtbetriebsrat)

Güllich, Karl Heinz Die unmittelbare Geltung von Betriebs-Vereinbarungen im Konzern zu Lasten von beherrschten Gesellschaften, Diss. Erlangen-Nürnberg 1978 (zit.: Betriebsvereinbarungen im Konzern)

Gussen, Heinz / Dauck, Andreas Die Weitergeltung von Betriebsvereinbarungen und Tarifverträgen bei Betriebsübergang und Umwandlung, 2. Auflage Berlin 1997 (zit.: Weitergeltung)

Gutzeit, Martin Die Mitbestimmung des Betriebsrats in sozialen Angelegenheiten, in: AR-Blattei Betriebsverfassung XIV B (530.14.2), 105. Lieferung September 2002

Haas, Wolfgang Auswirkungen des Betriebsübergangs insbesondere bei der Fusion von Kapitalgesellschaften auf Betriebsvereinbarungen, Diss. Vellmar 1994

Hablitzel, Hans Subsidiaritätsprinzip und Interdisziplinarität, Festschrift für Hugo Hahn, Baden-Baden 1997, S. 625

Halberstadt, Gerhard Die Zuständigkeit des Gesamtbetriebsrates nach § 50 Abs. 1 BetrVG, BB 1975, 843

Hanau, Peter Die Reform der Betriebsverfassung, NJW 2001, 2513

Hanau, Peter Fragen der Mitbestimmung im Konzern, ZGR 1984, 468

Hanau, Peter Denkschrift zu dem Regierungsentwurf eines Gesetzes zur Reform des Betriebsverfassungsgesetzes, RdA 2001, 65

Helm, Rüdiger / Müller, Andreas Bildung eines Gesamtbetriebsrats in Unternehmen mit nur einem Betriebsrat? AiB 2001, 449

Henze, Hartwig Ausfallhaftung des GmbH-Gesellschafters, BB 2002, 1011

Herrmann, Klaus Der gemeinsame Betrieb mehrerer Unternehmen, Diss. Konstanz 1993 (zit.: Gemeinsamer Betrieb)

Herzog, Roman Subsidiaritätsprinzip und Staatsverfassung, Der Staat 2 (1963), 399

Hess, Harald / Schlochauer, Ursula/ Glaubitz, Werner Kommentar zum Betriebsverfassungsgesetz, 4. Aufl. Neuwied 1993 (zit.: Hess/Schlochauer/Worzalla/Glaubitz[4])

Hess, Harald / Schlochauer, Ursula / Glaubitz, Werner
Kommentar zum Betriebsverfassungsgesetz, 5. Aufl. Neuwied 1997 (zit.: Hess/Schlochauer/Worzalla/ Glaubitz[5])

Hess, Harald / Schlochauer, Ursula / Worzalla, Michael / Glock, Dirk
Kommentar zum Betriebsverfassungsgesetz, 6. Aufl. Neuwied 2002 (zit.: Hess/Schlochauer/Worzalla/Glock[6])

Hohrmann, Friedrich Martin Der Staat als Konzernunternehmer, Diss. Münster 1983 (zit.: Konzernunternehmer)

Hölzle, Gerrit Existenzvernichtungshaftung, „Klimapflege“ und Insolvenzanfechtung, ZIP 2003, 1376

Hopt, Klaus / Wiedemann, Herbert (Hrsg.) Großkommentar AktG, 4. Auflage Berlin 1999 (zit.: Großkomm/AktG[4]-*Bearbeiter*)

Jacobi, Ernst	Betrieb und Unternehmen als Rechtsbegriffe, in: Festschrift für Victor Ehrenberg, Leipzig 1927, S. 1
Jacobs, Matthias	Anmerkung, AP Nr. 18 zu § 50 BetrVG 1972
Jacobs, Matthias	Anmerkung, EzA § 111 BetrVG 1972 Nr. 37
Joost, Detlev	Betrieb und Unternehmen als Grundbegriffe im Arbeitsrecht, München 1988
Kassmann, Dietrich	Die Zuständigkeit des Gesamtbetriebsrats nach dem Betriebsverfassungsgesetz und seine Tätigkeit in der Praxis, Diss. Mannheim 1968 (zit.: Gesamtbetriebsrat)
Keim, Rüdiger	Die Rahmenkompetenz des Gesamtbetriebsrates, BB 1987, 962
Kempen, Otto Ernst	Subsidiaritätsprinzip, europäisches Gemeinschaftsrecht und Tarifautonomie, KritV 1994, 13
Kittner, Michael	Anmerkung, EzA § 50 BetrVG 1972 Nr. 1
Klein, Eckart	Subsidiarität der Verfassungsgerichtsbarkeit und Subsidiarität der Verfassungsbeschwerde, in: Festschrift für Wolfgang Zeidler, Berlin 1987, S. 1305
Klinkhammer, Heinz	Mitbestimmung in Gemeinschaftsunternehmen, Diss. Berlin (West) 1976 (zit.: Gemeinschaftsunternehmen)
Konzen, Horst	Arbeitnehmerschutz im Konzern, RdA 1984, 65
Konzen, Horst	Arbeitsrecht im Konzern – Entwicklungsstand des deutschen Rechts, in: Festschrift zum 50-jährigen Bestehen der Arbeitsgerichtsbarkeit in Rheinland-Pfalz, Neuwied 1999, S. 171
Konzen, Horst	Errichtung und Kompetenzen des Konzernbetriebsrats, in: Festschrift für Günther Wiese, Neuwied 1998, S. 199
Konzen, Horst	Der Regierungsentwurf des Betriebsverfassungsreformgesetzes, RdA 2001, 76
Körnig, Jürgen	Anmerkung, SAE 1977, 42
Kort, Michael	Reformbedarf bei der betriebsverfassungsrechtlichen Mitbestimmung in Fällen von Strukturveränderungen in Betrieb und Unternehmen? ZfA 2000, 329
Köstler, Roland	Wann ist der Konzernbetriebsrat zuständig? Anmerkung, Mitbestimmung 1996 Nr. 12, 60

Kraft, Alfons / Wiese, Günther / Kreutz, Peter / Oetker, Hartmut / Raab, Thomas / Weber, Christoph
Betriebsverfassungsgesetz Gemeinschaftskommentar, 7. Auflage Neuwied 2002 (zit.: GK/BetrVG7-Bearbeiter)

Krieger, Gerd Vorwirkende Abhängigkeit? in: Festschrift für Johannes Semler, Berlin 1993, S. 503

Kropff, Bruno / Semler, Johannes (Hrsg.) Münchener Kommentar zum Aktiengesetz, 2. Auflage München 2000 (zit.: MünchKomm/AktG^2-*Bearbeiter*)

Kuhlmann, Jens / Ahnis, Erik Konzernrecht, München Beck 2001 (zit.: *Kuhlmann/Ahnis*)

Kunz, Olaf Anmerkung, AiB 1999, 287

Kunz, Olaf Die Zuständigkeit des Konzernbetriebsrats, AiB 1990, 325

Larenz, Karl Methodenlehre der Rechtswissenschaft, 5. Auflage Berlin 1983

Lehmann, Jürgen Der qualifizierte faktische Konzern – ein Phantom? In: Festschrift für Karl Beusch, Berlin 1993, S. 479

Leinemann, Wolfgang Rechte und Pflichten für den Unternehmer bei Betriebsänderungen, ZIP 1989, 552

Lessner, Jan Anmerkung, SAE 2003, 171

Löwisch, Manfred Anmerkung, SAE 2000, 175

Löwisch, Manfred Einheitlicher Betrieb und Mehrheit von Unternehmen, RdA 1976, 35

Löwisch, Manfred / Kaiser, Dagmar Betriebsverfassungsgesetz, 5. Auflage Heidelberg 2002 (zit.: *Löwisch/Kaiser*^{5})

Löwisch, Manfred / Mikosch, Ernst Anmerkung, AP Nr. 2 zu § 50 BetrVG 1972

Löwisch, Manfred / Rieble, Volker Tarifvertragsgesetz, München 1992 (zit.: *Löwisch/Rieble* TVG)

Löwisch, Manfred / Robrecht, Wiebke Anmerkung, SAE 2003, 4

Marchand, Gerhart Abhängigkeit und Konzernzugehörigkeit von Gemeinschaftsunternehmen, Diss. Berlin 1985 (zit.: Gemeinschaftsunternehmen)

Martens, Klaus-Peter — Der Konzernbetriebsrat – Zuständigkeit und Funktionsweise, ZfA 1973, 297

Maul, Silja — Aktienrechtliches Konzernrecht und Gemeinschaftsunternehmen (GU), NZG 2000, 470

Mayer-Maly, Theo — Die Zuständigkeit des Gesamtbetriebsrats, RdA 1969, 223

Meisel, Peter — Anmerkung, AP Nr. 4 zu § 50 BetrVG 1972

Mertens, Hans-Joachim — Verpflichtung der Volkswagen AG, einen Bericht gemäß § 312 AktG über die Beziehungen zum Land Niedersachsen abzugeben? AG 1996, 241

Mestmäcker, Ernst-Joachim / Blaise, Jean-Bernard /Donaldson, David T. — Gemeinschaftsunternehmen (Joint-Venture – Filiale commune) im Konzern- und Kartellrecht, Frankfurt/M. 1979

Meyer, Wolfgang — Die Zuständigkeit des Gesamtbetriebsrats, AuR 1964, 362

Monjau, Herbert — Der Konzernbetriebsrat, BB 1972, 839

Mothes, Harald — Die Zuständigkeit des Gesamtbetriebsrats bei Betriebsänderungen, AuR 1974, 325

Mothes, Harald — Anmerkung, AuR 1976, 190

Mues, Werner — Die Betriebsvereinbarung als flexibles Gestaltungsmittel materieller Arbeitsbedingungen, ArbRB 2003, 57

Müller, Gerhard — Die Notwendigkeit der tatsächlichen Beschäftigungsmöglichkeit eines Arbeitnehmers im Betrieb als Voraussetzung der Zugehörigkeit zum dortigen Betriebsrat und damit zusammenhängende Fragen, ZfA 1990, 607

Müller, Gerhard — Die Stellung des Gesamtbetriebsrates und des Konzernbetriebsrates nach dem neuen Betriebsverfassungsgesetz, in: Festschrift für Günther Küchenhoff, Berlin 1972, S. 281

Müller, Klaus — Die Zuleitung des Verschmelzungsvertrages an den Betriebrat nach § 5 Abs. 3 Umwandlungsgesetz, DB 1997, 713

Nasserke, Horst — Die Abgrenzung der Aufgaben des Betriebsrates und des Gesamtbetriebsrates, AuR 1966, 140

Neumann, Arwed / Bock, Irma — Zur rechtlichen Zuordnung von Gemeinschaftsunternehmen, BB 1977, 852

Neumann-Duesberg, Horst Der Gesamtbetriebsrat, DB 1962, 1009

Nick, Thomas Konzernbetriebsrat und Sozialplan im Konzern, Diss. Stuttgart 1992

Nordmeyer, Andreas Möglichkeit mehrfacher Abhängigkeit bzw. Konzernzugehörigkeit im Sinne der §§ 17, 18 AktG, BB 1971, 70

Oetker, Hartmut Konzernbetriebsrat und Unternehmensbegriff, ZfA 1986, 177

Otto, Hansjörg Anmerkung, EWiR 2000, 113

Palandt, Otto / Bassenge, Peter / Brudermüller, Gerd / Diederichsen, Uwe Bürgerliches Gesetzbuch, 62. Auflage München 2003 (zit.: Palandt[62]-*Bearbeiter*)

Papier, Hans-Jürgen / Möller, Johannes § 7 SGB IV in der Anwendung durch die Rechtsprechung und das grundgesetzliche Bestimmtheitsgebot, VSSR 1996, 243

Peter Ulmer (Hrsg.) Probleme des Konzernrechts, Heidelberg 1989

Plander, Harro Der Betrieb als Verhandlungsobjekt im Betriebsverfassungs- und sonstigen Arbeitrecht, NZA 2002, 483

Plander, Harro Anmerkung, EWiR 1992, 743

Pleyer, Klemens Anmerkung, SAE 1975, 195

Prantl, Johannes Konzernbildung, Konzernrecht und Minderheitenschutz in Deutschland, Diss. Regensburg 1994 (zit.: Konzernrecht)

Radke, Olaf Gesamtbetriebsrat und Betriebsversammlung, AuR 1956, 333

Raupach, Arndt / Klotz, Simone Die Mehrmütterorganschaft – Rechtsinstitut zwischen Konzernrecht und Konzernsteuerrecht, WiB 1994, 137

Reuter, Dieter Anmerkung, JuS 1997, 85

Richardi, Reinhard Betriebsverfassungsgesetz mit Wahlordnung. Kommentar, 8. Auflage München 2002 (zit.: Richardi[8])

Richardi, Reinhard Betriebsverfassungsgesetz mit Wahlordnung. Kommentar, 7. Auflage München 1998 (zit.: Richardi[7] [1998])

Richardi, Reinhard Konzern, Gemeinschaftsunternehmen und Konzernbetriebsrat, DB 1973, 1452

Richardi, Reinhard Anmerkung, SAE 1972, 139

Richardi, Reinhard — Die Zuständigkeit des Gesamtbetriebsrats zur Mitbestimmungsausübung, in: Festschrift für Wolfgang Gitter, Wiesbaden 1995, S. 789

Richardi, Reinhard / Wlotzke, Otfried (Hrsg.) — Münchener Handbuch zum Arbeitsrecht, 2. Auflage München 2000 (zit.: MünchArbR²-*Bearbeiter*)

Rieble, Volker — Die Betriebsverfassungsgesetz-Novelle 2001 in ordnungspolitischer Sicht, ZIP 2001, 133

Rieble, Volker — Kompensation der Betriebsspaltung durch den Gemeinschaftsbetrieb mehrerer Unternehmen, in: Festschrift für Günther Wiese (1998), 453

Rieble, Volker / Gutzeit, Martin — Betriebsvereinbarungen nach Unternehmensstrukturierung, NZA 2003, 233

Rieble, Volker / Schwald, Sonja — Personelle Angelegenheiten, in: Praxishandbuch Arbeitsrecht, 73. Aktualisierung September 2003, Teil 9 Kap. 4.7.1

Röder, Gerhard / Gragert, Nicola — Mitbestimmungsrechte bei Untätigkeit des zuständigen Gesamt- bzw. Konzernbetriebsrats am Beispiel von Betriebsänderungen, DB 1996, 1674

Rüthers, Bernd — Mitbestimmungsprobleme in Betriebsführungsaktiengesellschaften, BB 1977, 605

Rüthers, Bernd / Bakker, Rainer — Arbeitnehmerentsendung und Betriebsinhaberwechsel im Konzern, ZfA 1990, 245

Ruwe, Wolfgang — Die BGB-Gesellschaft als Unternehmen i.S. des Aktienkonzernrechts, DB 1988, 2037

Säcker, Franz Jürgen — „Mehrmütterklausel“ und Gemeinschaftsunternehmen, NJW 1980, 801

Säcker, Franz Jürgen — Anmerkung, SAE 1970, 269

Säcker, Franz Jürgen (Red.) — Münchener Kommentar zum Bürgerlichen Gesetzbuch, 4. Auflage München 2001 (zit.: MünchKomm/BGB⁴-*Bearbeiter*)

Schasching, Johannes — Subsidiarität, in : Festschrift für Herbert Schambeck, Berlin 1994, S. 107

Schaub, Günter — Arbeitsrechts-Handbuch, 10. Auflage 2002 (zit.: Handbuch¹⁰)

Scheffler, Eberhard Zur Problematik der Konzernleitung, in: Festschrift für Reinhard Goerdeler, Düsseldorf 1987, S. 469

Schiefer, Bernd / Korte, Walter Der Referentenentwurf eines Gesetzes zur Reform des Betriebsverfassungsgesetzes

Schipp, Johannes Anmerkung, EWiR 1996, 917

Schmidt, Karsten Gesellschaftsrecht, 4. Auflage Köln 2002 (zit.: Gesellschaftsrecht[4])

Schwarze, Jürgen (Hrsg.) EU-Kommentar, Baden-Baden 2000

Schweisfurth, Ulrike Konzern im Konzern als Mitbestimmungsproblem, Diss. Köln 2000 (zit.: Konzern im Konzern)

Selzner, Harald Betriebsverfassungsrechtliche Mitbestimmung in Franchise-Systemen, Diss. Bonn 1994

Siebert, Burkhard Die Zuständigkeit des Gesamtbetriebsrates, Diss. Osnabrück 1999 (zit.: Gesamtbetriebsrat)

Sowka, Hans-Harald / Weiß, Hans Michael Gesamtbetriebsvereinbarungen und Tarifvertrag bei Aufnahme eines neuen Betriebs in das Unternehmen, DB 1991, 1518

Spieker, Manfred Solidarität und Subsidiarität, in: Wirtschaft und Sozialpolitik (1999), S. 77

Spieker, Wolfgang Das Vorschlagsrecht des Gesamtbetriebsrats für die Wahl der Arbeitnehmervertreter in den Aufsichtsrat, BB 1965, 1111

Stege, Dieter / Weinspach, Friedrich Karl / Schiefer, Bernd
Betriebsverfassungsgesetz, 9. Auflage Köln 2002 (zit.: *Stege/Weinspach/Schiefer* [9])

Stewing, Clemens Das Subsidiaritätsprinzip als Kompetenzverteilungsregel im Europäischen Recht, DVBl. 1992, 1516

Störmann, Karin-Margret Der Gesamtbetriebsrat nach dem Betriebsverfassungsgesetz, Diss. Köln 1961 (zit.: Gesamtbetriebsrat)

Strasser, Rudolf Der Zuständigkeitsbereich des Gesamt- (Zentral-) Betriebsrates nach deutschem und österreichischem Recht, in: Festschrift für Ludwig Schnorr von Carolsfeld, Köln 1973, S. 483

Streyl, Annedore Zur konzernrechtlichen Problematik von Vorstands-Doppelmandaten, Diss. Bonn 1991 (zit.: Doppelmandate)

Süsterhenn, Adolf	Das Subsidiaritätsprinzip als Grundlage der vertikalen Gewaltenteilung, in: Festschrift für Hans Nawiasky, München 1956, S. 141
Tempel, Matthias	Das industrielle Gemeinschaftsunternehmen in der Rechtsform der offenen Handelsgesellschaft, Diss. Münster 1990
Tomicic, Stefan	Interessenausgleich und Sozialplan im Konzern, Diss. München 1981 (zit.: Konzern)
von Borries, Reimer	Das Subsidiaritätsprinzip im Recht der Europäischen Union, EuR 1994, 263
von Hoyingen-Huene, Gerrick	Anmerkung, SAE 1988, 183
von Hoyningen-Huene, Gerrick	Anmerkung, EWiR 1994, 1163
Walle, Andreas	Betriebsverfassungsrechtliche Aspekte beim werkvertraglichen Einsatz von Fremdpersonal, NZA 1999, 518
Wanhöfer, Harald	Gemeinschaftsbetrieb und Unternehmensmitbestimmung, Diss. München 1993 (zit.: Gemeinschaftsbetrieb)
Wank, Rolf	Die Auslegung von Tarifverträgen, RdA 1998, 71
Wank, Rolf	Anmerkung, EWiR 1996, 777
Wank, Rolf	Der kollektive Tatbestand als ungeschriebenes Tatbestandsmerkmal des § 87 I BetrVG, in: Festschrift für Günther Wiese, Neuwied 1998, S. 617
Weber, Christoph	Das aufgespaltene Arbeitsverhältnis, Diss. Mainz 1992
Weber, Ulrich	Anmerkung, AP Nr. 23 zu § 50 BetrVG 1972
Wedde, Peter	Anmerkung, AiB 1997, 663
Wedel, Thomas	Der VIII. Zivilsenat des Bundesgerichtshofs und die Andeutungstheorie, MDR 1989, 29
Wellenhofer-Klein, Marina	Just-in-Time-Produktion und betriebsverfassungsrechtliche Mitbestimmung, DB 1997, 978
Wellkamp, Ludger	Der Gleichordnungskonzern – Ein Konzern ohne Abhängigkeit? DB 1993, 2517
Wetzling, Frank	Der Konzernbetriebsrat, Köln 1978 (zit.: Konzernbetriebsrat)

Wiedemann, Herbert	Die Unternehmensgruppe im Privatrecht : methodische und sachliche Probleme des deutschen Konzernrechts, Tübingen 1988 (zit.: Unternehmensgruppe)
Wiedemann, Herbert (Hrsg.)	Tarifvertragsgesetz. Kommentar, 6. Auflage München 1999 (zit.: Wiedemann[6]-*Bearbeiter*)
Wiese, Günther	Mehrere Unternehmen als gemeinsamer Betrieb im Sinne des Betriebsverfassungsrechts, in: Festschrift für Dieter Gaul, Neuwied 1992, S. 553
Wiese, Günther	Schutz und Teilhabe als Zwecke notwendiger Mitbestimmung in sozialen Angelegenheiten und deren Rangverhältnis, ZfA 2000, 117
Wiese, Günther	Das Initiativrecht nach dem Betriebsverfassungsgesetz, Neuwied 1977
Windbichler, Christine	Anmerkung, SAE 1997, 143
Windbichler, Christine	Arbeitsrecht im Konzern, München 1989 (zit.: Arbeitsrecht im Konzern)
Wißmann, Helmut	Die Suche nach dem Arbeitgeber in der Betriebsverfassung, NZA 2001, 409
Wolff, Alexander	Anmerkung, EWiR 2003, 5
Wollgast, Kay	Geltung, Wirkung und Nachwirkung von Betriebsvereinbarungen, Diss. Hamburg 1998 (zit.: Betriebsvereinbarungen)
Zippelius, Reinhold	Juristische Methodenlehre, 8. Auflage München 2003 (zit.: Methodenlehre)
Zöllner, Wolfgang (Hrsg.)	Kölner Kommentar zum Aktiengesetz, 2. Auflage Köln 1986 (zit.: KK[2]-*Bearbeiter*)

Peter Lang · Europäischer Verlag der Wissenschaften

Nisha Biswas

Vertrauensarbeitszeit und Arbeitszeitfreiheit im arbeitszeitrechtlichen und betriebsverfassungsrechtlichen Kontext

Frankfurt am Main, Berlin, Bern, Bruxelles, New York, Oxford, Wien, 2004.
XV, 269 S.
Studien zum Arbeitsrecht und zur Arbeitsrechtsvergleichung.
Herausgegeben von Manfred Weiss und Spiros Simitis. Bd. 9
ISBN 3-631-52518-4 · br. € 51.50*

Seit den 90er Jahren existiert ein neues Arbeitszeitphänomen, das für großen Wirbel in der Arbeitswelt sorgt, nämlich Arbeitszeitsysteme, welche auf die arbeitgeberseitige Arbeitszeiterfassung verzichten. Die Vertrauensarbeitszeit und Arbeitszeitfreiheit rufen zum einen große Bedenken hervor, zum anderen werden sie oftmals als wegweisend gepriesen. Diese Abhandlung definiert und systematisiert diese Arbeitszeitmodelle, wobei unter anderem auf 35 geltende Betriebsvereinbarungen zurückgegriffen wird. Der Schwerpunkt der Arbeit ist eine umfassende Überprüfung, ob diese Arbeitszeitsysteme mit dem geltenden Recht vereinbar sind und welche Rechte und Pflichten hieraus erwachsen.

Aus dem Inhalt: Definition der Vertrauensarbeitszeit und Arbeitszeitfreiheit · Vereinbarkeit mit dem ArbZG und der Richtlinie 93/104/EG vom 23.11.1993 · Vertrauensarbeitszeit und soziale sowie gesundheitliche Verträglichkeit · Auswirkungen der eingesetzten Zielvereinbarung und Mitbestimmungsmöglichkeiten · Mitbestimmungsmöglichkeiten bezüglich der Betriebsvereinbarung über Vertrauensarbeitszeit · Möglichkeiten der Einführung der Vertrauensarbeitszeit über die Einigungsstelle